Peter-Michael

Diestel

mit Michael Hametner

Ruhe
gebe ich nicht

Gespräche über die
unvollendete
deutsche Einheit

Das Neue Berlin

Inhalt

Ruhe geben können sie nicht

Kleine Einleitung in Gespräche über die
gestohlene Einheit

Zwei ältere, in die Jahre gekommene Herren, so um die siebzig, sitzen bei Rotwein und Selters und lassen ihr Leben und vor allem die Zeit seit der deutschen Einheit Revue passieren. Der mit dem Wein glaubt, dass Rotwein ein Nahrungsergänzungsmittel ist und somit für spätere Jahre zu erwartende Prostatabeschwerden vermeidet. Der andere glaubt, er hat in seinem Leben schon genug Rotwein getrunken.

Den Erstgenannten, der seine Lebensgeschichte erzählt, kennen viele als Anwalt der Ostdeutschen. Er hat einst als stellvertretender Ministerpräsident und Innenminister mitgewirkt, sie in die Einheit zu führen. Jetzt will er sie auch vollenden, denn vollendet ist sie nicht. Der andere ist Literaturkritiker und Autor, der mit österreichischen Wurzeln auf einen bemerkenswerten Lebensweg in der DDR zurückblicken kann.

Beide kommen in ihren Gesprächen darauf, dass es noch nicht die Zeit ist, Ruhe zu geben. Denn mehr als dreißig Jahre nach der friedlichen Revolution und der deutschen Einheit bleibt die Frage, wie viel Grund die Ostdeutschen heute haben, mit Stolz und Freude auf die Vergangenheit zu blicken? Der Rotweintrinker nennt die Revolution eine gestohlene Revolution, denn die Wiedervereinigung, die sie gebracht hat, gehört ihnen nicht. Mit den Gründen beschäftigen sich beide in ihren Gesprächen. Mit dem Ende der Amtszeit der Bundeskanzlerin Angela Merkel kann man heute getrost von der vollständigen Ausgrenzung der Ostdeutschen aus der Führung und Gestaltung der Bundesrepublik Deutschland sprechen. Diese Ausgrenzung widerspricht dem Grundgesetz eklatant. Wenn niemand wegen seiner

Heimat, Herkunft oder seiner politischen Anschauungen benachteiligt werden darf, dann auch nicht die Ostdeutschen, sagt der Anwalt. Aber warum tut man es dann, warum nutzt man dieses Element der Ausgrenzung, um Ostdeutsche aus der gesellschaftlichen Verantwortung zu entfernen oder sie gar nicht erst in die Verantwortung kommen zu lassen?

Warum nimmt man den Ostdeutschen den Sieg über den Kommunismus? Warum ist die Delegitimierung der ostdeutschen Eliten immer noch aktives Instrument der Politik jeder Bundesregierung seit der Wiedervereinigung? Warum nutzt man nicht die ostdeutschen Intellektuellen, sondern hat sie bis zum Aufhebungsvertrag »evaluiert«? Das war vermutlich kein Misstrauen ihrer Prüfer, sondern Angst vor der Konkurrenz. Warum leistet sich die große, zu Wohlstand gekommene Bundesrepublik nicht den Luxus, sondern die Dummheit, eine solche potente Minderheit auszugrenzen?

Dieses Buch und die dafür geführten Diskussionen beschäftigen sich mit der Ausgrenzung. Der Standpunkt ist kein zerstörerischer oder destruktiver, es ist einfach ein Appell zum Nachdenken und zur Nutzung des Verstandes bei Politikern, Intendanten, hohen Verwaltungsbeamten, Richtern und Staatsanwälten, Kolumnisten, Feuilletonisten, Nachrichtenredakteuren und YouTubern. Es ergibt keinen Sinn – keinen faktischen, keinen strategischen und schon gar keinen politischen –, so oberflächlich und so dumm mit Menschen umzugehen, die sich in die Gesellschaft einbringen wollen und die nicht nur einen Anspruch, sondern auch entscheidenden Verdienst daran haben.

Politiker, die den Ostdeutschen ihre Revolution gestohlen haben, dürften die Rechnung ohne den Wirt gemacht haben. Viele bedeutende Philosophen und Historiker haben immer wieder darauf hingewiesen, dass ein Volk, welches erfolgreich eine Revolution durchgeführt hat, dies immer wieder tun kann und tun wird. Der Osten Deutschlands, die fünf neuen Bundesländer, sind nicht in der Bundesrepublik Deutschland angekommen. Sehr wohl sind unendlich viele Bundesbürger aus dem Westen in den fünf neuen Bundesländern angekommen und denken und lenken für die Ostdeutschen mit. Sie glauben sich dazu berechtigt, weil vierzig Jahre Sozialismus in ihren Augen eine Zeit sind, in welcher die ehemaligen DDR-Bürger die Welt durch Gefängnisgitter und Stacheldraht betrachtet haben und dass man ihnen deshalb beim Denken, Lenken und Leiten helfen muss. Wie sagte Herr Wanderwitz, als er noch Ostbeauftragter der Bundesregierung war: »Wir haben es mit Menschen zu tun, die teilweise in einer Form diktatursozialisiert sind, dass sie auch nach dreißig Jahren nicht in der Demokratie angekommen sind.«

Die beiden in die Jahre gekommenen und zur inhaltlichen Auseinandersetzung entschlossenen Herren können angesichts solcher Aussagen keine Ruhe geben.

Der Rotweintrinker ist im April vergangenen Jahres aus der CDU ausgetreten, weil er die Entleerung des konservativen Kerns der CDU nicht mit ansehen konnte. Es ist nicht nur die CDU, die nach mehr als dreißig Jahren die deutsche Einheit nicht hinbekommen hat. Es geht um alle, die mit Stasi-Akten Personalpolitik gemacht haben, die 2,3 Millionen SED-Mitglieder als staatsnah ausgegrenzt haben und die Elite der DDR in die Wüste von Arbeitslosigkeit und Hilfsarbeit geschickt haben. Oder in den Suizid. Ja, auch dafür gibt es Beispiele.

Der andere, der – zufällig – auf Hiddensee dem Anwalt der Ostdeutschen bei einer Lesung begegnet ist, hat im vergangenen Jahr mit »Deutsche Wechseljahre. Nachdenken über Literatur und Bildende Kunst« selbst ein Buch zum Thema der gestohlenen Einheit veröffentlicht. Beide entdeckten sich als Gleichgesinnte, die keinen Augenblick daran zweifeln, die Wiedervereinigung als Glücksfall zu betrachten, aber sich fragen, warum sie nicht vollendet ist. Plötzlich ergab es Sinn, die letzten, nun schon etwas mehr als dreißig Jahre noch einmal zurückzuverfolgen und herauszufinden, wo und wann Fehler gemacht wurden. In dem, worüber sie in ihren nächtlichen Gesprächen geredet haben, betrachten sie den Weg zur Einheit noch einmal neu. Hametners Fragen sind die Fragen eines Eingeweihten und Betroffenen. Er hat 1968, im Alter von achtzehn Jahren, der Stasi-Werbung nicht widerstanden, aber sich 1975 davon freigemacht. Er hat trotzdem im wiedervereinten Deutschland seinen Weg genommen.

Die vielen Gesprächsabende haben beide zu neuen Einsichten geführt. Aber eine Überzeugung blieb: Die Ostdeutschen haben sich ein Leben im Stalinismus nicht ausgesucht, das wurde ihnen von den Alliierten nach dem verlorenen Zweiten Weltkrieg in Teheran, Jalta und Potsdam so aufgezwungen. Sie haben das Kreuz des Kommunismus für alle Deutschen bis in das Jahr 1989 getragen und es für alle Deutschen endgültig weggeworfen. Niemand, der ihnen dieses Verdienst stehlen darf! Es verdient Achtung und Respekt, keine Ausgrenzung!

Peter-Michael Diestel / Michael Hametner

I
Die letzten Jahre der DDR oder Wie Diestel glücklich und unzufrieden zugleich ist

Im Mai 1989 brach bei Peter-Michael Diestel etwas auf. In nur einem halben Jahr wurde der Justiziar einer landwirtschaftlichen Vereinigung zu einem anderen. Im Dezember war er Generalsekretär einer neuen Partei, die nicht bereit war, die alte DDR fortzusetzen. Diestel hatte ein neues Lebensziel gefunden: die deutsche Einheit. Bei der übergroßen Mehrheit der DDR-Menschen war etwas aufgebrochen. Bei mir war es die Hoffnung, dass die alten Männer der Parteiführung endlich verschwinden und mit ihnen der alte Geist. Honecker fühlte sich im Januar 1989 noch so stark, dass er öffentlich erklärte: Die Mauer wird in fünfzig und auch in hundert Jahren noch bestehen! Ein Hochmut, der zehn Monate später bestraft werden sollte: am 9. November fiel die Mauer. Als er diesen Satz aussprach, war daran nicht zu denken. Er hatte viele tief getroffen. Kein Bedauern, dass die Mauer uns die Welt vorenthält, keine Idee, wie sie überflüssig wird. Damit war klar, die bleierne Zeit der achtziger Jahre wird auf unabsehbare Zeit weitergehen. Hineingegangen waren wir in die achtziger Jahre mit der kurzen Hoffnung, dass das Beispiel der Gewerkschaft Solidarność in Polen auf uns übergreifen könnte. Immer wenn sich anderswo eine Hoffnung regte, zog die DDR die Zügel fest an. Im selben Jahr verlangte Honecker in einer Rede die Anerkennung der DDR-Staatsbürgerschaft als Voraussetzung für normale Beziehungen zwischen beiden deutschen Staaten. Wir, Diestel wie ich, die sich damals noch nicht begegnet waren, konnten uns ausrechnen, dass das in der BRD niemand machen würde, dann hätte die Politik die im Grundgesetz festgeschriebene deutsche Einheit verraten. Damit war klar, dass eine

Wiedervereinigung bis zum Rentenalter – und wir waren noch keine vierzig Jahre alt – immer unrealistischer wurde. Wir hatten uns in der DDR für ganz, ganz lange auf die Teilung einzustellen. Und jetzt, im Sommer 1989, plötzlich die Hoffnung, dass die Mauer fallen könnte. Ungarn hatte sie zur Probe für ein »Paneuropäisches Picknick« geöffnet. Für drei Stunden, von 15 bis 18 Uhr. Ein kurzer Augenblick der Freiheit, aber er war ein Zeichen, dass die Mauer nicht unüberwindlich ist. Und so kam es dann. – Wie sind die achtziger Jahre für Peter-Michael Diestel verlaufen? Was hat sich da bei ihm angesammelt und brach im Herbst '89 urplötzlich auf?

Ich habe noch einmal sehr verkürzt an den Verlauf der Zeitgeschichte in den Achtzigern erinnert. Wichtige Jahre deines Berufslebens, aber auch privat. Wann bist du Justiziar geworden?

Ich habe in Leipzig von 1974 bis 1978 Jura studiert. Ich habe mich bemüht, ein recht guter Student zu sein, denn ich wollte unbedingt promovieren, dafür hätte ich Forschungsstudent oder Aspirant an der Karl-Marx-Universität werden müssen. Weil ich parteilos war, wurde daraus nichts.

Du hättest dir eine wissenschaftliche Karriere vorstellen können?

Ich hatte sogar eine Habilitationsschrift begonnen, aber irgendwie verlor ich die Motivation, als hätte ich geahnt, dass eine Arbeit zum sozialistischen Bodenrecht in der DDR bald keinen mehr interessieren würde. Ende der Achtziger lag eine andere Zeit in der Luft.

Der Weg in die Wissenschaft war dir ohne Mitgliedschaft in der SED versperrt. Aber ohne in der Partei zu sein konntest du auch nicht Staatsanwalt werden, nehme ich an. Eigentlich ein Studium direkt in die Sackgasse, wollte man der SED aus dem Weg gehen, oder?

Staatsanwalt und Richter hätte ich auch nicht werden wollen. Mein Ziel war es, Rechtsanwalt zu werden. Aber das ging auch nicht.

Es gab in der DDR zugelassene Anwälte …

Sechshundert für die ganze DDR. Nicht ein einziger ist es ohne den Segen der Partei geworden. Ich kenne viele dieser Altanwälte, Gysi und de Maizière gehörten ja auch dazu. Gegen mich sprach, dass ich ein bekennender Christ war. Das machte mich – trotz sehr guter Noten, sehr guter Promotion – suspekt. Die Noten haben keinen interessiert, die haben gesagt: Du nicht, du glaubst an den lieben Gott. Wir wollen welche, die an den Marxismus-Leninismus glauben.

Und dann öffnete sich die Tür nach Delitzsch zur Agrar-Industrie Vereinigung? Gab es Alternativen?

Ich wollte an der Sektion Rechtswissenschaft zum Thema LPG- und Bodenrecht promovieren. Der Professor, der später auch meine Doktorarbeit betreut hat, Richard Hähnert, hat mich dorthin gelenkt und gesagt: Diestel, die Agrar-Industrie Vereinigung ist eine neue landwirtschaftliche Struktur, da hast du Neuland unterm Pflug, fang da mal an.

Agrar-Industrie Vereinigung, was muss ich mir darunter vorstellen?

Das war ein Zusammenschluss landwirtschaftlicher Erzeugerbetriebe und Verarbeitungsbetriebe, Baubetriebe, Handelsbetriebe, eine große Struktur, die in der Gesellschaft der Engpässe viel ausrichten konnte. Vom Korn bis zum Mehl, vom Schwein bis zum Kotelett.

Mit wie vielen Mitarbeitern?

Ich glaube, es waren drei- bis viertausend, ein großer Laden, war hochinteressant, war eine schöne Zeit. Nach dem Diplom bin ich nahtlos von der Universität dorthin gelenkt worden ...

... hast du nicht dazwischen noch promoviert?

Nein, ich habe die Promotion unter ganz anderen Bedingungen geschrieben. Ich durfte ja nicht promovieren, ich durfte ja nicht an der Uni bleiben. 1983 ist unser Kind gestorben. In dieser Zeit habe ich versucht, mich irgendwie zu betäuben. Wolf ist am Pfingstsonntag 1983 am plötzlichen Kindstod gestorben. 99 Tage hat er nur gelebt. Damals habe ich in der Woche drei Marathonläufe gemacht, um abzuschalten, bis mir Blut aus den Schuhen kam. Ich habe keine Ruhe gefunden. Erst als ich in kurzer Zeit eine Doktorarbeit schrieb, war ich ein wenig abgelenkt.

Wann hast du in Delitzsch angefangen?

1978. Ich wurde Leiter der Rechtsabteilung mit drei, vier Mitarbeitern. Es hat viel Spaß gemacht. Ich hatte in zwei LPGs Genossenschaftsanteile erworben und mit den Bezügen und meinem Gehalt in bizarrer Weise etwa 150 Ost-Mark mehr als zu Beginn meiner Zeit als Vizekanzler und Innenminister. Ich habe mir damals bei den Bauern ordentlich was genommen vom Kuchen, der da zu verteilen war.

In deiner Zeit als Justiziar hast du dich politisch nicht exponiert?

Nein, als Abiturient war ich für acht Wochen in die ostdeutsche CDU eingetreten, hab dann gesagt, dass ich mir das nicht richtig überlegt hatte, und durfte wieder raus. In meiner späteren Zeit als Justiziar war ich politisch interessiert, aber nicht exponiert. Ja, doch, ich habe als Parteiloser eine Zeitlang das Parteilehrjahr geleitet.

Das geschah nicht freiwillig, nehme ich an …

Doch, doch. Das war freiwillig, ich habe mich für den Marxismus-Leninismus interessiert. Die Theorie war unglaublich interessant … Schriften von Lenin nicht so sehr, aber Karl Marx und Friedrich Engels gefielen mir als wortgewaltige Wissenschaftler, ihren Texten konnte man gut folgen. Ich war nie politisch organisiert. Ich war Christ und habe das auch gezeigt, damit keiner auf die Idee kam, mich für irgendwelche höheren Aufgaben zu werben.

Also kein politischer Aktivist?!

Ja. Aber ich habe zu DDR-Zeiten viel offener und viel unvorsichtiger diskutiert als heute. Ich musste ja vor nichts Angst haben, mir drohte keine Karriere. Ich musste nur irgendwie durchkommen bis zu meinem 65. Geburtstag, dann konnte jeder DDR-Bürger in den gelobten Westen reisen. Bis dahin wollte ich ein bisschen privatisieren und habe in der DDR im großen Stil Kunst und Antiquitäten gesammelt. Möglich, dass ich mich politisch mehr eingemischt hätte, aber ich war immer von Leuten in Präsent-20-Anzügen umgeben. Das war so ein billiges Kunstfaserzeug, das Funktionäre liebten.

Mir geht es wie dir, ich habe auch nie ein kritisches Wort gescheut. Ich kann nicht verstehen, dass man den Ostdeutschen angehängt hat, sie hätten sich angepasst verhalten und würden am Telefon nicht offen sprechen …

Mich hat das gar nicht interessiert, ob mich einer abhört oder nicht …

Die Westdeutschen waren angepasster als wir. Sie hatten etwas, was ihnen Querulanz abgewöhnt hat: die D-Mark. Wer sich schön angepasst verhielt, stieg schneller in der Besoldungsgruppe und verdiente mehr Geld. Geld ist immer eine Größe für Lebensqualität. Es war schon wichtig, wie viel man verdiente.

Wenn du Geld hast, bist du frei. Hast du kein Geld, bist du unfrei. Inzwischen wissen wir das auch.

Wir hatten unsere 800 Ostmark, du vielleicht mehr, aber von 800 Ostmark konntest du gut leben. Viel mehr konntest du gar nicht ausgeben. Gut, du hast gesammelt, das war eine Geldanlage.

Ich war wie ein Hamster. Mein Bau war mein Einfamilienhaus an der Märchenwiese im Nickelmannweg 2.

Geerbt?

Ich habe nie in meinem Leben was geerbt, ich habe mich immer an der Umverteilung beteiligt und mir genommen, was für mich greifbar war.

In der DDR war ein Auto immer ein Zeichen für Geld. Welche Marke bist du gefahren?

Ich hatte bereits im dritten Studienjahr einen Wartburg 353, in der DDR ein Luxusauto. Als sich 1989 die Mauer öffnete und wegen unserer Parteigründung die ersten Journalisten in mein Haus nach Leipzig kamen, waren die völlig baff: in allen Zimmern Kunst, Antiquitäten, Bücher.

Viele, die in der DDR der Politik ausgewichen sind, haben in einer Nische gelebt. In Leipzig gab es ein Gebrauchtwarenhaus. Ich kannte einen Verkäufer dort. Mit dessen Hilfe habe ich mir ein ganzes Biedermeierzimmer zusammengekauft. Als dann immer noch etwas Geld übrig war, habe ich Kunst von Leipziger Malern gekauft. Viel von Künstlern des Herbstsalons, der ersten freien Kunstausstellung 1984. Meine Nische war die Familie, das Biedermeierzimmer und die Kunst. In diese Nische hat man Freunde eingeladen und ohne Rücksicht auf Mithörer die herben DDR-Rotweine ge-

soffen und eine bessere DDR entworfen. Man hat sich nichts verkniffen.

Absolut, in einer schön ausgestatteten Nische. Wir lebten nicht im Widerstand, wir lebten zur DDR auf Abstand. Auch ohne Karriere konntest du glücklich sein. Die hätten mich nie Anwalt werden lassen, es sei denn, ich wäre gewisse Kompromisse eingegangen und hätte gesagt okay. Die wäre ich aber nie eingegangen. Mein Vater hat mich gewarnt: Peter, pass auf, die wollen dann immer mehr von dir.

Du warst froh, dass dir keine Karriere drohte, hast du gesagt. Eine schöne Formulierung. Aber du bist doch keiner, der sich mit der Hälfte zufrieden gibt, wenn er das Ganze kriegen kann?

Ich hab mich darauf eingerichtet und mein Leben umorganisiert. Ich hatte jetzt ein Leben in der Nische mit Kunst, Antiquitäten, Büchern, unmoralischen Frauengeschichten. Jetzt folge ich deinem Wort: Ich habe mir nichts verkniffen, wie du auch.

Wie ist deine Karriere als Autobesitzer weitergegangen? An der Marke des Autos, das einer fuhr, ließ sich in der DDR einiges ablesen. Wer schon mit einem Wartburg 353 einstieg, kam meist noch hoch hinaus. Wie hoch?

Hoch, ich weiß nicht, Westdeutsche, die uns zuhören, würden an dieser Stelle schmunzeln. Also es ging vom Wartburg zum Mazda und dann zum Golf. Die Autos stammten aus kleinen Kontingenten von Westwagen, die in der DDR verkauft wurden. Ich kam da ran.

Leipziger Maler fuhren damals Volvo, Werner Tübke, Peter Sylvester zum Beispiel.

Jaja, Volvo hat mich nicht interessiert, ich hatte einen viertürigen Golf Diesel, das war viel mehr.

Widerspruch war kein Widerstand gegen die DDR. Trotz-
dem wurde der Abstand zur Politik immer größer. Wann
hast du das erlebt? War der Anschluss an einen Gesprächs-
kreis, den es in der Thomaskirche gab, der erste Schritt aus
der Reihe?

Es war erst einmal kein bewusster Schritt gegen das
politische System der DDR, das wäre falsch und auch
gelogen. Es war ein Schritt in der vagen Hoffnung, dass
sich was ändern könnte. Der Schritt, dass ich mich mit
Gleichgesinnten zum Gespräch zusammentue, stand immer an ... Dass ich allerdings als Vorkämpfer auffalle, hat
mit meinen privaten Zielen zu tun: Ich wollte eigentlich
nur Rechtsanwalt werden. Ich wollte nur mit meinem Verstand frei umgehen dürfen und nicht mit diesen furchtbaren Leuten in diesen synthetischen Präsent-20-Anzügen.
Ich wollte mich von diesen Leuten abheben, ich wollte
eine Chance haben, dass ich da rauskomme. Ich habe in
der Zeit, als ich in der Agrar-Industrie Vereinigung an-
gestellt war, mit biotechnologischen Patenten einiges
Aufsehen erregt. Man hat mich für hohe Auszeichnun-
gen vorgeschlagen, die wurden aber immer wieder abge-
blasen, weil ich kein Genosse war. Ich war neugierig auf
alles, was nicht von oben kam. Es war der pure Zufall einer Empfehlung, dass ich zu den Gesprächsrunden in der
Leipziger Thomaskirche mit Pfarrer Hans-Wilhelm Ebeling stieß.

War das der erste Schritt aus der Reihe oder aus der Nische?

Eigentlich nicht. Ich hatte immer Kontakt zu Leuten,
die ausreisen wollten. Für viele von ihnen habe ich die
Ausreise geregelt, ihre Anträge formuliert und aufgesetzt.
Die sind zu mir nach Leipzig in den Nickelmannweg gekommen.

Das konntest du ja schlecht im Büro machen ...

Du durftest keine Schreibmaschine benutzen, die in den Kreisdienststellen der Stasi registriert war. Die besaßen eine Übersicht über alle im Kreis befindlichen Schreibmaschinen und hätten mit einem Schriftbildvergleich sofort rausbekommen, wer das geschrieben hat.

Die haben dich angesprochen und um Hilfe gebeten?
Mein Freundeskreis war groß.

Auf beiden Seiten muss es großes Vertrauen gegeben haben, nehme ich an.
Meine Beratung war wichtig, denn sie wussten meist nicht, was sie als Ausreisegrund angeben konnten. Was ist noch zulässig und wo beginnt eine strafrechtlich relevante Beschimpfung. Dabei habe ich ihnen geholfen.

War das deine erste anwaltliche Tätigkeit?
Ich war kein Anwalt, Michael. Ich durfte in der DDR in Strafsachen nicht tätig sein.

Ich weiß, ich meine deine erste inoffizielle Beratung …
Ja, da hast du recht. Praktisch habe ich damals schon viele in Fragen des Familienrechts, des Erbrechts, überhaupt des Zivilrechts beraten. Sie waren nicht offiziell meine Mandanten und ich nicht ihr Anwalt, das nicht, aber nebenberuflich beraten durfte ich. Diese Situation des Inoffiziellen hat mir immer wieder meine Grenzen vorgeführt und war auf Dauer unbefriedigend. Dagegen waren die Gespräche in der Thomaskirche einfach ein Versuch, aus dem kleinkarierten Denken in meinem beruflichen Umfeld rauszukommen. Mit Leuten wie Christoph Biller, der Thomaskantor wurde, und Peter Zimmermann, Theologiedozent an der Uni, der leider später gestehen musste, dass er Stasi-IM gewesen war, andere Wissenschaftler, Lehrer, angesehene Bürger der Stadt Leipzig.

Wolltest du, der vielen bei der Formulierung eines Ausreise-
antrags geholfen hat, selbst aus der DDR ausreisen? Ich ver-
mute aus dem bisher Gehörten, dass diese Frage überflüssig
ist. Du wolltest bleiben. Richtig?

Ja, meine enge Verbindung zu meinem Vaterland sah
das nicht vor.

Aber nun kamen laufend Leute zu dir, die wollten, dass du
ihnen dabei hilfst, das Land zu verlassen. Das war eigentlich
gar nicht in deinem Sinn, oder?

Es waren immer Menschen, die nicht weiterwussten.
Ich bin kein Missionar, meine Entscheidung wäre immer
eine andere gewesen. Ich wäre gern in den Westen gereist,
aber zurückgekommen. Den Ort, zu dem ich zurück-
kehre, hätte ich vielleicht nicht einmal Heimat genannt,
sondern einfach: zu Hause. Ich wollte immer wieder nach
Hause. Ich wäre nie drüben geblieben.

Ich komme deswegen drauf, weil es im Roman »Kruso« von
Lutz Seiler eine Hauptperson gibt, eben jenen Kruso, einen
Deutschrussen, der auf Hiddensee Menschen unterstützt,
die über die Ostsee in den Westen wollen. Eigentlich möchte
er nicht, dass sie es tun. Seine Schwester ist dabei ums Le-
ben gekommen. Aber er tut es, weil er anerkennt, dass es
Menschen sind, die nicht weiterwissen. So hast du es auch
formuliert.

Ich war viele Jahre in den Semesterferien leitender
Rettungsschwimmer in Warnemünde. Ich habe 53 Lebensrettungen, über dreißig Bergungen. Geborgen werden
Tote. Ich war ein exzellenter Schwimmer und Taucher. Ich
weiß, wie grausam die Ostsee sein kann, und ich hätte
diesen Menschen immer gesagt, macht das nicht, euer Leben ist wichtiger, kämpft hier im Osten, verändert in der
DDR etwas, aber haut nicht ab. Ich habe eine ähnliche
Haltung gehabt wie dein Kruso, aber ich hätte sie den letz-

ten Schritt nicht gehen lassen. Für mich wäre das Hilfe zum Selbstmord gewesen. Das kann ich als Christ nicht verantworten.

Kruso hat – wenn wir ein Bild dafür nehmen – sich im letzten Moment weggedreht. Er hat sie nicht verraten, sondern sie aufgenommen, aber wenn sie den letzten Schritt machen wollten und in die Ostsee gehen, hat er sich weggedreht. Das ist das, was du sagst.

Diese Romanfigur hat gedacht wie ich. Ich kann mich an mehrere Einsätze in Warnemünde erinnern. Es ist der größte Strand an der Ostseeküste mit den meisten Leuten. Früh komme ich an den Rettungsturm, um 9 Uhr begann unsere Wache, wir hatten ablandigen Wind, da sehe ich ganz weit draußen, dass da jemand schwimmt, auf einer Luftmatratze. Ich dachte, was machst du jetzt? Da wir auch kontrolliert wurden, habe ich meinen Leuten Bescheid gesagt. Ich habe gesagt, ich ziehe mir jetzt meine Schwimmflossen an, damit ich schneller bin, und versuche trotz des ablandigen Winds zu dem da draußen zu kommen. Boote durften wir aus Sicherheitsgründen nicht einsetzen. Alle Lebensrettungen habe ich erschwommen. Ich habe dir die Situation beschrieben, es war ablandiger Wind, strahlender Sonnenschein. Ich wusste nicht, ob es eine Frau oder ein Mann war, und ich schwimme da raus.

Aber du wusstest, dass er es allein nicht schafft?

Das war klar. Die Art und Weise, wie der geplanscht hat, sah nach Ende der Kräfte aus. Er war bestimmt schon mehr als tausend Meter vom Strand entfernt. Du konntest an dem Tag gucken ohne Ende. Meine Leute standen alle am Strand. Ich habe ihnen gesagt: Ich schwimme raus, beobachtet mich, und wenn ich die Hand hebe, dann brauche ich Hilfe. Ich bin losgeschwommen. Es war eine Frau mittleren Alters, die wollte tatsächlich abhauen. Sie hat noch während der Rettung gesagt: Wenn ich untergehe, dann gehe ich eben unter, das hat keinen Sinn mehr, ich will woanders leben. Sie litt an Liebeskummer.

Also ein verdeckter Suizid aus Liebeskummer?

Oder auch Republikflucht, eine Mischung aus beidem. Ich habe ihr gesagt, dass sie das hier nicht machen kann. Die wollte gar nicht gerettet werden. Ich habe den Arm gehoben, und dann kam natürlich Grenzbrigade Küste und hat sie aufgesammelt. So habe ich also eine Republikflucht oder einen Suizid mit meiner Rettungsaktion unterbunden. Ich habe oft überlegt ...

... wie, sie ist festgenommen worden?

Sie wurde festgesetzt ... Für mich waren diese rechtlichen Konsequenzen unwichtig, ich hatte die Aufgabe, ein Leben zu retten, ich werde keinem Suizid Vorschub leisten. Die hatte ihren Personalausweis hinten im Badeanzug eingenäht, also da war schon etwas vorbereitet. Später habe ich mir oft überlegt, hast du jetzt jemanden verraten? Nein, ich habe niemanden verraten, ich habe jemanden gehindert, sich umzubringen, und dazu stehe ich auch. Und diese Frau, ich weiß nicht, was aus ihr geworden ist, ich kannte nicht mal ihren Namen, aber ich bin stolz, dass ich das unterbunden habe. Ich bin zu ihr rausgeschwommen. Wenn das als Republikflucht vor Gericht gekommen ist, ich weiß es nicht, dann ist sie zwei Jahre ins Gefängnis gegangen. Trotz alledem, irgendwann kommt die wieder raus und wird sich ihres Lebens freuen.

Dieses Erlebnis ist bitterste Konsequenz deutscher Teilung, vielleicht ein unvergesslicher Anschauungsunterricht, aus dem später dein Einsatz für die deutsche Einheit geworden ist. Wann hat sich diese Geschichte ereignet?

1974 oder 75.

Ich bin durch einen Schriftsteller zu den Montagsdemos im September im Wendeherbst gestoßen. Mich hat der Lyriker Heinz Czechowski aufgefordert. Wie bist du in diesen Gesprächskreis der Thomaskirche gekommen? Du hast von einer Empfehlung gesprochen. Wer hat zu dir gesagt: Komm mal mit, Peter?

Ich hatte in Leipzig einen guten Freund, Rudolf Kaiser, ihm gehörten die BRÜCOL-Werke, die haben Textilkleber hergestellt. Ein alter, vornehmer Mann, und der war mit Pfarrer Ebeling befreundet. Ebeling, der übrigens Ende 2021 mit 87 Jahren gestorben ist, hatte schon lange die Absicht, einen Gesprächskreis zu gründen. Er hatte einige Male Franz Josef Strauß bei Messebesuchen in Leipzig durch die Thomaskirche geführt. Er war etwas unsicher, wusste, dass ich Jurist bin, dass ich Christ bin, und wollte über Rudolf Kaiser Kontakt mit mir. Dann haben wir uns kennengelernt. Wir haben dann beide festgestellt, da war die DDR schon sehr am Schwanken, dass eine Gesprächsrunde nichts ausrichten kann. Es fing spätestens im Oktober '89 an, bizarr zu werden, wenn Geprächskreise zusammensitzen und auf der Straße die Post abgeht.

Die Öffnung der Kirche für politische Manifestationen war in der DDR innerkirchlich sehr umstritten. In der Leipziger Nikolaikirche bei Pfarrer Christian Führer sind aus den Montagsgebeten die Montagsdemos geworden. Andere Pastoren waren ablehnender. Auch Pfarrer Ebeling verhielt sich in dieser Frage zurückhaltend.

Es gab innerhalb der Kirche keinen Widerstand gegen diese Öffnungen. Der Widerstand, den es gab, den hat die Kirchenspitze abgewiesen. Die weltlichen Kontakte der Kirche nach draußen und zum Staat sind in der Zeit einer Diktatur für mich rechtlich notwendig, rechtlich erforderlich und nicht bedenklich. Damit wurde viel für die Menschen gemacht. Kirche im Sozialismus ist keine Peinlichkeit. Natürlich muss man, wenn man mit dem Teufel isst, auch darauf achten, dass der Löffel lang genug ist. Ob sich bestimmte Theologen auf die Konspiration hätten einlassen müssen, dass müssen sie selber entscheiden. Trotzdem sind die Räume der Kirche im Wendeherbst der entscheidende Ort gewesen, damit sich Andersdenkende versammeln konnten ...

Anfang Juli 1989 gab es in Leipzig einen Kirchentag, der mir die Augen geöffnet und eine große Ermutigung für mich bedeutet hat. Wir haben in großen Runden gesessen, es war mindestens die Größe einer Turnhalle, und haben über die verheerende Volksbildung in der DDR diskutiert. Es waren keine neuen Gedanken, aber zum ersten Mal für mich sprachen wir öffentlich darüber, nicht im Wohnzimmer, wo wir schon immer so geredet hatten.

Absolut dieselbe Erfahrung habe ich bereits etwas früher in unseren Gesprächskreisen gemacht.

Diesen Gesprächskreis gab es bereits 1988?

Wir haben ihn gegründet, bevor alle anderen aufwachten. Die Gedanken, eine Partei zu gründen und etwas Strukturelles daraus zu machen, entstanden später. Das kam dann nach dem Wahlbetrug bei den Kommunalwahlen am 7. Mai 1989. Da hatte die DDR-Regierung ihre Glaubwürdigkeit verloren. Das war das Signal für uns.

II
Ein Mann geht in die Politik – Diestels Weg zum Architekten der deutschen Einheit

Ab Sommer 1989 überschlugen sich die Ereignisse. Am 7. Mai die gefälschte Kommunalwahl als Signal für viele, die Honeckers DDR so nicht mehr wollten. Als im Sommer die Botschaften in Prag, Warschau und Budapest von Hunderten DDR-Bürgern besetzt wurden, spitzte sich die Lage für die greise DDR-Führung immer weiter zu. Bis zum 30. September, als Bundesaußenminister Genscher ihnen vom Balkon des Palais Lobkowicz ihre Ausreisegenehmigung mitteilte, waren es allein in Prag viertausend. Die SED hatte lediglich noch die unsinnige Bestimmung erwirkt, dass ihr Zug zur Ausreise in die BRD durch die DDR fahren musste. Am 19. August hatte es an der Grenze zwischen Ungarn und Österreich nahe Sopron das paneuropäische Picknick gegeben, bei dem es von ungarischer Seite zu einer Grenzöffnung kam, die 600 bis 700 Menschen aus der DDR zur Flucht nutzten. Einen Einfluss auf Ungarn, dies zu verhindern, hatte die DDR-Regierung schon nicht mehr gehabt. Als am 7. Oktober in der Nähe der Gethsemanekirche in Berlin Demonstranten von Spezialeinheiten mit brutaler Gewalt angegriffen wurden, sind das die letzten Versuche der Staatsmacht, Stärke zu zeigen. Am 9. Oktober drohte in Leipzig eine chinesische Lösung. Als sich etwa 70 000 Menschen zur Montagsdemo formierten, sahen sie sich einem erschreckenden Aufgebot an Kampfgruppen und Polizei gegenüber. Ein Kampfgruppenführer hatte Tage zuvor in der Leipziger Volkszeitung geschrieben, dass man bereit sei, Provokationen, »wenn es sein muss, mit der Waffe in der Hand« zu unterbinden. Als dies ausblieb, unterstützt vom Aufruf »Keine Gewalt« der Leipziger Sechs unter Gewandhauskapellmeister Kurt Masur, begann in Ostdeutschland dank Tausender Bürgerrechtler, dank des übergroßen Teils eines Volks von Mutigen, die spürten, was Zivilcourage vermag, die friedliche Revolution. Jetzt war nicht mehr die Zeit für Gesprächskreise, jetzt musste gehandelt werden. Waren es die Umstände, die Peter-Michael Diestel zu einem Politiker machten? Noch vor Jahresende war er Generalsekretär einer neuen Partei.

Wir waren dabei festzustellen, dass euer Gesprächskreis in der Thomaskirche langsam eine neue Form und einen neuen Inhalt suchte. Aber zurück zum Beginn eurer Zusammenkünfte. Wie liefen die ab?

Ich habe schon einige Namen genannt, die mir noch in Erinnerung sind: Christoph Biller, der spätere Thomaskantor, Wolfgang Sonnenkalb, ein promovierter Biochemiker von der Akademie der Wissenschaften, mit dem ich viel zusammengearbeitet habe. Viele kluge Leute aus dem Umfeld der Thomaskirche.

Habt ihr euch bestimmte Themen gesetzt? Wie lief das ab?

Wir saßen zusammen in einem Kreis und haben diskutiert. Durch das freie Aussprechen von Gedanken entstand viel Hoffnung. Es lag nichts Umstürzlerisches in unseren Gesprächen, sie waren einfach nur freimütig. Ich kann mich an Themen erinnern wie Lesen und Literatur ohne Zensur, Engpässe in der Versorgung und die Gründe, Meinungsfreiheit ... Aber alles konstruktiv, wir wollten nicht die Axt rausholen und auf den Tisch hauen, sondern einfach reden über Themen, die in den Zeitungen nicht vorkamen. Ich habe ihnen erklärt, dass es in der DDR-Verfassung zwar ein Bekenntnis zum Marxismus-Leninismus gibt, aber auch Meinungsfreiheit und Religionsfreiheit verbrieft waren, was der DDR-Staat in vielen konkreten Fällen oft nicht anerkannt hat.

Es waren formale Bekundungen, nehme ich an.

Sie waren zumindest in der Verfassung verankert, aber wurden nicht umgesetzt.

Die DDR hat lange versucht, sich den Anschein der Rechts-staatlichkeit zu geben. Der war für sie wichtig, oder?

Rechtsstaatlich wollte sie nach außen erscheinen. Wenn wir uns ohne Hass zurückbesinnen, dann erscheinen mir die achtziger Jahre als eine Zeit, in der man gut leben konnte. Die ersten westlichen Rockmusiker sind rüberge-kommen, Udo Lindenberg ist aufgetreten, die Bücher von Stefan Heym konnten wir lesen, die Stücke von Heiner Müller auf der Bühne sehen. Es gab eine gewisse geistige Öffnung. Für einen politischen Witz kam in dieser Zeit niemand mehr nach Bautzen.

Wir hatten auf der einen Seite die Öffnung durch Glasnost und Perestroika und im Herbst 1988 auf der anderen Seite mit dem Verbot der sowjetischen Zeitschrift SPUTNIK ge-nau das Gegenteil. Das hat mich schon zurückgeworfen. Am meisten deprimiert hat mich Honeckers Satz vom Ja-nuar 1989, dass es die Mauer noch in hundert Jahren geben wird.

Dieser Satz, Michael, der hat mich nicht so getroffen. Wie will ein Mann, den ich eigentlich für einen Trottel ge-halten habe, wissen, was in hundert Jahren ist? Ich habe mit Egon Krenz, seinem Nachfolger für ein paar Wochen, später sehr häufig über Honecker geredet. Ich wusste von Krenz, was für ein schlichtes Gemüt Honecker war, mit einem starken Defizit an Allgemeinbildung. Aber dieser Satz, an den ich mich auch erinnern kann, der war so rückschrittlich, dass der mich nicht mehr treffen konnte.

Für mich bedeutete der Satz eine unverhüllte Drohung. In meinen Ohren klang es wie: Macht euch keine Hoffnung,

rechnet nicht mit einer Amnestie, bis zu eurem Fünfund-
sechzigsten behalten wir euch hier.

Darin gebe ich dir recht. Wer 1989 – ich sag mal: bis zum Sommer – vorhergesagt hat, es wird alles anders und zwar bald, war für mich ein Scharlatan. Das gilt erst recht für die Jahre davor. Aber ich habe leichter Luft bekommen. Ich hatte panische Angst vor diesem vergreisten Politbüro, das hat mich hoffnungslos gemacht, weil: sie waren alt und sind nicht gestorben. In den letzten Jahren vor der Wende hatte sich die Angst ein bisschen gelegt. Es gab eine gewisse geistige Öffnung, es zeigte sich mehr Zivilcourage. Ich habe damals schon zu bestimmten Anlässen als Leiter der Rechtsabteilung keinen Schlips mehr getragen. Das sind Äußerlichkeiten, aber trotzdem wichtige Äußerlichkeiten. Wer 1989 im Sommer, nachdem die Kommunalwahlen Anfang Mai gefälscht wurden, gesagt hat, das ist der Anfang vom Ende, den hätte ich für geisteskrank erklärt. Den hätte auch im Westen jeder für geisteskrank erklärt. Dass es dann doch zur Wachablösung kam, verdankt sich einem viel zu wenig beachteten Umstand in dieser Zeit: der vollständigen Vergreisung des Politbüros und dem rudimentären Gesundheitszustand seiner Mitglieder. Das war keine Staatsführung. Die hatten nichts mehr in der Hand.

Was sie aber nicht ungefährlicher gemacht hat. Der Gedanke,
dass aus eurem Gesprächskreis eine Parteigründung wird,
wann war euch das in den Sinn gekommen?

Hans-Wilhelm Ebeling war ein sehr bürgerlicher, wertkonservativer Theologe, hatte die feste Überzeugung, dass die Kirchen für die Menschen da sein müssen, aber nicht als revolutionäre Zelle. Deswegen hat er für die Thomaskirche eine andere Haltung praktiziert als sein Kollege Christian Führer von der Nikolaikirche, der dort das Montagsgebet eingerichtet hatte. Er sammelte die Unzufriedenen, zog aber im großen Stil auch die Stasi an. Als ich später Innenminister und Vizekanzler wurde, habe ich mich erkundigt, wer in unserem religiösen Gesprächskreis in der Thomaskirche, wer danach in der CSPD und in der Nachfolgepartei DSU, die wir gegründet haben, vom Ministerium für Staatssicherheit war.

Waren welche darunter?

Ja, aber ganz wenige. Leider war der Theologiedozent darunter. In der Nikolaikirche saß beinah jeder Zweite im Auftrag der Staatssicherheit. Unsere Gruppe hat man nicht so ernst genommen, deswegen haben wir überlebt und aus dem Gesprächskreis was entwickeln können. Ebeling war eine Persönlichkeit, die später in der Öffentlichkeit viel zu wenig gewürdigt wurde. Er war ein eher stiller Mensch, aber er konnte im kleinen Kreis sehr gut reden. Wie das Theologen können. Kein Volkstribun, aber er war klug. Ich muss sagen, ohne Ebeling wäre das alles so nicht gekommen, wie es gekommen ist.

Wie groß muss ich mir diese Gesprächskreise vorstellen?

Zwanzig Personen.

Der Gedanke, daraus eine Parteigründung hervorgehen zu lassen, also erst die CSPD und dann die DSU, wann kam der?

Im Sommer '89, würde ich sagen. Ich sagte bereits, dass sich nach der gefälschten Kommunalwahl die Lage zugespitzt hatte. Die Fälschung bedeutete eine Dreistigkeit, die nicht hinzunehmen war. Wenn ich mir überlege, dass der stellvertretende Bezirksstaatsanwalt in Potsdam die Leute, die die Auszählung kontrollieren wollten, in Turnhallen hat einsperren lassen, war das schon sehr bizarr. In Leipzig wurden spontane Demonstrationen nicht mit Gewalt, sondern mit polizeirechtlichen Mitteln aufgelöst. Meine

Frau ist mit den Kindern bei einem Umweltspaziergang in der Leipziger Aue kurz festgenommen worden. Die sind gleich wieder freigekommen.

Es fing an, der greisen Führung aus dem Ruder zu laufen. Du hast recht, die waren mit ihrem Latein am Ende. In Leipzig hatte es schon lange Montagsdemos gegeben, aber ab September erhielten sie großen Zulauf.

Unsere Diskussionsrunde ist seit Sommer '89 regelmäßiger zusammengetreten. Wir haben beschlossen, wir müssen uns einmischen. Aber wo einmischen? In den bestehenden Strukturen oder selbst neue Strukturen schaffen oder was? Wir waren für alles offen. Bis wir den Plan entwickelten, eine Schwesterpartei zur CSU zu gründen. Dass die CSU für uns eine Bezugsgröße wurde, verdanken wir Ebeling. Der besaß Kontakt zu Strauß. Ich kannte Strauß nur aus der Ferne, hatte aber eine große Sympathie für ihn. Für uns war die CSU interessant, weil sie in den Kommunen lebt und offensichtlich straff durchorganisiert ist.

Wie ist der Parteiname CSPD entstanden? Wie heißt die Abkürzung?

CSPD steht für Christlich Soziale Partei Deutschlands.

Hattet ihr keine Sorge, dass dieser Name dicht an dem der SPD steht?

Wir wussten nicht, ob es irgendwelche namensrechtlichen Komplikationen geben könnte. Wir haben Faltblätter mit unserer Programmatik bei den Montagsdemonstrationen verteilt, damit man sich unter der Abkürzung ein Programm vorstellen konnte. Wir waren es, die als Allererste gesagt haben: Ziel unserer politischen Tätigkeit ist die deutsche Einheit. Damit waren wir früher als das Neue Forum, früher als die Initiative für Frieden und

Menschenrechte und der Demokratischer Aufbruch oder irgendwer.

Gehörte nicht auch Angela Merkel zum Demokratischen Aufbruch?

Rainer Eppelmann, Angela Merkel, Wolfgang Schnur als Vorsitzender, der kurz vor der Wahl im März 1990 als Stasi-IM aufflog, auch Friedrich Schorlemmer war anfangs dabei, ein guter Mann, ist dann aber zur SPD. Schnur, der regelmäßig in Merkels Elternhaus verkehrte, war es dann auch, der Angela rangeholt hat.

Wann habt ihr Kontakt zur bayrischen CSU aufgenommen? Im Sommer '89 konntet ihr doch noch gar nicht in den Westen reisen. Ging das per Brief?

Pfarrer Ebeling konnte reisen. Er ist im Spätsommer das erste Mal nach München gefahren. Ich lernte seine Partner zur Herbstmesse in Leipzig kennen.

Hat es eine nominelle Parteigründung gegeben?

Ja, ich glaube, die fand unmittelbar nach der großen Montagsdemo vom 9. Oktober statt. Unmittelbar danach haben wir uns als CSPD gegründet.

Bist du schon bei der Gründung Generalsekretär geworden?

Von Anfang an. Ebeling Parteivorsitzender, ich Generalsekretär, das haben wir so festgelegt. Ich konnte strategisch denken und das Programm juristisch absichern, und Ebeling war ein guter Redner. So sind wir auch gemeinsam bis zur ersten freien Volkskammerwahl im März 1990 gegangen, bis wir zusammen im gleichen Kabinett saßen, ich als Vizekanzler und Innenminister und Ebeling als Entwicklungshilfeminister.

Ja, eigentlich hätte er als Parteichef Vizekanzler werden müssen, aber dann haben ihn Ringstorff und Meckel und andere Bürgerrechtler aus kirchlichen Kreisen vorgeworfen …

… dass er in der turbulenten Wendezeit die Kirche zugehalten hat.

Wie ging's weiter mit der Idee, Schwesterpartei des CSU zu werden?

Nach dem Mauerfall sind Ebeling und ich nach München gefahren, wo uns die CSU-Spitze empfangen hat. Franz Josef Strauß war ein Jahr zuvor gestorben. Wir erschienen der CSU vertrauenswürdig. Ebeling als Pfarrer der Thomaskirche, ich als parteiloser, promovierter Jurist. Ich glaube, man hat mich trotzdem mit Argwohn gesehen, ob da nicht ein Stasi-Kandidat oder sowas kommt.

Hast du ein Parteistatut ausgearbeitet? Habt ihr versucht, euch richtig anzumelden? Die DDR und ihre Gesetze existierten noch fast ein Jahr.

Ja, wir haben uns angemeldet und registrieren lassen.

Wo machte man das?

Beim Rat des Bezirkes. Es musste zu DDR-Zeiten alles in Übereinstimmung mit der DDR-Verfassung stehen.

Das Neue Forum hat sich auch angemeldet.

Wir uns auch, wie Deutsche das so machen in einer Revolution, Hand heben und anmelden. Anders geht's ja gar nicht. Dann haben wir als CSPD ab Dezember '89 auch an den Zusammenkünften vom Zentralen Runden Tisch teilgenommen. Ebenfalls im Dezember '89 hat Kohl vor der Ruine der Frauenkirche in Dresden eine Rede gehalten. Es war sein erster Auftritt nach dem Fall der Mauer im Osten. Und es war ein höchst komplizierter Auftritt für ihn. Die Menschen haben auf eine Botschaft von ihm gewartet. Die Gespräche in Dresden vorher mit Modrow, dem DDR-Ministerpräsidenten, haben auf DDR-Regierungsseite keine Einheitsabsichten erkennen lassen. Aber die, die gekommen waren, Kohl zu hören, wollten die Einheit. Von ihnen habe ich mich bestätigt gefühlt. Dresden war das erste Mal, dass ich mit Kohl persönlich gesprochen habe.

Wenn du sagst, die Modrow-Regierung hat sich Ende '89 nicht zur deutschen Einheit erklärt, hat sich denn am Zentralen Runden Tisch ein Anfang für etwas Neues gezeigt?

Nein, dort haben die alte Regierung und die Stasi immer noch mitregiert. Ich habe gemerkt, das ist eine schlechte Dramaturgie, die sich da abspielt. Es wurde nicht versucht, der deutschen Einheit ein Stück näher zu kommen. Damals hatten Überlegungen, die DDR zu restaurieren, die Oberhand. Das wollten wir aber nicht.

Christa Wolfs und Stefan Heyms Appell FÜR UNSER LAND war zum Jahresende '89 eine ganz wichtige Strömung. Ich habe es als die Hauptströmung wahrgenommen.

Ich wusste, dass der Staat nicht reformierbar ist. Ich glaube nicht, dass der Appell die Elite des Volks auf seiner Seite hatte, höchstens Teile. Ich habe Leute kennengelernt, die ganz anders dachten und klug waren: Schalck-Golodkowski, Rechtsanwalt Vogel, ein Wirtschaftsfachmann wie Gerhard Beil. Als Krenz Honecker abgelöst hat, wussten wird doch, es geht weiter. Wir wussten genau, was die wollten, als sie das Ministerium für Staatssicherheit aufgelöst haben oder auflösen wollten und das Amt für nationale Sicherheit.

Was?

Zeit gewinnen. Einfach Zeit gewinnen.

Du sagst selbst, dass der Wechsel von Honecker zu Krenz keine Hoffnungsbotschaft war. Ich habe nie daran gezweifelt, dass da jetzt der Wolf im Schafspelz kommt, um die Macht zu erhalten … Was anderes war wahrscheinlich gar nicht von ihm zu erwarten …

Wenn Leute, die die Macht haben, sie auch behalten wollen, ist das nichts Verwerfliches. Er hat die alte Macht mit Würde und humanistischem Anstand verteidigt und hat eine chinesische Lösung wie auf dem Tian'anmen-Platz ausgeschlossen. Er hatte als Vorsitzender des Nationalen Verteidigungsrates alle Hebel dazu in der Hand. Armee, Grenztruppen, Staatssicherheit, Polizei, Zivilverteidigung usw., er hatte alles in der Hand, aber er hat sie aus historischer Verantwortung heraus nicht eingesetzt. Als ich das begriffen habe, hat sich mein Verhältnis zu Krenz gewandelt.

Es ist keine Leistung, nicht zu schießen, wenn ich das Spiel verloren habe. Es ist eine Selbstverständlichkeit. Ihr habt als CSPD am Zentralen Runden Tisch teilgenommen, sagst du, du und Ebeling, und du sagst aus heutiger Sicht, das war nicht konstruktiv. Warum?

Ich sah keine Perspektive, nur ewiges Gequatsche. Außerdem habe ich gemerkt, dass sich die alten Strukturen allmählich wieder erholen. Hab gemerkt, welchen Einfluss die Kirchenleute hatten, das kam mir alles bekannt vor. Ich habe mich ab Januar 1990 nur noch auf den Wahlkampf für die ersten freien Volkskammerwahlen konzentriert. Wir hatten mit Wahlen gerechnet im Spätherbst 1990. Im Januar, Februar hatten wir erste Gespräche über ein christliches Wahlbündnis, und dabei wurde die Idee der Allianz für Deutschland geboren. Die DSU war die einzige bürgerlich-konservative Kraft, mit der sich CSU und CDU zusammengeschlossen hätten. Die anderen galten als links, auch der Demokratische Aufbruch galt uns als links. In Umfragen Anfang 1990 lag die DSU bei etwas über zwanzig Prozent. Damit gewinnst du aber keine Wahlen, deshalb die Idee für eine Allianz für Deutschland. Zu dieser Zeit gab's diese Rechtsanschläge in der DSU noch nicht, die kamen erst später, da waren wir schon in der Regierungsverantwortung. Unsere Frage damals war, bekommen wir ein christlich-konservatives Bündnis hin? Ohne ein solches Bündnis, das war mir klar, gibt es keine deutsche Einheit. Ich bin dafür über meinen Schatten gesprungen, denn mit einer Ost-CDU wollte ich mich ursprünglich nicht verheiraten. Für mich waren das Trittbrettfahrer bei der SED, die sich nur nicht getraut hatten, gleich dem Original beizutreten. Mit Wolfgang Schnur vom Demokratischen Aufbruch konnte ich auch nicht. Er war Kohls Liebling im Osten. Dem hat er ein tragbares Handy zukommen lassen, das war groß wie eine Aktentasche. Wenn er mit dem Handy kam, haben wir immer gesagt: Du, Wolfgang, ruf doch mal den Dicken an, Wolfgang, ruf ihn doch mal an. Geht nicht, der sitzt jetzt in einer Beratung, hat er dann gesagt. Ruf doch mal an, wir wollen mal gucken, ob das Ding funktioniert. Er trug es immer mit sich herum.

Die CSU konnte euch nicht als Schwesterpartei aufbauen. Sie war laut Satzung auf Bayern beschränkt. Wann haben die einen Rückzieher gemacht?

Zunächst ging es voran. Erste Anbahnungen von Ebeling gab es schon vorher, aber die richtige Unterstützung der CSU hatten wir dann ab November, Dezember '89, im Januar wurden die Kontakte ganz eng. In dieser Zeit wohnten CSU-Leute bei mir im Haus im Nickelmannweg, Otto Wiesheu, Erwin Huber, Gerold Tandler sind zu mir gekommen. Aber auch das Konrad-Adenauer-Haus hat seine Emissäre geschickt. Die CDU hatte uns nicht abgeschrieben.

Du hast gesagt, dass du Kohl zum ersten Mal in Dresden im Dezember getroffen hast. Wie hat er auf dich gewirkt?

Kohl habe ich das erste Mal getroffen, als er vor der Ruine der Dresdner Frauenkirche gesprochen hat. Ich wurde ihm vorgestellt.

Wie kamst du in sein Umfeld?

Ebeling und ich waren eingeladen. Nach der Rede gab es einen Empfang.

Warst du als CSPD-Mann eingeladen? Außerhalb eurer Partei warst du damals noch ein unbeschriebenes Blatt, oder?

Wie man es nimmt, vom Titel her hieß ich Generalsekretär. Das war doch für die Volksparteien immer eine wichtige Position, ihr General. Ich nehme an, die hatten mehr Respekt vor dem Titel als vor mir. Wir haben uns als Schwesterpartei der CSU vorgestellt, das war Kohl sowieso ein Dorn im Auge, also hat er mich sehr freundlich behandelt, damit wir vielleicht noch zu seiner CDU kommen. Diese Gespräche gab's ja dann auch ab Januar.

Wie erinnerst du das erste Gespräch mit ihm?

Großer, massiger Mensch, aber mit wachen Augen. Wie eine Dampfwalze trat er auf. Trotzdem konnte er sich in einer fremden Situation schnell zurechtfinden. Wenn Kohl in einen Raum kam oder erschien, dann war das immer ein Auftritt, dann brauchte er den König nicht mehr zu spielen, das haben dann wir gemacht.

Hat er euch als Ost-Partei von Anfang an ernstgenommen? War etwas zu spüren, was später der deutschen Einheit im Wege stand: ein Siegerlächeln vielleicht?

Nein, nichts. Ich hatte das Gefühl, von ihm ernstgenommen zu werden. Er hatte ja eine aus Leipzig stammende

Frau. Man kann Kohl viel nachsagen, aber die Ossis hat er geliebt. Nur so kann man seine Entgleisung in Halle verstehen, als man ihn mit Eiern beworfen hat. Das waren Angriffe, die er nicht erwartet hatte. Natürlich habe ich erlebt, wie er de Maizière über den Mund gefahren ist, wie er Schnur über den Mund gefahren ist... Das hat er mit mir nie gemacht. Er hat mich schon nach wenigen Begegnungen geduzt, ich habe ihn immer gesiezt, aber er hatte immer einen gewissen Respekt.

Wie kam es zum Projekt Allianz für Deutschland?
Es war die Idee der DSU allein. Uns zu einer Allianz für Deutschland zusammenzuschließen entstand auf unserem Parteitag im Februar in der Oper in Leipzig. Es war ein Rechenspiel. Die DSU wollte am konsequentesten die deutsche Einheit, und dafür brauchten wir eine Mehrheit. Das war die Allianz.

Großer Parteitag der DSU in der Leipziger Oper? Du hast mir von den Reisen zweier Leipziger Emissäre im November '89 nach München erzählt, im Februar '90 füllt die Partei tausend Plätze in der Leipziger Oper. Wieder zwei Monate später ist der Generalsekretär Diestel Vizekanzler und Innenminister. Diese für heutige Verhältnisse unbegreiflichen Tatsachen zeigen, was damals vor sich ging. Ich muss immer schmunzeln, wenn zu Jubiläen Bilder von der Nacht, als die Mauer fiel, wiederholt werden: diese blöden Wahnsinn!-Rufe aus den Trabis. Aber es stimmt: es war Wahnsinn. – Ja, großer Parteitag der DSU: Stand da schon der Weg zur deutschen Einheit auf dem Programm?
Bundesinnenminister Wolfgang Schäuble saß neben mir im Präsidium auf der Bühne. Wir haben beide Reden gehalten. Ab Ende Januar, Februar gab's auch die Gespräche zur Allianz, die fanden dann nicht in München, sondern in Berlin statt. Und immer war dabei das erste und

wichtigste Thema: die deutsche Einheit. Dabei hatte ich immer Kohl hinter mir. Über dieses Thema, über das Kohl und ich genauso dachten, entstand zwischen uns eine besondere Sympathie, ich habe bei ihm die Akzeptanz meiner Person gespürt. Ich glaube, seit es die reale Möglichkeit für die deutsche Einheit gab, war es das Lebensziel von uns beiden.

Kam der Name Allianz für Deutschland von dir?
Nein, aber die Idee des Zusammengehens mit der altbundesdeutschen CDU.

Wieso altbundesdeutsche CDU? Es ging um Wahlen in der DDR …
Ja, es waren Wahlen im Osten. Die altbundesdeutsche CDU hatte sich relativ zügig mit der ostdeutschen CDU ins Bett gelegt. Kohl und Generalsekretär Volker Rühe standen dieser Hochzeit skeptisch gegenüber. Ich habe sie damals auch sehr zwiespältig empfunden. Aber ein Blick auf den Parteiapparat der ostdeutschen CDU hat gezeigt, wenn wir die Wahl gewinnen wollen, dann mit ihr. Die hatte in jedem Kreis hauptamtliche Leute, überall.

Es wird mir langsam wieder bewusst, dass ihr einen großen Konkurrenten bei der Wahl hattet, die SPD. Der Wahlausgang war, realistisch betrachtet, offen.
Das sah ich auch so. Wir bei 22 Prozent. Die ostdeutsche CDU spielte keine Rolle. Der Demokratische Aufbruch etwa so stark wie wir oder etwas weniger. Die große Unbekannte war die Stimmenzahl der SPD.

Also war die Allianz für Deutschland für das Ziel der deutschen Einheit überlebenswichtig. Du, der immer so auf die Blockflöten von der Ost-CDU geschimpft hat, hast in den sauren Apfel gebissen. Die SPD war zu dieser Zeit der auf-

*steigende Stern. Welche Rolle spielte die in PDS umbenannte
SED?*

Keine große, die PDS waren die ewig Gestrigen. Die
PDS von damals kann man mit den LINKEN von heute
nicht mehr vergleichen. Der wirkliche Konkurrent war die
SPD mit den Pastoren und mit diesem geschmeidigen, elo-
quenten Ibrahim Böhme. Die waren nicht zu unterschätzen. Unter diesem Aspekt und der Umfrage, dass wir bei
22 Prozent vermutet wurden, haben wir ersten Gesprächen mit der Ost-CDU zugestimmt. Die fanden in Leipzig
im Nickelmannweg 2 statt.

Hat Kohl auch dein Haus besucht?

Kohl glaube ich nicht. Schäuble war da, Biedenkopf war
da, alle CSU-Häuptlinge, die Leute vom Konrad-Adenauer
Haus, alle waren bei mir im Nickelmannweg 2. Mein Parteichef Ebeling hatte solche Möglichkeiten in seinem Haus
nicht. Ich hatte ein relativ großes Esszimmer, da konnten
dreißig Mann diskutieren. Also unser Haus ist in diesen
Wochen zu einem historischen Gebäude geworden.

*Jetzt sind wir an deinem Tisch noch mal richtig in die Wo-
chen vor der ersten freien Wahl in der DDR eingetaucht. Du
hast mich angesteckt mit der Spannung. Mir schwirrt der
Kopf von den Zeitangaben. Aber es überschlug sich vieles innerhalb weniger Wochen oder Tage. Die Wahl war angesetzt
für den 18. März. Im März kam es zu fünf großen Kundgebungen mit Helmut Kohl. Aber die Überraschungen kamen
von anderer Seite. Zwischen der vorletzten und der letzten Kundgebung ist Wolfgang Schnur vom Demokratischen
Aufbruch als IM enttarnt worden. Ibrahim Böhmes Enttarnung, der sich bereits als künftiger SPD-Ministerpräsident
fühlte, geschah eine Woche nach der Wahl, am 24. März in
einer Titelgeschichte des SPIEGEL. Zu diesem Zeitpunkt
hatte die SPD ihre Wahlniederlage schon hinter sich, dar-*

auf hatte Böhmes Enttarnung keinen Einfluss gehabt. Aber Wolfgang Schnurs Sturz vor der Wahl war ein Schlag für deine Allianz. Vermutest du, dass da jemand dran gedreht hat?

Nein. Du hast es gesagt: Schnur galt wie Böhme mehrere Wochen als neuer Ministerpräsident. Ich erkläre mir seine Enttarnung damit, dass er am Zentralen Runden Tisch eine dumme Bemerkung gemacht hat. Er hat erklärt, dass ab Major aufwärts alle aus den Sicherheitsorganen entlassen werden. Zwei Tage später war er enttarnt.

Da haben sich die Majore zusammengetan.

Die Information über Schnurs IM-Tätigkeit kam aus dem Amt für Nationale Sicherheit, so hieß seit Mitte November das umgebildete Ministerium für Staatssicherheit. Relativ spät, aber auch noch kurz vor der Wahl, kamen die ersten Berichte über IM Czerny, das war Lothar de Maizière, und über Martin Kirchner, da habe ich den Decknamen vergessen, er war CDU-Generalsekretär. Du siehst, wie die Stasi immer noch entscheidend Politik gemacht hat. Sie hat durch gezielte Informationen zwei Parteichefs gestürzt, die sich als künftige Ministerpräsidenten sahen.

22 Prozent plus X für die DSU lautete Anfang März die Wahlprognose. Mit ein bisschen Glück konntest du dich auch darauf vorbereiten, Ministerpräsident zu werden.

Ich hatte ein ganz anderes Ziel zur damaligen Zeit. Ich wollte Oberbürgermeister von Leipzig werden oder Rechtsanwalt.

Aber in Leipzig bist du ja nie zu einer Wahl angetreten?

Nicht zur OBM-Wahl, aber zur Volkskammerwahl am 18. März war ich aufgestellt. Ich besaß keinen klaren Plan, weil ich mir damals nicht habe vorstellen können, in irgendein Amt gewählt zu werden. Obwohl es im Bereich des Möglichen lag, war ich darauf nicht eingestellt. Die Welten, in denen ich mich seit Ende 1989 befand, waren mir nicht ganz geheuer.

Wie war der Wahlausgang am 18. März, hatte die Ost-CDU mehr Stimmen als die DSU?

Die CDU gewann überraschend mit großem Vorsprung. Für viele Wähler war klar, wir wählen heute Helmut Kohl. Dass er gar nicht zur Wahl stand und nicht Vorsitzender der Ost-CDU war, fiel untern Tisch. Er war im Wahlkampf unser wichtigster Mann, wir haben diese großen Kundgebungen gemacht, ich bin mit Helmut Kohl zusammen aufgetreten. Am 14. März fand die große Kundgebung in Leipzig auf dem Karl-Marx-Platz statt. Ich habe noch nie vor Hunderttausenden von Menschen geredet. Es war für mich eine ergreifende Situation. Ich habe die Kundgebung eröffnet und gemerkt, wie die Leute mir an den Lippen hingen. Dann kam der Ackermann, der Büroleiter von Kohl, und sagt: Herr Diestel, Sie müssen weiterreden, der Kanzler kann noch nicht. Ich verstand nicht, Kohl stand hinter mir. Er hatte seine große Pranke auf meiner Schulter. Dann drehe ich mich um und sehe, dass ihm die Tränen kommen. Also habe ich weitergeredet, bis sich der Kohl gefasst hat und eine mitreißende Rede gehalten hat, eine gigantische Rede.

Du und er, beide ohne Manuskript?

Ich rede immer frei. Beim Beifall wurden von den Linken kurz die Lautsprecher-Kabel gekappt. Nach der Kundgebung sind wir zusammen ins Falstaff gegangen, ein nahe gelegenes Restaurant. Kohl, alle die dabei waren, auch Justus Frantz, der Dirigent, gehörte zur Entourage. In diesem Moment haben wir gewusst, wir gewinnen die Wahl. Drei Tage später haben wir die Wahlen gewonnen. Nicht als DSU, aber in der Allianz für Deutschland.

*Wie lange bist du noch von deiner Agrarvereinigung in De-
litzsch bezahlt worden? Ab wann ruhte dein Arbeitsverhältnis? Eigentlich warst du doch schon längst Ganztags-Politi-
ker, oder?*

Zunächst hatten sie mich freigestellt von der Arbeit, die
wussten, dass ich an einem großen Rad drehe. Stand ja
manches über mich und die DSU in der Zeitung.

Ab wann warst du freigestellt?

Im Dezember '89. Ich habe dann eine Arbeitsaufhe-
bung ab 1. Januar gemacht. Von diesem Tag an war es
ernst. Jetzt war Politik mein Job, eine ganz neue Erfahrung.

*Haben dir deine Bauern noch einen richtigen Abschied spen-
diert?*

Ich habe mich verabschiedet, aber es ist nie ein Abschied geworden. Ich habe später, als ich Innenminister
war, den Sozialdemokraten als Staatssekretär in ihrem
Landwirtschaftsministerium einen gigantischen LPG-
Vorsitzenden von mir vorgeschlagen. Damals war Ignaz
Kiechle gerade als Bundeslandwirtschaftsminister ausgeschieden oder wollte ausscheiden. Da hat Kohl zu mir gesagt: Diestel, Ihr Mann ist ein richtiger Experte, mit Eignung zu Höherem. Das war mein Dr. Dieter Schwarze, ein
studierter Landwirt ...

Eine Fachkraft aus der DDR.

Ja, Fachkraft, aber auch mit dem, was da oft dranhing:
Kandidat des Zentralkomitees der SED oder Mitglied der
Bezirksleitung, irgendwas. Aber unbestritten ein hervorragender Bauer, enger Freund von mir, hat mir auch bei
der DSU geholfen ...

Der Mann hat auch Kohl imponiert?

Ein ehemaliger Genosse, aber er war so gut als Staatssekretär, mit dem habe ich später den Minister abgelöst. Dieter Schwarze wurde auf DSU-Ticket amtierender Landwirtschaftsminister und hat das Ministerium in die deutsche Einheit überführt. Gigantischer Typ!

Was hattest du denn für Bezüge ab 1. Januar, wurdest du als Generalsekretär bezahlt? Konnte deine Partei überhaupt Gehälter zahlen?

Nein, ich glaube nicht, ich weiß das nicht mehr. Ich hatte immer ausreichend Geld, ich habe dicke Geldpacken geholt aus München und hier 1:10 in Ost-Mark umgerubelt. Steuerrechtlich ist alles verjährt, kann ich drüber reden. Es ist nach ostdeutschem Recht rechtswidrig und nach bundesdeutschem auch. Aber damit haben wir die Wahlen finanziert, und wenn ich mal 100 D-Mark brauchte oder was, dann habe ich die eben genommen oder ich habe das Geld aus der eigenen Schatulle genommen. Du, es war eine Zeit, da hat man nicht auf den Kassenzettel gewartet und sich keine Quittungen geben lassen.

Peter, hast du in dieser Zeit, wir reden jetzt nur über die Zeit vor der Übernahme eines Ministeramts, irgendwann ein Gefühl für Macht gehabt? Das Gefühl des Mächtigen, der weiß, dass von dem, was er tut, die Geschicke eines Landes abhängen? Ich habe im Theater mal Martin Luther gespielt. Der Regisseur hat mich auf einer Art Kanzel mitten ins Publikum gestellt. Alles im Dunkeln, nur ein Scheinwerfer auf mich. Dabei erlebst du ein zwiespältiges Gefühl. Du kennst ähnliches von den Wahlkampfauftritten mit Kohl.

Ich wusste immer, ich spiele nur eine Rolle. Mir ist es so ergangen, wie du es beschrieben hast, als du die Rolle des Luther gespielt hast. Ich wusste, ich bin das nicht. Als ich dann wirklich Macht hatte und Minister war, spürte ich auch Angst vor der Macht, Angst zu versagen. Hoffnun-

gen nicht zu erfüllen. Die Frage, die du mir stellst, wird
mir häufig gestellt. Ich kam mir vor wie der Hochstapler
Felix Krull. Ich bin das nicht, Michael, ich bin nicht wichtig.

Hätte man dich kneifen sollen?

Ich habe alles, was ich in dem einen Jahr zwischen
Herbst '89 und Herbst '90 erlebt habe, für einen vorü-
bergehenden Zustand gehalten. Ich habe nie vergessen,
dass es geborgte Macht auf Zeit ist. Ich war 174 Tage Innenminister und Vizekanzler. Das wichtigste Resultat
meiner Macht war, dass ich die deutsche Einheit auf den
Weg bringen durfte und sie mich damit belohnt hat, dass
ich die Zulassung als freier Rechtsanwalt bekam. Es gab
schon unvergessliche Stunden. Eine erlebte ich – da war
ich Präsident vom Bundesligaclub Hansa Rostock –, als ich
mit dem Mikrofon in der Mitte vom Platz des Ostseesta-
dions stand und zum Fan-Frieden zwischen den Hansa-
Fans und den Fans von St.Pauli aufrief. Da haben 25 000
im Chor zurückgerufen: Diestel, Diestel! Damals sagte
mein kleiner Sohn Friedrich, der dabei war: Vati, ich heiße
doch auch Diestel, meinen die mich auch? Ich habe ihm
geantwortet: Ja, Friedrich, die meinen dich auch. Also solche Momente sind Adrenalin pur, da kann man sagen,
kneif mich mal, das kann doch nicht wahr sein. Aber ich
habe immer gewusst, es ist geborgtes Vertrauen, dass du
nur so lange hast, wie du vorsichtig damit umgehst. In
Leipzig haben 20 000 gegen mich demonstriert, als ich die
Stasi-Generäle nicht rausgeschmissen habe.

Hat dich die Demo erschreckt?

Die Zeitungen haben geschrieben, zwanzigtausend
hätten auf dem Karl-Marx-Platz gegen mich demonstriert,
gegen die de Maizière-Regierung und gegen den Innenminister Diestel. Hat mich nicht beeindruckt. Ich wollte die

komplizierte Maschinerie der Sicherheitsapparate vorsichtig auflösen, aber besser noch umbauen und friedlich und harmonisch in das gesamtdeutsche Haus einbringen. Das war meine Aufgabe. Meine Aufgabe war nicht, als schönster, revolutionärster Innenminister den Frieden aufs Spiel zu setzen, sondern ich wollte alle Menschen mitnehmen.

Ich habe, das muss ich dir jetzt auch mal als Kompliment sagen, bei unseren Gesprächen immer mehr begriffen, dass das, was wir friedliche Revolution nennen, auch ganz anders hätte verlaufen können und dass du an dem friedlichen Verlauf einen großen Anteil hattest.

Das stimmt, wenn die Revolutionäre einen einzigen Kommunisten oder Stasi-Mann an eine Laterne gehängt hätten, dann wäre es um die Friedlichkeit geschehen. Ich finde, Laternen sollten die Straßen ausleuchten und nicht zum Aufhängen von Menschen benutzt werden. Das hätte diese Republik in ein blutiges Ende gestürzt.

Absolut richtig.

Der Frieden hing in diesen Tagen am seidenen Faden, das wird viel zu wenig bedacht. Wir hatten die Hände zum Gebet gefaltet und vielleicht noch eine Kerze drin, als wir ihnen die Macht genommen haben. Sie hatten die Waffen. Wer die Waffen hat, hat die Macht, und wer die Macht hat, will sie nicht abgeben. Deswegen müssen wir dankbar sein, dass sie sich friedlich auf dem Weg zur deutschen Einheit verhalten hat.

Das Nächste, worüber wir reden, ist Peter-Michael Diestels Zeit als Minister. Aber davor gönnen wir uns eine Pause von der politischen Karriere. Er interessiert mich als leidenschaftlicher Jäger. Immerhin sitzen wir Abend für Abend in seinem Jagdzimmer.

Der fröhliche Jäger oder Wenn Diestel im Wald schläft, kommen die Tiere

Wir begegnen uns seit ein paar Wochen regelmäßig in seinem Haus in Zislow. Zu ihm führt eine kleine löchrige Straße, die man nur im Schritttempo fahren kann, eigentlich ist es ein Waldweg. Die Bezeichnung Haus stimmt nicht, denn es handelt sich um eine kleine Anlage mit Wohn- und Bürohaus, Gästehaus und Jagdhaus. Zislow liegt nahe dem Plauer See, auf der gegenüberliegenden Seite von Plau, dort, wo es von dem Örtchen Lenz aus über den Petersdorfer See weiter nach Malchow geht. Weder die genannten Orte noch die Seen kann man sehen, denn das Grundstück ist von Bäumen gesäumt, in südlicher Richtung taucht der Wald erst am Ende einer großen Wiese auf. Natur ringsum. Wie lebt es sich hier? Wie nahe kommt Peter-Michael Diestel die Natur? Wie schiebt sie sich, wenn sie so nah kommt, in sein Leben? Es gibt ein 2007 erschienenes Buch von Richard David Precht, Autor populärer philosophischer Bücher, das trägt den Titel: Wer bin ich – und wenn ja, wie viele? Ich will nicht den Inhalt des Buches, sondern die Frage benutzen, die der Titel stellt, und sie an Diestel weitergeben: Wer bin ich – und wenn ja, wie viele? So wie ich das Leben eines Bücherlesers und Literaturkritikers führe, führe ich das Leben eines Reisenden, dessen liebste Beschäftigung das Unterwegs-Sein ist, ich bin ein Liebhaber mit großem Gefallen an Frauen, an einer Frau, meiner Partnerin nämlich, ein Augenmensch bin ich auch, den gute Kunst begeistert, und offenbar ein Spielertyp, denn jede Form von Spiel setzt mich unter Strom. Vielleicht bin ich noch mehr, aber sicher weiß ich, wie wir alle, gar nicht so genau, wer ich bin. Um meinen Gesprächspartner nicht nur in seinen Ansichten zur deutschen Einheit vorzustellen, habe ich mir für heute vorgenommen, ihn zu fragen:

Peter, welche verschiedenen Leben lebst du?
Ich kenne das Buch nicht, und ich kenne den Hintergrund für diesen interpretationswürdigen interessanten Titel nicht. Ich kenne diese Hintergründe nicht.

Ja, in meinen Augen bist du Politiker, das ist aus deiner Zeit als Minister offenbar eine Konstante in deinem Leben geblieben, du bist ein Anwalt, der jeden zweiten oder dritten Tag Mandanten besucht oder zu Gerichten fährt, du bist ein Genießer, scheint mir, auch ein Kunstmensch, denn die Wände hier sind nahezu mit Bildern gepflastert. Was bist du noch?
Dazu möchte ich dir was sagen. Ich bin stolz, dass – in welcher Rolle der liebe Gott mich auch immer ins Leben gestellt hat – er mir die Chance gegeben hat, eine Spur zu hinterlassen. Egal ob ich Vizekanzler, Innenminister, Präsident eines Bundesligaclubs oder heute Anwalt bin. Ich habe mich bemüht, immer da, wo ich eine Aufgabe hatte, die Aufgabe anzunehmen und mit untypischen Mitteln zu lösen. Nimm Diestel als Anwalt. Sicherlich gibt es viele Leute in meinem Beruf, die längere Schriftsätze verfassen können, aber ich will die Richter nicht langweilen. Ich überlege immer, was will der Mandant, der zu mir gekommen ist und meine Hilfe braucht? Er will nicht einen Prozess gewinnen, sondern ein Problem lösen, und er möchte dabei so wenig wie möglich Scharmützel erleben und möchte so wenig wie möglich bezahlen dafür. So gehe ich mein Leben als Anwalt an. Das nächste, mich prägende Leben ist der Sport. Heute ist es nur noch Kraftsport, aber von meiner Jugend an waren es viele Sportarten, und in jeder Sportart, die ich betrieben habe, habe ich gelernt, vorneweg zu marschieren. Das ist völlig legitim.

Was sind das für Sportarten?

Es ging los als Ringer bei Motor Warnowwerft in Warnemünde, das war noch bevor ich zur Schule gekommen bin. Irre, was?

Du hast mir gesagt, du warst auf der Sportschule?

Ja, in Leipzig dann, später.

Auf der Kinder- und Jugend-Sportschule?

Ja.

Und deine Brüder auch?

Auch sie waren alle Sportler.

Also du warst beim Ringen.

Ringen für Kinder, muss du wissen, tut weh. Du musst athletisch sein, musst ein gewisses Feingefühl haben, musst Kraft haben. Ringen tut weh. Schmerzen auszuhalten ist für einen Menschen in der Entwicklung das Beste, was ihm geschehen kann. Mit Schmerzen leben, Schmerzen aushalten, Schmerzen überwinden und Schmerzen wegstecken. Michael, dass man die Schmerzen nicht sieht, habe ich gelernt, da war ich fünf.

Aber du bist nicht beim Ringen geblieben, was kam dann?

Als meine Eltern sich haben scheiden lassen, bin ich nach Leipzig gezogen und habe in Leipzig mit Bogenschießen angefangen Dabei habe ich gemerkt, dass ich ein guter Schütze bin, aber es ist keine athletische Sportart, da ging mir zu wenig in meinem Körper vor. Dann habe ich auf einer Kinder- und Jugend-Sportschule mittrainieren dürfen und bin zur Leichtathletik gekommen, als 100- und 200-Meter Läufer und auf den Kurzstrecken in der Halle. Beim Hallensprint war ich kaum zu schlagen. Das war eine tolle Geschichte, aber Michael, ich wusste, dass ich bei kaderpolitischen Überlegungen der Trainer nie mit vorkam, ich war kein Jungpionier und dann auch kein Thälmann-Pionier. Dabei hörte ich schon das erste Mal in meinem Leben: Diestel, du nicht.

Als Auslandskader kamst du nicht infrage. Tragisch, dass damit sportliche Begabungen abgebrochen wurden. Das sind Innenansichten der DDR. Was kam dann?
Boxen. Meine Mutter hat mich beim Sportclub Leipzig zum Boxen angemeldet. Ich bin zum Boxen gegangen und habe parallel dazu abends in der Musikhochschule Geige gespielt. Zwischen dem Boxtrainung und dem Musikunterricht lagen zwei Stunden. In dieser Zeit bin ich in die Hochschule für Grafik und Buchkunst gegangen, die lag gleich neben der Musikhochschule, und habe den Studenten Modell gesessen. Es war erbärmlich kalt. Ich bekam, ich habe vergessen wie viel, ich glaube drei Mark die Stunde. Ich brauchte immer Geld für mich, auf Geld von meiner Mutter konnte ich nicht rechnen.

Was hast du vom Boxen mitgenommen in dein Leben?
Ich habe dort gelernt, in den Schlag zu blicken, beim Schlag, der auf dich zukommt, nicht die Augen zuzukneifen, sondern gleich eine Gegenreaktion zu entscheiden. Also in den Schlag reinblicken und sofort darauf reagieren. Das ist im Leben für mich symptomatisch geworden. Ich habe die Gefahr sehr zeitig kommen sehen, auch im übertragenen Sinne, Michael, wenn man sich auf einer gewissen Ebene bewegt, politisch oder in der Juristerei, geschäftlich, kaufmännisch, dann bist du gut beraten, wenn du schnell die Gefahr erkennst. Nur dann kannst du rechtzeitig darauf reagieren.

Welche Leben lebst du noch? Das eines Menschen, der im Geheimen ein Künstler ist?

Nein, da bin ich nur Konsument, mit Leidenschaft, wenn du die Menge meiner Bilder siehst, aber nur als Konsument.

Wenn ich mich hier in diesem Raum umsehe, sind wir umgeben von Geweihen. Alle schön präpariert. Überall um uns herum weißgebleichte Stirnplatten mit Geweihspitzen darauf, dicht an dicht an die Wand genagelt. Vor allem Rehe, da und dort ein Hirschgeweih und ein paar gewaltige Hauer von Wildschweinen. Lauter Trophäen, die mich in dieser Vielzahl ein wenig einschüchtern. Sie verwandeln diesen Raum in ein Schlachthaus. Also gibt es da noch ein Leben: das Leben eines Jägers. Bevor ich danach frage, wie sehr dich diese Leidenschaft einnimmt, frage ich: Wann warst du zum ersten Mal auf der Jagd? Fand das erst nach der Wende statt?

Ich komme in väterlicher Linie aus einer Mecklenburger Großgrundbesitzerfamilie, 1945 enteignet von den Russen. Also es gibt einen Hintergrund, der aus der Familientradition kommt, die ich aber nicht mehr erlebt habe, sondern nur aus den Erzählungen meines Vaters kenne. Wenn du als Kind erzählt bekommst, wie schön die Jagd ist und was die Jagd für eine Wirkung auf einen Menschen hat, dann wächst da eine geheime Sehnsucht. In der DDR-Zeit war die für mich natürlich nicht auszuleben. Gekommen bin ich dazu, als ich Innenminister war. Ich habe den General-Forstmeister kommen lassen, weil ich einen Jagdschein haben wollte. Aber er hat mir abgeraten.

Wieso das?

Mit der deutschen Einheit hat die Jagd in der ehemaligen DDR eine ganz andere Entwicklung genommen. Er hat mir bedeutet, dass sie bald nicht mehr die Jagd des Volkes sein wird. Es werden nur noch die Reichen zur Jagd gehen.

Jetzt muss ich lachen. Von wegen Jagd des Volkes. Zu DDR–Zeiten hatte man das Gefühl, die Jagd war nur eine Sache der Bonzen.

Deswegen bin ich in der DDR auch kein Jäger geworden. Wenn ich ein Prachttier geschossen hätte, hätten sie mich vielleicht eingesperrt, weil dieser Hirsch für den Ersten Sekretär der Kreisleitung oder für den Vorsitzenden der Kreisverwaltung der Staatssicherheit und so weiter vorgesehen war. Deswegen war mir zu DDR–Zeiten die Jagd suspekt. Als ich dann wieder verstärkt anwaltlich gearbeitet habe, hatte ich mehrere Mandate in Thüringen. Dabei habe ich für einen Jagdschulbetreiber einen Prozess gewonnen, war eine schmutzige Stasi-Geschichte, die sie ihm anhängen wollten, und er hat mich eingeladen, den Jagdschein zu machen. Was ich dann auch getan habe.

Das grüne Abitur nennt man den Jagdschein, weil die Prüfung offensichtlich nicht ohne ist. Stimmt's?

Genau, ich habe mich aus meinem Leben ausgeklinkt und mich vier Wochen hingesetzt und gepaukt.

Wie waren deine ersten Erfahrungen als Jäger?

Ich bin schnell ein begeisterter Jäger geworden. Aber ich habe gemerkt, dass sich die Jagd verändert. Es hat überhaupt nichts mit der sozialen Auslese unter den Jägern zu tun, nein. Dadurch, dass wir Wölfe haben, und dadurch, dass das Wild sehr nachtaktiv geworden ist, kannst du kaum noch nach traditioneller Art jagen. Auf dem Hochsitz auf Wild warten, ansitzen heißt das, ist nicht mehr das Übliche. Jetzt brauchst du Technik, Kriegstechnik, sage ich immer, um nachts im Stockdunkel sehen zu können und dem Wild aufzulauern.

Also man sitzt nicht mehr bei Sonnenaufgang, sondern man sitzt schon nachts?

Du sitzt nachts mit Nachtsichtgerät und Wärmebildkamera. Selten, dass du im Hellen ein Stück Schwarzwild strecken kannst. Ich besitze wunderschöne Waffen, und auf diesen Waffen kann man sich diese Kriegstechnik gar nicht vorstellen. Das will ich auch nicht mehr. Das ist für mich jetzt so eine gewisse Phase, wo ich mich frage, ob ich weitermache oder nicht. Hinzu kommt noch eine andere Erfahrung. Ich spüre, dass das stärkste Motiv für mich nicht mehr ist, Wild zu erlegen, sondern auszugehen und abzuschalten. Die Erdverbundenheit, weißt du, die will ich spüren. Die neuen Jäger, die mich besuchen, wissen oft gar nicht, was ein Zeisig ist, sie wissen nicht, wie ein Zilpzalp aussieht, sie kennen keinen Eisvogel. Sie hören das Schreien des Seeadlers nicht.

Es geht nicht um das Abknallen der Tiere …

Was meinst du, wie viele Tiere ich ziehen lasse, und dann kommt mal was, wo ich sage, der muss mit, so wie jetzt. Vor einer Woche habe ich eine riesige, unvorstellbar schwere Bache mit netto etwa hundertvierzig Kilo gestreckt, die einfach weg musste, worauf ich auch sehr stolz bin, dass ich sie erlegt habe.

Hast du dir gesagt, die muss weg oder was? Ich meine, ich bin mir ja darüber im Klaren, dass Jäger zu sein nicht abknallen bedeutet, sondern es ist auch Hege und Pflege.

Für mich ist es mittlerweile mehr Hege und Pflege als Abschuss. Bei der Bache handelte es sich offenbar um ein allein vegetierendes Tier, das schon acht oder neun Jahre alt ist und bestimmt drei Jahre keine Frischlinge mehr bekommen hat. Das ließ sich aus dem Trittsiegel lesen. Die muss man einfach mitnehmen. Es geht gar nicht anders, jeder Jäger hätte die mitgenommen. Das Totschießen ist mir nicht unangenehm, aber es gehört nur noch dazu. Das Schöne ist das Sitzen, das Abschalten, die Tiere beobachten, den Marder beobachten, die Eule, die angeflogen kommt, den Seeadler, der schreit ... was meinst du, was ich hier in Zislow für eine Vielfalt habe.

Ist es dein Revier hier?
Ja, ganz um meinen Wohnsitz herum. Wenn du aus dem Fenster siehst, steht dort ein großes Vogelhaus. Ich verfüttere übers Jahr zehn Zentner Sonnenblumenkerne und habe dadurch alle Singvögel, alle Vögel, die andere nur noch aus Büchern kennen. Man sagt, die Sortenvielfalt ist um die Hälfte zurückgegangen und die Anzahl sogar noch mehr, aber hier in Zislow ist alles da – Wendehals, Zilpzalp, Eisvogel, sechs Spechtarten, fünf, sechs Meisensorten, alles.

Ich hatte mir, ich geb's zu, andere Jägergeschichten erwartet ... von Abenteuern und so. Höre dir aber gern zu.
Um bei der Jagd jetzt einen Punkt zu setzen, sage ich, dass für mich das Abschalten wichtig ist. Ich habe noch nie ein Stück Wild verkauft, werde ich auch nie machen, ich ernähre mich von Wild und ich verschenke das, wenn ich irgendwo eingeladen bin. Ich nehme keine Blumen mit oder eine Flasche Wein, sondern dann nehme ich eine Rehkeule oder einen Rehrücken mit. Machst du immer einen guten Eindruck.

Peter-Michael Diestel ist im Grunde mehr ein Naturmensch als ein Jäger?
Ich habe ein ganz frühes Kindheitserlebnis. Immer wenn meine Mutter überfordert war, dann hat sie ein oder zwei ihrer fünf Söhne im Kinderheim abgegeben. Weil ich Heimweh hatte, bin ich oft weggelaufen, in den Wald, und habe mich dort ein, zwei Tage versteckt. Das war prägend.

Das hat dir nicht Angst vorm Wald gemacht?

Ganz im Gegenteil, dabei habe ich die Sehnsucht zum Wald gelernt. Ich wusste, da kann mir nichts passieren. Ich habe im Laub geschlafen und mich als kleiner Junge von Bucheckern ernährt. Seit diesen Kindheitserlebnissen weiß ich, der Wald kann mir nichts. Als ich dann Innenminister, Vizekanzler, für manche der meistgehasste Mensch wurde, habe ich mir gesagt, wenn du etwas brauchst, um dich mal zurückzuziehen, gehst du in den Wald. Die Bindung zum Wald, die hat bei mir auch ganz bizarre Formen. Wenn im April, Anfang Mai die ersten warmen Tage kommen, dann nehme ich meine Hängematte, hänge sie zwischen zwei Bäume im tiefsten Wald irgendwo auf und da schlafe ich. Michael, da gibt es noch keine Mücken.

Auch nachts?

Die ganze Nacht durch. Ich schlafe und schnarche und ich wache auf, weil um mich herum Trubel ist. Du glaubst nicht, wie das Wild einen schlafenden Menschen mit Schlafgeräuschen für normal hält. Auf fünfzig Meter steht Rotwild, Sauen und Rehe auf zwanzig Meter und Rehe direkt neben der Hängematte. Ein schlafender Mensch im Wald ist für das Wild offensichtlich keine Gefahr. In solchen Nächten, ich will das nicht kitschig ausdrücken, bist du mitten in der Schöpfung, du bist Teil dieses Waldes, das ist so etwas von endgültig, und dann sage ich mir auch immer, warum darf gerade ich das erleben, warum darf ich das sehen? Es ist ja keine Selbstverständlichkeit, alle kennen den Wald, alle wissen, was Wald ist, aber mir hat der liebe Gott das große Glück gegeben, noch viel mehr zu sehen und zu erleben im Wald, was andere gar nicht sehen, die in diesem Moment vielleicht denken, was alles im Wald passieren könnte. Wald ist für mich ein Ort des Friedens und das schönste Werk der Schöpfung.

Ich bin als Spaziergänger sehr gern im Wald. Ich will in allen Richtungen das Grün der Natur um mich. In den letzten Jahren immer öfter gibt es Wälder, die sind gesperrt oder Wege sind gesperrt. Aus Sicherheitsgründen, Äste könnten abbrechen, Bäume umstürzen. Folge der Trockenheit. Werden wir den Wald in zehn, zwanzig Jahren verlieren?

Es kann sein, dass wir ihn verlieren werden.

Endlich hat es 2021 einen regnerischen Sommer gegeben, da hat der Wald dreimal in die Hände geklatscht, aber er wird dem Klimawandel nicht entgehen, fürchte ich.

Ich bin keiner, der schwarz sieht. Worüber wir reden, ist das Ende des uns bekannten Waldes, das scheint mir nach den letzten Dürresommern avisiert.

Also doch nicht das Ende des Waldes?

Nein, es ist falsch, wenn Menschen, aus jeder Sache, die sie erleben, ein Prinzip machen. Ich glaube, dass wir Jahre der Trockenheit haben, denen andere folgen. Wenn du in die Bibel guckst, dann weißt du, im Alten Testament ist die Rede vom Wechsel von Dürrejahren und fetten Jahren.

Das ist in der Bibel aber nicht meteorologisch gemeint. Es ging wohl nicht um Dürrejahre, sondern um dürre Jahre ...

Michael, wir müssen uns Sorgen machen, ich übersehe es nicht. Die Klimadiskussion halte ich für überzogen. Es kann sein, dass diese Aussage jungen Leuten zeigt, dass ich mit dieser Position im Denken meiner Generation gefangen bin. Aber warum soll ich deshalb nicht aussprechen, was ich denke. Die deutsche Politik, die meint, das Klima dieser Welt zu verändern, lenkt damit von ihrer Unfähigkeit und Ideenlosigkeit ab, unsere Gesellschaft zu führen. Wir brauchen Vernunft im Umgang mit den Ressourcen, mit dem CO_2-Ausstoß, wir müssen bescheidener leben, als wir es bisher getan haben, aber es gab immer

Veränderung. Es gab Eiszeiten, es gab wärmere Etappen. Wir können das nicht beeinflussen, das hängt mit der Konstellation der Sterne zusammen.

Es geht um den Klimawandel, den Menschen mit ihrer Unvernunft verursachen …

Schau dir auf deiner Fahr von Leipzig nach Zislow die vielen Windräder-Parks an. Die meisten Adler werden durch Windräder getötet, der Mäusebussard, andere Greifvogelarten sind vielfach Opfer. Windräder stehen im Konflikt mit dem Naturschutz. Wenn ich die unendlich vielen Solaranlagen sehe, diese riesenhaften Solarflächen, wo der Strom gar nicht weggeleitet und gespeichert werden kann. Natürlich ist es gut, dass alternative Energieformen gefördert werden. Anstelle der neuen Preisung des E-Autos mit brandgefährlichen und alles andere als klimagünstigen Batterien vermisse ich ein Konzept für das 1,5-Liter-Auto, was technisch wohl möglich sein soll. Themen, die sich die Politik einmal gegriffen hat, lässt sie auch nicht wieder los. Kampf dem Verbrenner ist so eines.

Wenn wir alles laufen lassen, wie es läuft, läuft es irgendwann gegen die Wand. Dafür ist Deutschland viel zu dicht bebaut, Peter.

Nachdenklichkeit ist wichtig. Ich habe minderwertige Ackerflächen aufgeforstet. Das habe ich ganz bewusst gemacht, weil ich einen Beitrag zur Klimabilanz leisten wollte. Ich habe über 30 Hektar aufgeforstet. Das ist viel. Wenn ich den Wald als Ort des Friedens erlebe, dann will ich das auch anderen Menschen geben. Noch ist es ein junger Wald, aber eines Tages nicht mehr. In der Natur geht die Uhr anders.

Waldverliebtheit ist ein ganz alter Mythos der Deutschen, nicht erst seit der Romantik, aber da besonders. Wenn dich

der Wald als Ort der Freiheit anzieht, womit besetzt du ge-
danklich diese Freiheit?

Versuche dir das Gefühl zu vergegenwärtigen, wenn
du allein durch einen Wald gehst. Um dich herum hun-
dertjährige und ältere Bäume. Dann besetzen dich Gedanken über die Endlichkeit als dem Ende jeglicher Freiheit.
Wenn morgen das Corona-Virus alle hinrafft, den Wald
wird's immer geben. Guck dir an, was in Tschernobyl geschehen ist, dort haben die Menschen ein Atomkraftwerk
in die Luft gehen lassen. Du glaubst gar nicht, wie grün
es dort ringsum ist. Die Menschen sind alle tot, Krebs,
gestorben und so weiter. Aber alles ist wieder grün. Die
Natur nimmt sich das zurück. Wenn der Mensch die Natur weiter vergewaltigt, dann wird sich die Natur wehren.
Vielleicht ist das schon dieser Widerstand, den wir jetzt
mit der Pandemie erleben, aber ich will das nicht mystifizieren.

Die Gelegenheit zu diesen Gedankenspielen schaffst du dir
auch, weil du ein Einzeljäger bist. Warum eigentlich?

Gesellschaftsjagd ist nicht meine Welt. Ich gehe gern
allein, manchmal mit meiner Frau, die durch mich auch
Jägerin geworden ist. Sie sitzt auf einem Hochsitz, ich auf
einem anderen, dann telefonieren wir kurz, machen danach die Handys aus und schon bist du mitten in der aller-
größten Ruhe.

Geht es um den Rückzug auf dich selbst?

Das ist so, als wenn du eine Batterie an die Steckdose
steckst, damit die aufgeladen wird. Das Verhältnis der
Deutschen zum Wald ist immer auch übertrieben worden.
Wenn es heißt, der deutsche Wald sei Motor und Kraft-
quell der Deutschen, dann ist das nicht mein Wald. Ich
mache es ganz allein mit mir ab.

Am Mythos vom deutschen Wald laden sich heute auch die Rechten und Identitären auf. Plötzlich geht's noch mal gegen die Römer, und Hermann wird erwartet. Es ist merkwürdig, wie solche Symbole umgeschrieben werden. Verunsichert das deine Waldliebe?

Nein, ich liebe Deutschland und kämpfe für die deutsche Einheit, aber ohne jeglichen nationalistischen Beigeschmack. Ich hoffe, ein Patriot zu sein ist keine aussterbende Spezies. Meine drei Grundwerte heißen im Lied der Deutschen: Einigkeit und Recht und Freiheit. Es gibt keinen Grund, den Wald verdächtig zu machen, weil Hermann Göring sich den Titel Reichsforstmeister gegeben hat. Wenn der Wald auf Menschen einen vergleichbaren Einfluss hätte, wie er ihn auf mich hat, dann wären die Menschen viel friedlicher, zurückhaltender und harmonischer. Also wenn ich mal so richtig jemanden erschlagen will, dann gehe ich in den Wald und aller Hass auf alles ist weg,

Was beschäftigt dich denn derzeit, wenn du in den Wald gehst? Die nächsten drei Prozesse?

Also Prozesse mit Sicherheit nicht, das verbiete ich mir. Mich beschäftigt, warum in in den letzten Monaten so wenig Zaunkönige gesehen habe. Was ist mit den Zaunkönigen los? Warum sehe ich die kleinen Kerle mit dem hochgestellten Schwanz nicht mehr? Dann ist mit aufgefallen, dass ich keine Hornissen mehr gesehen habe. Jedes Jahr hatte ich drei, vier Hochsitze voll mit Hornissen.

Ganze Nester?

Riesige Nester. Dann habe ich die Hochsitze zugeschlossen, damit die Hornissen ihre Ruhe hatten. In diesem Jahr hatte ich keine Hornissen, nicht in einem einzigen Hochsitz. Ich habe in diesem Jahr noch nicht einen einzigen Maulwurf gesehen, wo sind die hin? Das sind

Dinge, die mich beschäftigen, hier in Zislow. Wenn ich Seeadler sehe, dann sage ich, es wird ein guter Tag. Der Seeadler ist mein Glücksbringer, seine Population hat sehr zugenommen.

Peter, wenn ich mich hier umgucke, das ganze Jagdhaus voller Trophäen, das ist doch peinlich.
Für mich sind Trophäen immer Erinnerungen an schöne Jagderlebnisse, an edle Tiere. Und warum soll man sich daran nicht erinnern, warum? Wenn es die Jagd nicht geben würde, würde es den Wald nicht geben, weil die hemmungslose Entfaltung des Wildes dem Wald keine Chance lassen würde. Kein Schössling würde hochkommen, alles würde weggefressen. Der Mensch hat immer eingegriffen in die Wildpopulation, deswegen muss er auch künftig eingreifen. Daran gibt's keinen Zweifel, man kann nichts gegen die Jagd sagen.

Nicht nur, dass das Herz ein einsamer Jäger ist, was wir zumindest aus der Literatur wissen, auch im Alltag existiert der Typ des Jägers. Wer ist das? Jemand, der einen anderen zur Strecke bringen will? Wen würdest du im Alltag der Gesellschaft einen Jäger nennen?
Wenn wir den als Jäger bezeichnen, der Menschen zur Strecke bringen will, über die es IM-Akten gibt, dann denke ich zuerst an den Stasi-Jäger. In meiner Zeit als Minister waren es oftmals Bürgerrechtler, die sich Enttarnungen zur Aufgabe gemacht hatten. Viele von ihnen haben aus Rache für eigenes erlittenes Unrecht gehandelt. In jedem kleinen Stasi-IM haben sie den Schuldigen für Repressionen gesehen, die sie in der DDR erlitten haben. Aber es war natürlich nie der Schuldige an ihrer Notlage. Für mich wussten sie gar nicht, wie man mit politisch Andersdenkenden umgeht. Diese Leute sind vom Westen her extrem gefördert worden. Nicht materiell, aber mit Aner-

kennung für das, was sie als ihre Mission gesehen haben. Der Westen hat es gemacht, weil er Angst vor intellektueller Kompetenz von Ostdeutschen hatte und weil die Ausgrenzung der ostdeutschen Eliten viel Platz auf dem ostdeutschen Arbeitsmarkt für zweitklassige Westdeutsche geschaffen hat.

Welche Eigenschaften und Fähigkeiten eines Jägers kommen dir in deinen anderen Leben zugute, als Politiker, als Anwalt? Muss man dabei nicht auch manchmal Leute zur Strecke bringen? Ich hoffe, nur im übertragenen Sinn.

Also zwei Möglichkeiten: entweder du denkst wie der Jäger, der seinen Schuss setzen will, oder du denkst wie das Tier, das ungeschoren davonkommen will.

Ist das in deinem Leben als Anwalt eine wichtige Fähigkeit, wie ein Jäger zu denken?

Ich beschäftige mich mit dem Psychogramm meiner Gegner. Was wollen sie, warum benehmen sie sich so, wohin werden sie möglicherweise ausweichen, was haben sie für Argumente, was haben sie für Pfeile im Köcher und so weiter. Dabei besitze ich als Jäger einen Vorsprung an Erfahrung. Nicht im Töten oder Schießen, sondern ich habe von der Jagd die Analysefähigkeit, die Nachdenklichkeit, den Röntgenblick. Aber vor allem besitze ich die Geduld, um so lange zu warten, bis der richtige Moment zum Schuss gekommen ist.

Man versucht als Jäger, das Tier optimal vor die Flinte zu bringen? Wo es nicht entkommen kann und Angst hat, was du tun wirst. So?

Für den finalen Schuss muss ich mir überlegen, was wird danach. Werde ich jetzt angegriffen oder habe ich mit der Flucht meines Gegners verloren. Da ist schon etwas, was ich von der Jagd habe.

Wie oft gehst du eigentlich jagen? Also jetzt richtig jagen?
Dreimal die Woche, abends.

Was, so oft?
Ja, ich muss doch bloß das Gewehr auf den Rücken nehmen und rausgehen. Ich muss ja nicht wie andere irgendwo hinfahren, zwei Stunden, drei Stunden mit dem Auto fahren. Ich geh einfach raus.

Aber da wird nicht jedes Mal ein Tier erschossen?
Nein, überhaupt nicht. Ich sag da wirklich, ich will Ruhe finden. Das Gewehr, das ich umhängen habe, ist nur ein Alibi. Nein, ich will den Kontakt mit der Natur. Ich genieße das schon sehr, dass ich hier mitten in wunderschöner Natur lebe. Hier hat der liebe Gott in der Phase der Schöpfung eine Skizze gemacht, weil er es besonders gut machen wollte, und das ist ihm auch gelungen. Die Mecklenburger Seenplatte ist schon etwas ganz, ganz Außergewöhnliches. Es ist der schönste Teil, den wir in die deutsche Einheit mitgebracht haben. Schon deswegen hätten sie uns besser behandeln sollen.

Und jetzt gehen wir auf die Jagd, in unseren Gesprächen, meine ich. Aber erst morgen.

III
Das Glück der Stunde oder Diestel wird Minister und bekommt Personenschützer

Peter-Michael Diestel war in der letzten DDR-Regierung, der am 18. März 1990 ersten frei gewählten, Innenminister und Vizekanzler. Populär wie kaum ein zweiter Held dieser Zwischenzeit – ein halbes Jahr davor noch ein unbeschriebenes Blatt, Justiziar einer landwirtschaftlichen Vereinigung mit Sitz in einer sächsischen Kleinstadt. Was sich in diesem halben Jahr ereignet hat und zu einer Karriere wurde, darüber wollen wir sprechen. Der Herbst der Wende 1989, die friedliche Revolution, die ein Land in die Geschichte geschickt hat, und der kurze Weg zur Wiedervereinigung des vierzig Jahre getrennten Vaterlands waren einmalige Zeiten. Nach fast einem Jahrzehnt Stillstand in Ost und West ereignete sich vor unseren Augen Geschichte und gleich in hastigen Sprüngen. Diestel war Akteur, ich ab Mitte September Teilnehmer an den Montagsdemos in Leipzig, aber sonst mehr oder weniger Beobachter. Trotzdem waren wir beide in großer Erregung. Ich freue mich, auf dem Zeitstrahl zurück in das Jahr 1989 zu gehen.

Damals hat deine Karriere begonnen. Wobei: War es eine Karriere? Karrieren entstehen, wenn der richtige Mann, die richtige Frau den richtigen Job haben und mit Geschick und Glück was daraus machen. Du hast dich auf etwas eingelassen, von dem du nicht wusstest, was dabei herauskommt. Und außerdem hast du gleich ganz oben angefangen, beim Minister.

Ich würde es nicht als Karriere bezeichnen. Es ist das größte Glück, dass ein Mensch haben darf, das größte Glück, dass ein Mann erfahren darf, dass sein Vaterland, das seit 1933 das erste Mal frei wählen durfte, ihn an die entscheidende Stelle berufen hat. Also, wenn man das nicht als Glück empfindet, dann hat man die Zeit nicht verstanden. Eine Karriere war das nicht. Ich habe nicht erreicht, was ich erreichen wollte. Natürlich bin ich Nummer zwei bei den Ostdeutschen geworden, habe mit meinem Freund Lothar de Maizière die ersten Schritte in die deutsche Einheit verantworten dürfen. Danach hat sich eine Karriere ergeben, die ich nicht dieser politischen Funktion zu verdanken habe, sondern einfach dem, was ich in der DDR gelernt habe, nämlich hart zu sein, nachzudenken, andere Wege zu gehen und mit Toleranz auch den Andersdenkenden zu begegnen. Das hat mich stark gemacht. Also insgesamt bin ich sehr froh, dass ich das erleben durfte. Es ist das Abenteuer meines Lebens.

Und nebenbei hat dich das Abenteuer populär gemacht. Ich habe gelesen, dass Kohl damals einen Bekanntheitsgrad von 97 Prozent hatte und du am letzten Tag als Minister einen von 95 Prozent. Alle Achtung. Ihr wart ja einige Male bei Kundgebungen im Wahlkampf für die Allianz für Deutschland zusammen auf der Tribüne. Es hat dich beeindruckt, du hast mehrfach davon gesprochen. Ich habe bisher unterlassen, dir zu sagen, dass du bei der Kundgebung auf dem Leipziger Karl-Marx-Platz auch zu mir gesprochen hast. Ich stand vor dir, aber aus anderen Motiven. Ich wollte einfach den Kohl mal live sehen, ich wollte mal sehen, was der da für einen Auftrieb erzeugt. Ich stand der CDU distanziert gegenüber, also der deutschen Einheit nicht, aber der CDU auf jeden Fall. Ich wollte das einfach mal sehen, wie da der Mantel der Geschichte weht. Ich weiß nicht, wie viele, die vor dir standen an diesem Tag, wirklich CDU-Wähler waren oder nur mal den Dicken sehen wollten.

Michael, es ging gar nicht um die Wähler, es ging um die Menschen, die so gedacht haben wie ich. Ob die alle für die CDU waren, weiß ich gar nicht. Ich hab die Begeisterung gespürt, ich habe gespürt, dass die große, große Mehrheit Veränderung wollte.

Darin sind wir uns einig …

Es musste anders werden. Erinnere dich, der 14. März lag vier Tage vor der Volkskammerwahl. Also wir wussten überhaupt nicht, wo die Fahrt hingeht. Dieses gigantische Wahlergebnis, das wir dann erhalten haben, war nicht abzusehen. Wir waren in der Deutschen Sozialen Union die Ersten, die die deutsche Einheit gefordert hatten. Es war vielleicht undiplomatisch, aber es war wichtig. Ich bin heute stolz darauf, dass ich jedem gezeigt habe, was ich will. Ich will nicht der schönste, der klügste, der attraktivste Innenminister oder Politiker sein. Ich will einfach nur die deutsche Einheit erleben, die alten Volkslieder singen, an den Rhein fahren und zurückkommen an die Oder. Das war für mich deutsche Einheit. An Schlichtheit war dieser Gedanke nicht zu überbieten, aber, Michael, er war von einer Herzlichkeit, von einer Emotionalität … Natürlich standest du da vor mir als jemand, der auf Reformen der DDR brannte, aber wahrscheinlich bist auch du von dieser emotionalen Wucht erfasst worden und nachdenklich geworden. Auch du hast gesagt, das ist jetzt alles im Fluss …

Das teile ich …

… und das verbindet uns.

Etwas Neues musste hin. Ich und die Leute in meinem Umfeld hatten ständig das Bedürfnis, die Zeit anzuhalten. Ich war kein Bürgerrechtler, aber ich hatte meinen eigenen Kopf, der nicht anders konnte, als kritisch zu sein. Ich leitete damals das Studententheater der Leipziger Universität, in dem ein kritischer Geist herrschte. Trotzdem gab es vieles, was ich an der Idee des Sozialismus zu verteidigen bereit war. Vor allem den Gedanken der Gleichheit und sozialen Gerechtigkeit. Ich wusste schon, dass das die Theorie war und die Praxis in der DDR anders aussah. Ich zweifelte durchaus, ob Reformen ausreichen würden, die Praxis der Theorie wieder ähnlicher zu machen. Aber noch im März 1990 stand ich bei den Reformern und habe bei der Wahl mein Kreuz bei der SPD gemacht. Peter, ich bin ein Mensch, den Gefühle umstimmen können. Ich habe die emotionale Wucht, die diese Kundgebung hatte, durchaus gespürt.

Ich bin nicht klüger gewesen da oben, aber ich habe gewusst, ich bin meinem politischen Lebensziel ein Stück näher gekommen.

Peter, was uns verbunden hat, war der Wille, dass sich was ändern muss, absolut. Was uns unterschied, war die Vorstellung über das Tempo der Veränderung. Ich war im Kopf nicht bereit für die deutsche Einheit, sondern war im Grunde meines Herzens einer, der einen dritten Weg gehen wollte, von dem ich wusste, dass es ihn nicht gibt. Mich hat es nie in die Politik gezogen. Ich wusste, ich wäre nur ein Laienpolitiker gewesen. Das warst du auch, aber im Unterschied zu mir wolltest du auf die Bühne und Politik machen.

Eigentlich müssten in der Politik Menschen sein, die die Fähigkeit besitzen, die Gesellschaft mitzuziehen, weil sie ihr etwas zu geben haben. Aber wir treffen in der Politik immer mehr auf Menschen, die mangels eigener innerer Substanz von der Macht leben. Ohne die Bedeutung, die ihnen Amt und Titel geben, wären die Menschen nichts. Wir haben heute Leute in Abgeordnetenpositionen, die mir Angst machen: Berufsabbrecher, Lügner, die andere ihre Doktorarbeiten schreiben lassen, die jedes Geschäft machen, und sei es mit Corona-Masken. In dem Kabinett, dem ich angehört habe, das ich in vielen, vielen Regierungssitzungen führen durfte, saßen Professoren, andere kluge Menschen, die im Leben schon was geleistet hatten. Laienpolitiker waren wir nicht.

Während des Jurastudiums Praktikant bei einem Abgeordneten, nach dem Jurastudium sein Büroleiter und dann bald selbst Abgeordneter. Nie aus dieser Blase herausgekommen. Sie kennen nur ein Ziel: Macht. Möglichst ein Leben lang.

Und für dieses Ziel sind sie bereit, kriminell zu werden. Wer aus dem Buch eines anderen abschreibt, ist kriminell.

Du bist der Anwalt von uns beiden und weißt, ob der Betrüger mit einem Kriminellen gleichzusetzen ist.

Selbstverständlich, Michael. Du hast wichtige Bücher geschrieben, ich hab darin kluge Gedanken gefunden. Es wäre dreist und unverschämt, wenn ich den einen oder anderen als meinen Gedanken ausgäbe. Es ist nicht mein Gedanke. Das, was ich dir erzähle, das sind meine Gedanken, und alles, was du aufgeschrieben hast, sind deine.

Ich möchte in diesem Kapitel mit dir durch den Anfang des Jahres 1990 gehen, es wurde das entscheidende Jahr für dich wie für mich. Wenn wir an Jüngere vermitteln könnten, was für ein berauschendes Erlebnis das war und welche Kraft plötzlich von der Politik ausging, würde mich das freuen. Wir waren im Gespräch bei der Leipziger Kundgebung am 14. März kurz vor der Wahl stehengeblieben. Es war offensichtlich ein ganz zentrales Erlebnis für dich, denn danach warst du dir des Wahlsiegs sicher, so habe ich dich verstanden.

Ich habe gedacht, wenn die Leute so aufmerksam zuhören, dann haben wir es geschafft. Die großen Wahlkundgebungen in Berlin und Mecklenburg verliefen anders, aber auch dort gab es diese Euphorie. Ich habe mir gesagt, es müsste für die Allianz reichen, das war meine feste Überzeugung.

Als am Abend des 18. März euer Wahlsieg bekanntgegeben wurde, war das für mich eine dicke Überraschung. Ich habe das beim letzten Gespräch bereits gesagt: Ich hatte die SPD viel weiter vorn erwartet. Die meisten Wähler waren sicher mit der SED fertig, weil sie sich von ihr betrogen fühlten, aber es blieb eine linke Sympathie, die sich – das gilt jetzt für mich – auf die SPD übertragen ließ.

Ich möchte dir vehement widersprechen. Die DDR war nie links, die SED war nie links. Die SED war für mich – wenn man auf die Partei von den Mitgliedern aus blickt, nicht von ihrer Führung – eine wertkonservative, nur äußerlich ideologisch orientierte Partei. Vielleicht waren auch viele von ihnen Christen.

Du hattest die kühne Idee, SED-Mitglieder, die dies wollten, in die CDU aufzunehmen. Warum fand der Plan keine Zustimmung?

Mein Ziel war es, 2,3 Millionen Menschen, die das SED-Parteibuch hatten, für neues nationales Denken in Deutschland zu begeistern. Helmut Kohl stand diesem Plan zumindest erst einmal nicht ablehnend gegenüber. Wen nicht Strafgerichte davon ausschlossen, den hätte ich in die CDU geholt. Wenn man annimmt, dass die ostdeutsche Elite zu etwa 90 Prozent in der SED war, dann hätten wir als Allianz für Deutschland nicht gegen die Elite, sondern mit ihr regiert. Gegen die Elite kann man nicht regieren. Unser Umgang ist von Anfang an falsch gewesen, weil wir sie nicht an uns herangelassen haben, sondern gesagt haben: Du warst in der Partei, also wollen wir dich nicht.

Endgültig erledigt war der Plan, als der neue Generalsekretär Peter Hintze dann 1994 mit seiner Rote-Socken-Kampagne kam. Da war alles verloren. Die SPD hat ja zeitweise … ich weiß nicht, ob sie bis zum Ende dazu gestanden hat … die Losung ausgegeben, dass sie SED-Mitglieder aufnehmen …

Aber nur halbherzig ...

Du warst in dieser Zeit oft in der Nähe von Helmut Kohl. Hast du bei ihm irgendwie das Wort – ich hab's vorhin schon etwas ironisch benutzt – vom Mantel der Geschichte gehört?

Bei den fünf Wahlveranstaltungen mit dem Kanzler habe ich Geschichte erlebt. Der eben noch von der DDR-Propaganda als Klassenfeind verketzerte BRD-Kanzler spricht in der DDR vor Hunderttausenden, die ihm freiwillig und begeistert zuklatschen. Kohls Wort vom Mantel der Geschichte ist für mich nicht abwegig. Natürlich steckt darin auch Pathos, aber falsch ist diese Bezeichnung nicht, denn sie meint, dass du erkennen musst, wann sich Geschichte zeigt: In dem Moment musst du ohne Zaudern handeln. Das hat Kohl getan.

Hast du gespürt, jetzt tut sich etwas für die nächsten Jahrzehnte?

Absolut. Unmittelbar danach begannen die Koalitionsgespräche, und ich wusste, jetzt bekommen wir die deutsche Einheit. Es kann kommen, was will, am Ende wird die deutsche Einheit stehen.

Überraschend ist für mich, dass die Allianz für Deutschland sich auf eine Koalition mit der SPD eingelassen hat, obwohl das rechnerisch gar nicht notwendig gewesen wäre. Plötzlich war die SPD eingeladen, Regierungspartei zu werden, warum?

Es war sehr klug von de Maizière, das so zu machen. Erst mal wusste er um seine eigene Geschichte und wollte so wenig wie möglich polarisieren. Dann wusste de Maizière, dass wir als erste frei gewählte Regierung seit 1933 diese große Chance nicht verspielen durften. Deswegen hat er mit der SPD, dem Demokratischen Aufbruch und auch mit den Liberalen Koalitionsgespräche geführt. Er wollte diesen ersten Schritt in das geeinte Deutschland mit allen gehen, die dasselbe Ziel haben. Das war der Volksfrontgedanke. Ich fand es sehr klug von ihm, obwohl er zunächst das Amt des Ministerpräsidenten für sich ausschloss.

De Maizière wollte nicht?
Ist dann aber von allen möglichen Leuten überzeugt worden, auch von der Bundes-CDU.

Er war Parteivorsitzender der Ost-CDU?
Er war ihr Vorsitzender, Nachfolger von Gerald Götting. Ich habe ihn bei unseren ersten Begegnungen als spröden, sprachlich nicht so sehr Begabten wahrgenommen, aber ich muss sagen, meine Vorurteile, die ich gegen ihn hatte, sind alle geplatzt.

Was hat er von dir gehalten?
Ich war für ihn ein Arschloch, 'ne Arschgeige.

Ehrlich? Hat er das durchblicken lassen?
In den ersten Monaten habe ich mich über ihn lustig gemacht, was dazu führte, dass er sich beim Kanzler über mich beschwert hat ... War für mich alles unwichtig. Er hat mich für einen Schwachmaten, für ein Leichtgewicht gehalten. Von diesen Fehleinschätzungen lebe ich übrigens, Michael.

... dass man dich unterschätzt?
... dass man sagt: Diestel ist ein großer, athletischer Schönling, aber ein bisschen doof. Damit gewinne ich meine Prozesse. Damit setze ich mich in der Gesellschaft durch, und dann habe ich auf einmal doch Ideen, zeige, dass ich humanistisch gebildet bin, und kann dieses und

kann jenes differenzieren. Erst dann ist der Gegner bereit, mir eine gewisse politische Klugheit zu unterstellen.

Ihr hättet euch ja treffen können ... gedanklich ... ihr wart beide Christen.

Wir haben uns getroffen, Michael, aber erst später, als wir den gegenseitigen Argwohn überwunden hatten ... Es sind ja immer Vorurteile, Michael, es ist ja keine sachliche Erkenntnis, sondern es sind meist Vorurteile, die Menschen voneinander trennen. Es ist bizarr, bei welcher Gelegenheit wir uns näher gekommen sind. Wir waren immer per Sie und mit großem Argwohn. Er konnte mich nicht verhindern, obwohl das Amt des Vizekanzlers eigentlich meinem Parteichef Ebeling zugestanden hätte. Aber die SPD war dermaßen mit den Christen von der DSU zerstritten, dass sie gesagt haben, Ebeling akzeptieren wir nicht. Der Diestel wird Vizekanzler. Ich kam zum Zuge, weil man einen andern verhindern wollte. Keine seltene Konstellation.

Und Innenminister, wie fiel die Wahl auf dich?

Alle wollten mich als Innenminister, weil sie glaubten, in dem Amt werde ich scheitern. Hinter meinem Rücken hieß es: Dem Diestel muss die große Schnauze gestopft werden, der muss Innenminister werden. Wenn der Innenminister ist, stolpert er bestimmt über die Stasi.

Warum war die SPD auf Ebeling nicht gut zu sprechen?

Die sozialdemokratischen Pastoren haben ihm vorgeworfen, dass er die Leipziger Thomaskirche für Demonstrierende zugehalten hat. Ich habe das schon angedeutet. Ebeling hatte in dieser Beziehung andere Auffassungen als sein Amtsbruder von der Leipziger Nikolaikirche. Da haben Harald Ringstorff und andere von der SPD mich vorgeschlagen: Diestel macht das!

Plötzlich war ich der Stellvertreter von de Maizière. Ich wollte erfolgreich sein, ich wollte was organisieren, ich wollte was gestalten, und dabei konnte ich die Feindschaft mit de Maizière nicht gebrauchen. Also versuchte ich, ihm Sympathie abzugewinnen. Und dann kam der Moment, Michael, ist ganz bizarr, wo er mir plötzlich wirklich sympathisch wurde ...

Gibt's eine Geschichte?
Es gibt eine. Er hatte eine Kabinettssitzung geleitet, war aber für mich sichtbar total am Boden, völlig zerstört ...

Was war geschehen? Drohte seine Stasi-Akte öffentlich zu werden?
Nein, nichts dergleichen. Das Leben ist viel banaler. Er hatte einen Dackel, und ich mochte selbst Dackel und Menschen, die Dackel haben. Und jetzt, halt dich fest, Michael, sein Dackel war gestorben. Und dann habe ich gesagt ...

Euer Thema war es, die Wiedervereinigung zu organisieren, nicht die Beerdigung eines Dackels?!
Das Leben geht andere Wege. Plötzlich waren wir nicht zwei Unterhändler der deutschen Einheit, sondern zwei Liebhaber von Dackeln. In dieser Gemeinsamkeit sahen wir gleichzeitig die Gelegenheit, unser gegenseitiges Misstrauen, unseren Argwohn, den wir wechselseitig hatten, fallenzulassen. Die Grenzen lagen genau dort, wo es um die Beerdigung seines Dackels ging. Ich glaub, sein Dackel hieß Cognac, ich verwechsele das immer, jedenfalls ganz lustig. Wir haben uns über seinen toten Dackel hinweg die Hand gegeben, haben uns das Du angeboten und eine große Flasche Cognac aufgemacht. Die war am Ende leer. Von dem Moment an habe ich ihn mit einem anderen Blick gesehen.

Diese menschliche Seite hat Politik auch …

Ja, in diesem Moment habe ich immer gedacht, wenn die Vertreter aus dem Kanzleramt und aus dem Konrad-Adenauer-Haus sagten: Herr Minister Diestel, von de Maizière gibt es doch diese Czerny-Akte, da steht doch seine Geschichte mit der Stasi drin, wollen Sie die nicht benutzen?! Wir sind doch bald in der deutschen Einheit, lassen Sie ihn doch links liegen und machen Sie ohne ihn weiter.

Wer hat das zu dir gesagt?

Vertreter aus dem Bundeskanzleramt. Lassen Sie ihn doch links liegen … Ich sagte, worüber reden Sie mit mir? Der Mann ist demokratisch gewählt, er ist der Ministerpräsident eines Landes und Sie übersehen das Wichtigste: Er ist mein Freund. Ich rede mit Ihnen nicht über Verrat. Ich hatte nie in meinem Leben in Erwägung gezogen, de Maizière öffentlich zu enttarnen. Das weiß Lothar auch, deswegen ist diese Freundschaft auch so eng. Ich habe mich mit seiner Stasi-Akte und den Stasi-Kontakten beschäftigt, und ich bin zur Erkenntnis gekommen, dass er im höchsten Maße ehrenwert und anständig gehandelt hat. Ich wäre auch gerne Anwalt geworden wie er. Ich wurde es in der DDR nicht. Ich war nicht bereit, den Schritt zu gehen, mit dem Geheimdienst zusammenzuarbeiten. Aber das heißt nicht, dass ich ehrenwerter oder klüger bin als er, sondern ganz im Gegenteil, de Maizière hat irrsinnig viel gemacht und auch viel erfolgreich gemacht …

… zugunsten von Mandanten …

… für seine Mandanten, für Leute, die in der DDR mit der Rechtsordnung in Konflikt geraten sind. Und er hat sich immer anständig benommen. Er hat …

... was du hier erzählst, trifft dann wahrscheinlich auch auf Gregor Gysi zu, oder?

... durchaus ähnlich ...

Ja, dann verstehe ich nicht, dass beide wie auch Manfred Stolpe dann später so lange von den Medien gejagt worden sind. Bis vor die Gerichte. Wie lange hat dieses Hamburger Oberlandesgericht gegen Gysi verhandelt, das liegt keine zehn Jahre zurück, wenn ich das richtig weiß oder ... dann verstehe ich das jetzt nicht, wenn du das als Harmlosigkeit beschreibst ...

Michael, mein Rat an alle drei war einfach: Es ist ein Teil eures Lebens, und ihr habt in diesem Teil Ehrenwertes und Hervorragendes geleistet, es gibt nichts, was das aufhebt. Diese drei hatten die Berührung mit diesem Ministerium, weil sie aus damaliger Sicht für die Menschen das gemacht haben, was sie machen mussten. Um Unschuldige zu verteidigen oder zu schützen, mussten sie sich mit der Bande an einen Tisch setzen. Meine Sicht ist die gleiche geblieben. Ich habe Recht behalten, aber die öffentliche Meinung nach 1990, die gefüttert wurde von Bohley, Lengsfeld, Gauck und ähnlichen, machte aus der Stasi den Teufel. Gauck wollte die Mystifizierung der Stasi nicht, aber er hat sie nicht verhindert. Wer berührt wurde, ist ein Aussätziger. Und das war der irrationale Grund der Ausgrenzung. Ich bin mit einem ganz großen, berühmten alten Mann einmal essen gewesen, der hieß Willy Brandt. Er war eine der charismatischsten Persönlichkeiten, die ich überhaupt erleben durfte, und der hat mir vorgeschwärmt von Ibrahim Böhme. Von Böhme stimmte ja schon die Hälfte seiner Biografie nicht. Ich habe damals zu Brandt gesagt, Herr Bundeskanzler, der ist eine Pappnase, der ist nicht viel wert. Der wertvollere Mann sitzt bei den Linken und heißt Gregor Gysi, das ist der Mann für Sie. Wenn die Sozis nicht so doof gewesen wären, hätten sie sich den gegriffen. Hätten sie sich ihn genommen, sie hätten den ganzen Osten auf ihrer Seite gehabt, aber weil sie eben doof sind und weil die vielen Konkurrenten und Neider ...

... Konkurrenten ist das richtige Wort.
Das ist einfach das Problem gewesen und für die anderen Parteien das Glück, dass sie diese gigantischen Potentiale, die Gregor hat, nicht erkannt haben und nicht nutzen wollten.

Gysi war neben Lothar de Maizière dein zweiter Trauzeuge.
Richtig.

In der Politik musst du eine dicke Haut haben. Hast du die?
Michael, die wichtigen Menschen müssen an deiner Seite stehen. Dass du zwei Zentner wiegst, wie ich, hilft dir ernstlich auch nicht. Früher, ganz früher habe ich immer innerlich gedacht: Euer Gerede interessiert mich nicht, wenn ihr mich nicht wollt, verdiene ich mir morgen wieder mein Geld mit Melken von Kühen. Das habe ich schließlich gelernt. Was Gysi, de Maizière und Stolpe anbetrifft, die hätten es sich selber und ihren Familien leichter machen können, wenn sie mit ihrer Vergangenheit offener umgegangen wären. Die Wahrheit, Michael, sucht sich immer ihren Weg. Trotz alledem sag ich, alle drei: Stolpe, de Maizière und Gysi sind hoch ehrenwerte verdienstvolle Menschen. Da gibt es überhaupt keinen Zweifel.

Wir werden sicher auf den Pranger zu sprechen kommen, der Anfang der neunziger Jahre mit medialer Verstärkung zu einem öffentlichen Pranger gemacht wurde, weil das auch mich selbst betroffen hat. Wir werden im nächsten Kapitel über die Staatssicherheit reden. Jetzt interessiert mich noch etwas anderes: Warum habt ihr euch für die deutsche Einheit keine ausreichende Zeit genommen? Du hast mehrfach in unserem Gespräch erklärt, dir konnte es gar nicht schnell genug gehen. Vielleicht ist es zu schnell gegangen. Also, es wird immer argumentiert, dass der Druck von der Straße zu groß war. Ich kenne die Sprüche, die ab Dezember '89 bei den Montagsdemos in Leipzig zu hören waren. Plötzlich hieß es nicht mehr: Wir sind das Volk!, sondern: Wir sind ein Volk! Oder es wurde gerufen: Kommt die D-Mark nicht nach hier, gehen wir zu ihr! So schrecklich dieser Reim auch ist, bestätigt er, dass der Druck von der Straße groß war. Dennoch, warum war es nicht möglich, eine neue Verfassung zu erarbeiten, wie es der Paragraf 146 des Grundgesetzes vorsah? Es gab wohl sogar einen Entwurfstext, warum konnte er nicht diskutiert und dem Volk zur Abstimmung vorgelegt werden? Warum blieb nur der eilige Beitritt nach Paragraf 23? Dieses Tempo bei der deutschen Einheit war mörderisch. Was sagst du? Gab es keine andere Chance?

Wir sind die Kleineren und etwas Hässlicheren gewesen, die in ein großes schönes Haus eintreten wollten. Wenn du in ein großes schönes Haus eintreten willst als etwas Kleinerer und etwas Hässlicherer, musst du die Hausordnung, die dort gilt, beachten. Das war der Fall, und die Geschichte und der liebe Gott, die haben Freude an bizarren Bildern. Das Kräfteverhältnis von damals spiegelte jeder gemeinsame öffentliche Auftritt von Kohl und de Maizière: Hier der Kohl mit seinen drei Zentnern Lebendgewicht und auf der anderen Seite de Maizière, der kaum einen Zentner wog. Dieses Bild drückt alles aus. Wir hatten große Ambitionen und große Wünsche, aber nicht das Durchsetzungsvermögen. Die anderen haben die Musik bestellt und haben sie auch bezahlt. Die Verträge, die wir für die deutsche Einheit geschlossen haben, entsprachen dem tatsächlichen Kräfteverhältnis, und wir waren eindeutig die Schwächeren. Da gibt es gar keinen Zweifel.

Ja, Peter, aber genau genommen ist das sittenwidrig, wenn ich mir die Schwäche meines Partners zunutze mache.

Michael, jetzt noch mal für dich, den Weg, den wir gegangen sind, hätten wir mit guten Ratschlägen pflastern können, die wir bekommen haben, damals und im Nachhinein. Man hätte dies und jenes anders machen können. Es gab ein Bundesministerium für innerdeutsche Beziehungen, das hatte leere Schubkästen, es gab überhaupt keinen Plan, keine konzeptionellen Gedanken ... gar nichts, die deutsche Einheit kam ja für den Westen, für die Alliierten völlig unvorbereitet und undiszipliniert. Die Ossis haben plötzlich alle Pläne und den schönen Status quo der Alliierten übern Haufen geschmissen und haben gesagt: Jetzt sind wir da, jetzt machen wir deutsche Einheit.

Für mich gibt es einen Widerspruch. Auf der einen Seite dieses Bild vom Haus, was du benutzt hast, in das man hineingehen muss und die Hausordnung beachten. Ich möchte das Bild noch erweitern. Es gibt einen Vordereingang und einen Hintereingang. Für den Ostdeutschen stand nur die Tür vom Hintereingang offen. Wollte er hinein, musste er sie benutzen, er hatte keine andere Wahl. Er wollte ins deutsche Haus. Und wie jemand, der durch die Hintertür gekommen ist, wurde er auch empfangen.

... das war falsch und unangemessen, ich gebe dir völlig recht, Michael. Die Ostdeutschen hätten als Sieger kommen müssen und auch so empfangen werden.

Das ist es, was ich nicht verstehe.

Versuche es auch nicht. Die Ostdeutschen haben gewonnen. Sie haben die Goldmedaille für Zivilcourage errungen, indem sie den Kommunismus, den Stalinismus überwunden haben. Das waren nur die Ostdeutschen. Aber plötzlich haben sie sich nicht mehr getraut, von Glück zu reden. Sie haben alle ihr Glück pflichtschuldig

78

geleugnet. Man hat den Menschen diese devote Haltung abverlangt, und das war falsch. Es war falsch, und Leute wie ich, die gesagt haben, seid stolz, ihr habt doch gewonnen, ihr habt den Krieg gegen den Stalinismus gewonnen, die hat man mit unendlich vielen Prozessen überzogen.

Aber für diese gebückte Haltung, darin sind wir uns einig, spielte Verschiedenes eine Rolle, beispielsweise dieser Spaltpilz Staatssicherheit, beispielsweise die Einrichtung der Treuhand, die der Meinung war, die ganze DDR-Wirtschaft stünde auf Abriss, und das hat man dann auch übertragen auf die Menschen, ihre Kultur und ihre Lebensverhältnisse. Das hat dazu geführt, dass sie von vornherein eingeschüchtert waren. Man hat gesagt, schaut euch doch mal zu, wie ihr nach der Banane giert, das sieht ja aus wie bei Affen. Gut, darauf kommen wir später noch mal ausführlich, aber dabei sind sicher auch Weichenstellungen passiert, die den Zug der deutschen Einheit von seiner Strecke abgebracht haben. Mich interessiert eine andere Frage. Christa Wolf, die Schriftstellerin, hat immer erklärt, sie sieht die DDR kritisch, sie ist nicht ihr Traummodell, aber Westdeutschland sieht sie genauso kritisch. Im Grunde ist das die Frage nach dem dritten Weg. Man kann ganz schnell sagen, es gibt keinen dritten Weg, mag sein, aber hast du für dich darüber nachgedacht? Über einen dritten Weg, um nicht gleich ins Bett der deutschen Einheit zu springen?

Also Idealvorstellungen hatten wir alle. Jeder wusste, wie es sein könnte. Aber die praktischen Zwänge sind was ganz anderes. Weißt du, Politik ist verantwortlich für das Machbare. Eine Schriftstellerin wie Christa Wolf darf das Mögliche denken. Als sie davon Gebrauch gemacht hat, haben diejenigen, die den Weg vorgegeben haben, eine ganz, ganz alte Geschichte von ihr rausgeholt, eine ganz alte.

Die Veröffentlichung ihrer IM-Akte sollte sie zum Schweigen bringen.

Das hat sie ja dann auch weitgehend geschafft. Ich bedauere es sehr, auch wenn ich sage: Michael, es gab keinen dritten Weg, wenn ich an die Zeit denke, in der ich Verantwortung hatte. Jeden Monat sind einhundertzwanzig- bis einhundertdreißigtausend Menschen, fast ausschließlich junge Menschen, vom Osten in den Westen gegangen. Wenn die D-Mark nicht kommt, gehen wir zur D-Mark, das hast du völlig richtig zitiert. Deswegen war es alternativlos, wir mussten, um die Menschen zu halten ...

Die Abstimmung mit den Füßen war nach dem 9. November '89 nicht mehr aufzuhalten. Niemand hat, könnte man mit Walter Ulbricht sagen, die Absicht, eine neue Mauer zu bauen. Der Weg in den Westen war nicht nur für ein paar Wochen offen. Niemand musste fürchten, ihm stünde der Rückweg nicht offen und man könne nicht in drei Wochen oder Monaten erneut reisen. Trotzdem war der Zug von Ost nach West nicht mehr aufzuhalten.

Die meisten um Deutschland herum hatten die Absicht, eine neue Mauer zu bauen. Die Amerikaner, die Franzosen, die Engländer, die halbe Welt, alle wollten das, es kann nicht sein, dass die Ostdeutschen die Mauer einreißen und sich über alliiertes Recht hinwegsetzen. Es war ja nicht nur ein Verstoß gegen die Verfassung der DDR, was die Ostdeutschen vorhatten, ohne Friedensvertrag war es auch eine Missachtung und ein Verstoß gegen alliiertes Recht. Aber du hast völlig recht, niemand hätte sich getraut, die Mauer wieder aufzubauen.

... aber eine Abstimmung mit den Füßen fand weiterhin statt.

Natürlich ...

... auch in deiner Zeit, was du mir gegenüber bisher nie er-
wähnt hast.

Deswegen haben wir auch so schnell die Währungs-
und Wirtschaftsunion organisiert. Am 1. Juli wurde im
Osten die D-Mark als geltendes Zahlungsmittel eingeführt ...

So recht mir das war, ich geb's zu, war es doch auch der To-
desstoß für die ostdeutsche Wirtschaft. Es war ein wichtiger
Schritt gegen die Abwanderung, denn die D-Mark konnte
der Grund nicht mehr sein, aber die überwiegend in Rich-
tung Osteuropa ausgerichtete DDR-Wirtschaft war erledigt.
Was du auch machst, der Konflikt war nicht lösbar.

Natürlich war es allen klar, dass wir mit der Einführung
der D-Mark die Ost-Wirtschaft praktisch aufgeben. Aber
da wir sowieso in die deutsche Einheit gehen wollten, war
unser Weg der frühen Währungs- und Wirtschaftsunion
auch konsequent.

War damit der dritte Weg endgültig gestorben?

Der war auch vorher schon gestorben. Die Menschen
wollten das nicht. Deutschland hätte in dieser kritischen
Zeit auch keine Verfassungsdiskussion ausgehalten. Ich
muss dir sagen, es ist das weitgehendste und schönste
Grundgesetz, die schönste Verfassung, die es in ganz Europa gibt, verstehst du? Ich hätte auch gar keiner Aufwei-
chung dieser Grundrechte zugestimmt.

In dem Entwurf einer neuen Verfassung vom Zentralen
Runden Tisch sind einige soziale Dinge mit aufgenommen,
also das Recht auf Arbeit. Gibt es ein Recht auf Wohnen
oder ist die Wohnung auch Teil der Profiterwirtschaftung?
Gerade jetzt wird darüber nachgedacht, ob die Kultur ins
Grundgesetz kommt oder nicht. Also ich meine, es gab
schon einige Überlegungen, die das an sich gute Grund-

gesetz der Bundesrepublik Deutschland aus dem Jahr 1949 vielleicht noch besser gemacht hätten. Warum war dafür keine Zeit?

Nein, keine Zeit und keine politische Mehrheit. Du musst ja immer damit rechnen, wenn man eine neue Verfassung gestalten will, haben alle Gruppierungen im Land eigene Ideen. Also ich war Vorsitzender des Verfassungsausschusses im Land Brandenburg, als Christdemokrat von allen Parteien gewählt, war ich der …

… es ging um die Landesverfassung …
Da ging es um die Landesverfassung und die gilt heute noch als modernste und zukunftsweisendste Verfassung. Für mich ist das Grundgesetz in seiner breitgefächerten Normativität ewig modern. Ich habe überlegt, warum ist das so? Warum waren die Väter des Grundgesetzes 1949 so weitsichtig? Sie besaßen die Erfahrungen aus den Jahren 1933 bis 1945. Die kannten die Schwächen der Weimarer Verfassung und wussten, was nie wieder geschehen darf, und das spürst du an diesem Gesetz an allen Ecken und Kanten.

… das will ich nicht antasten und da gebe ich dir auch recht, aber ich habe vorhin gesagt, es gab Überlegungen über eine neue Verfassung, die am Zentralen Runden Tisch entstanden sind …
Aber Michael, entschuldige mal … Es war eine ganz fragile Zeit, da hätte man solche Ewigkeitsdinge wie eine Verfassung nicht regeln können. Wir wussten ja gar nicht, welche wirtschaftlichen Auswirkungen die Privatisierung der DDR-Volkswirtschaft hat. Was haben wir auf Dauer: 16 Millionen Ostdeutsche oder 10 Millionen Ostdeutsche und wie viele Arbeitslose werden wir zu versorgen haben? Wir wussten nicht, wohin die Reise geht,

wie sollten wir da ein Grundrecht – nimm mir das nicht
übel – auf Reichtum und Wohlstand formulieren ...

... auf Arbeit!

... auf Reichtum und Wohlstand. Arbeit ist Reichtum
und Wohlstand. Das war völlig abwegig. Das ging nicht,
und ich verstehe auch die Ablehnung von Kohl. In dieser
veränderungswütigen Zeit, die wir in den Jahren 1989 bis
1991 hatten, hätte ich an Kohls Stelle auch keine Verfassungsdiskussion zugelassen.

*Beenden wir die Diskussion über Umwege und dritte Wege
zur deutschen Einheit und schwenken wir ein auf den ersten
und einzigen Weg zur deutschen Einheit: die Wiedervereinigung als Gebot der Stunde.*

IV
Mach schnell, Minister Dr. Diestel! oder Die 174 Tage bis zur Wiedervereinigung

Dem Wahlsieg der Allianz für Deutschland am 18. März 1990 folgte am 19. April die Regierungserklärung vor der Volkskammer. De Maizière sprach darin vom Volk der DDR als Teil eines deutschen Volkes, das wieder zusammenwachsen soll. Dies sei der politische Wille der Wähler, und seine Regierung sei ihm verpflichtet. Es ging darum, die Legislaturperiode zu nutzen, um die Voraussetzungen dafür zu schaffen, damit aus zwei Teilen wieder ein Ganzes werden kann. Für Innenminister Diestel lautete der Auftrag, die Sicherheitsorgane dafür vorzubereiten: die Polizei musste umgebaut werden, die Staatssicherheit abgebaut. Zwei kapitale Aufgaben. Wie viele Jahre hatte er dafür? Es wurden 174 Tage. Über die wollen wir jetzt reden.

Die Regierung, deren stellvertretender Ministerpräsident und Innenminister du warst, hatte die Aufgabe, die deutsche Wiedervereinigung vorzubereiten. Gab es dafür einen Fahrplan?

Nein. Wir wurden für vier Jahre gewählt, und das Ziel war, in dieser Zeit alles Nötige vorzubereiten.

Aber bei der Eile, die geboten war, wie du sagtest, war es doch ausgeschlossen, sich vier Jahre Zeit zu lassen …

Doch, wir sind für vier Jahre angetreten, Michael. Jeder, der damals gewählt worden ist, ob in die Volkskammer oder ins Kabinett, ist davon ausgegangen: Ich bin jetzt für vier Jahre dabei.

Aber es tickte doch die Uhr der deutschen Einheit?

Ganz genau ...

... wir sprachen über die Abstimmung mit den Füßen, du nanntest erschreckende Zahlen von täglichen Fluktuationen Ostdeutscher in den westlichen Teil Deutschlands.
Wir wollten uns so schnell wie möglich selber abschaffen, das hat de Maizière erklärt. Unser Ziel war es, uns so schnell wie möglich überflüssig zu machen, keine zweite Legislatur dranzuhängen, sondern die Voraussetzungen für die deutsche Einheit so schnell wie möglich schaffen.

Du warst 174 Tage stellvertretender Ministerpräsident und Innenminister. Dass es eine so kurze Frist wird, hast du bei deiner Vereidigung nicht gedacht, oder?
Ich bin für vier Jahre vereidigt geworden. Ich hab nicht geahnt, dass wir so wenig Zeit haben werden. Natürlich bin ich froh, dass es so schnell gegangen ist, aber abgesehen habe ich das nicht.

Du hast auch nicht darauf hingearbeitet, dass am 3. Oktober der Einheitsvertrag unterzeichnet wird.
Er ist nicht am 3. Oktober, sondern viel früher unterzeichnet worden ... Den 3. Oktober haben wir erst später festgelegt als Tag der deutschen Wiedervereinigung. Wir hatten mit dem Einigungsvertrag und mit den zwei Staatsverträgen alles vorbereitet, dass dieser Tag wirklich der größte Feiertag der Deutschen werden konnte.

Als Tag der Wiedervereinigung!
Als Tag der Wiedervereinigung. Er hat viel verändert. Nicht nur zum Guten. Danach begann das Denken in Sieger und Besiegte ... Komisch, solange uns die Wiedervereinigung noch bevorstand, lebten wir in Hoffnung und Freude. Danach fanden wir uns auf dem harten Boden von Tatsachen wieder, die wir nicht bedacht hatten.

Du hast mal formuliert: Es schien, als habe der Westen gedacht, er vereinige sich mit sich selbst ...

Ich habe das als politische Onanie bezeichnet, so haben sie sich auch benommen. Wenn du noch einmal die Feierlichkeiten zur deutschen Wiedervereinigung betrachtest, stellst du fest, dass sich nur Wessis gefeiert haben und ein paar von diesen Paladinen, die man sich aus dem Osten ausgesucht hat ...

Stand die Tribüne, hinter der das Feuerwerk aufstieg, am Brandenburger Tor?

Nein, am Gendarmenmarkt. Du siehst, wenn du durch eine Grünpflanze guckst, den kleinen de Maizière stehen, ansonsten ist das ganze Bild voll großer, meist vollgefressener Wessis, die die deutsche Einheit feiern. Dieses Bild ist so symbolträchtig, weil es deutlich macht: Wir haben gewonnen! Sie haben uns die Goldmedaille für die Wiedervereinigung weggenommen. Jetzt feiern sie sich, als wäre die Einheit ihr Verdienst.

Wo war dein Platz auf der Tribüne?

Hinten, ganz hinten. Die Zeremonie des Abends der deutschen Einheit ist die historische Lüge, die den Regisseuren eines Tags auf die Füße fallen wird. Ich habe natürlich an dieser Veranstaltung teilgenommen. Für mich erfüllte sich ein Lebenstraum, aber mich hatten sie irgendwo nach hinten dirigiert. Ich bin mit meinen Staatssekretären und Leibwächtern schnell abgehauen zu einer Feierlichkeit an die Glienicker Brücke, da war ein großes Festzelt aufgebaut ...

... dort gab es am Schluss eine Schlägerei, hab ich gelesen?

Aber was für eine ...

Das musst du erzählen.

Meine Leibwächter und ich, es war eine bizarre Beziehung, die wir zueinander hatten ...

... gab es nach der Hauptfeier am Gendarmenmarkt nicht hinterher noch irgendwo ein kaltes Buffet??
Die Feierlichkeiten zur deutschen Einheit waren so organisiert, dass Kohl und seine Leute irgendwo intern und für sich gefeiert haben. Ich weiß nicht, ob de Maizière dabei war, glaube es aber nicht. Ich war entschuldigt, denn ich war damals im Wahlkampf. Am 14. Oktober war die Wahl in Brandenburg und ich kandidierte für den Posten des Ministerpräsidenten, deshalb fuhren wir an die Glienicker Brücke ...

Ach so, du warst im Wahlkampf.
Dort fand eine große Festveranstaltung statt. Ich habe auch geredet, aber nur kurz. An diesem Abend trug ich einen gelben Trenchcoat. Von der Bühne herunter sah ich, wie sich im Saal hinten in der Ecke irgendwelche Radikalinskis, unklar, ob es Linke oder Rechte waren, in Bewegung setzten. Ich hatte sieben oder zehn Leibwächter dabei. Plötzlich schwante mir, dass ich die heute noch brauchen werde. Ich weiß genau, was ich im Festzelt empfand: Freude über die deutsche Einheit, Freude, dass wir es geschafft haben, aber auch Skepsis. Gehen die, die uns so gern Brüder und Schwestern genannt haben, wirklich anständig mit uns um? Ich hatte diese Skepsis, weil ich wusste, wie die gedacht haben. Ich hab sie ja kennengelernt, in den Gesprächen zum Einigungsvertrag ...

Sind dabei Äußerungen gefallen, die dich skeptisch gemacht haben?
Ich hatte so viel maßlose Überheblichkeit kennengelernt. Es gab viel, was den Osten Deutschlands im wirtschaftlichen Vergleich weit hinter den Westen stellte, aber

das wurde den Menschen angelastet, nicht den Umständen. Reparationen hier, Marshall-Plan da. Dieses fehlende historische Wissen erschreckte mich. An diesem Abend spürte ich die Skepsis besonders, ließ es mir aber nicht anmerken. Bei der kleinen Einheitsfeier an der Glienicker Brücke habe ich eine kurze Rede gehalten, gestimmt auf Jubel, Trubel, Heiterkeit, Freibier. Alles schön, aber dann kamen die Radikalinskis von hinten nach vorn und waren plötzlich aggressiv. Eine extreme Minderheit in diesem Zelt. Störer, die du schnell mal hast bei politischen Auftritten. Aber heute schien es mir wie ein Menetekel.

Blieben die Störer am Rand oder wurde es gefährlich?
Die kamen nach vorn und wollten Krawall. Und ich hatte auch das Bedürfnis.

Was? Der Herr Minister fühlte sich wohl an seine Zeit als Türsteher erinnert?!
In solchen Situationen kenne ich keine vornehme Zurückhaltung. Du suchst dir einen Stuhl und haust denen richtig in die Fresse. Du hast recht, das kommt aus meiner Zeit als Türsteher, meiner wilden Zeit, in der ich geboxt habe.

Du musstest doch nicht die Arbeit deiner Leibwächter übernehmen. Das kann gefährlich werden, wenn Journalisten dabei sind und sehen, wie der Minister zulangt.
Ich muss dann immer aufpassen, dass es nicht mit mir durchgeht. Mit den Leibwächtern gab es die Absprache, wenn solche Zwischenfälle eintreten, schnell weg. Ich habe in solchen Sondersituationen immer auf sie gehört. An dem Abend habe ich einem von ihnen meinen gelben Trenchcoat gegeben, der hat ihn angezogen. Dann haben sie mit dem Messer das Zelt aufgeschnitten und ich bin mit drei Leibwächtern raus.

Wie bedrohlich war es für dich?

Ich empfand es nicht als bedrohlich. Ich hau mich gern, ich habe das gern, Michael.

Du warst bis zum Nachmittag noch der Innenminister einer deutschen Regierung?

Ich hatte diese Absprache mit dem Personenschutz, und ich hab mich auch diszipliniert daran gehalten. Wir sind dann weg mit dem Auto, nicht geflüchtet, aber weggefahren, ich glaube, nach Zeuthen in unsere Unterkunft. Eine Stunde später kamen die anderen, die wir zur Klärung der Lage zurückgelassen hatten. Als ehemalige Offiziere der Staatssicherheit und Personenschützer waren sie Kämpfer, wie ich sie nie wieder erlebt habe. Vier, fünf Leute von meinen Personenschützern haben den ganzen Saal »aufgemischt«. Am nächsten Tag erhielt ich dann eine Meldung, wie viele Verletzte es bei dem Einsatz gegeben hatte. Meinen Leuten ist nichts passiert, nur zerrissene Klamotten, was üblich ist bei solchen Zwischenfällen. Die hatten sich den Frust aus dem Herzen geprügelt. Natürlich im Rahmen der Sicherheitsaufgaben, die sie hatten. Ich hielt das, was da in der historischen Nacht der deutschen Einheit passiert ist, nicht für ungefährlich. Ich ahnte, dass sowas noch viel öfter kommen wird. Von denen, die sich für ausgegrenzt hielten. Und es in dieser Nacht der deutschen Einheit auch waren. Das meinte ich vorhin mit Menetekel.

Beim Fußball würde man von Hooligans sprechen und gut.

Es waren die Ausgegrenzten.

Wie groß war die Gruppe?

Zwanzig Mann, vielleicht fünfundzwanzig Mann.

Und deine Personenschützer haben dich …

… herausgeführt und haben das dann dort geklärt.

… geklärt ist gut gesagt.

Die können nichts anderes, das haben sie gelernt und haben es besser als alle anderen gelernt. Das ist auch immer wieder ein Punkt gewesen, wo ich mir sage, ich bin gut damit gefahren, ihnen zu vertrauen. Du, es waren junge Kerle, junge Offiziere, die aus einem ganz anderen Weltbild kamen als ich, die sich ohne viel nachzudenken einer sozialistischen Weltanschauung angeschlossen hatten, die Eltern waren vielleicht Polizisten, Lehrer, alle in der SED, sie hatten einen anderen gesellschaftlichen Hintergrund als ich, aber sie haben sich unheimlich verdient gemacht um die deutsche Einheit. Immer wenn es heikle Botengänge, Dienstleistungen oder sonstwas gab, etwas, wofür man keinen anderen einsetzen konnte, habe ich meine Leibwächter gebeten: Mach das mal, bringt mal dem Berthold Beitz die Waffe, mach mal das, mach mal jenes. Du brauchst Leute um dich, die nicht immer fragen, warum sie was machen sollen. Ich bin denen unheimlich dankbar, allerdings auch nachdenklich. Ich weiß nicht, ob ich dir das schon mal erzählt habe. Diese Personenschützer, die ich übernommen habe, waren die Besten aus Mielkes Truppe.

Es waren Stasi-Offiziere, willst du sagen … Ich bin da nicht so euphorisch.

Warum? Es waren Geheimdienstoffiziere … Aus welchem Holz die waren, kann ich dir an einer kleinen Geschichte zeigen. Ich ging mit meinen Personenschützern manchmal zusammen in die Sauna. Irgendwie hat mich der Übermut geritten. Wir waren gerade am Schwitzen, da habe ich sie gefragt: Was macht ihr mit mir, wenn morgen euer Mielke kommt und sagt: Genossen, die Übung ist vorbei! Da hat einer meiner Personenschützer geantwortet: Herr Minister, dann hätten wir Sie erschossen!

In dieser Antwort steckt viel Wahrheit. Die hätten jeden Be-
fehl ausgeführt und haben es früher auch. Wenn du die so
boxsicher und kampfsicher schilderst, liegt für mich der Ge-
danke nahe, dass die das schon früher eingesetzt haben.

Gegen wen? Heute werden die Querdenker zusammengetreten und mit Wasserwerfern weggespült. Die, die ich
für den Personenschutz erhielt, waren Leute aus der am
besten ausgebildeten Truppe innerhalb der Staatssicherheit. Die hatten nichts auf dem Kerbholz, die haben keine
politischen Straftaten begangen, das versteht sich.

In Leipzig hat es in den sechziger Jahren den Aufstand von
Anhängern der Beat-Musik gegeben. Da ist die Polizei mit
Schäferhunden angerückt und mit den Demonstranten al-
les andere als zimperlich umgegangen. Ich will das erwäh-
nen ... Ich kann deine Verteidigungsreden für Leute aus den
Sicherheitsapparaten der DDR nicht immer verstehen. Be-
urteile bitte mal folgenden Fall. Der gehört dazu, aber du
erzählst danach gleich weiter über deine Zeit als Minister.
Mein Freund, mit dem ich jetzt zu einer Radtour in Litauen
war, hat 1976 die DDR verlassen durch einen Sprung von
dem Urlauberschiff Völkerfreundschaft. Eine Art AIDA der
DDR. Das Schiff war in der Ostsee unterwegs, und sie ha-
ben das zu zweit gemacht und ...

... haben es beide überlebt?

Ja, im Gefängnis in Bautzen. Noch bevor ein westdeutsches
Schiff, was in Sichtweite war, aber nicht sofort reagiert hat
oder reagieren wollte, hat der Kapitän der Völkerfreund-
schaft veranlasst, dass ein Rettungsboot von Bord gelassen
wird, das die beiden aufgenommen hat. Danach wurden sie
sofort ...

... wieder zur Völkerfreundschaft zurückgebracht ...

... ja, und wurden dort in eine Kajüte gesperrt, die als Zelle genutzt wurde. Mein Freund hat nach der Wende versucht, den Kapitän wegen Freiheitsberaubung zu verklagen. Der hat sich mit einem Rechtsstandpunkt verteidigt, der nicht unplausibel ist. Er hat gesagt, er sei als Kapitän bei Mann über Bord zur Rettung verpflichtet. Er muss gar nicht abwägen, er ist zur Rettung verpflichtet.

Richtig, völlig richtig.

Dies war aber de facto keine Rettung, sondern eine Gefangennahme von zwei Menschen, die ihr Land DDR verlassen wollten. Die gezielte Freiheitsberaubung konnte dem Kapitän aber nicht nachgewiesen werden, für das Gericht galt seine Rettungsabsicht als Motiv. Er ist nicht verurteilt worden.

Du machst es mir ganz einfach mit dieser Geschichte. Nach der Wende ist es untersucht worden und der Kapitän ist von einem deutschen Gericht nach freiheitlich-demokratischen Grundsätzen freigesprochen worden, völlig legitim. Das Unrecht lag ganz woanders. Das Unrecht bestand in der Rechtsordnung der DDR, die ihre Leute auf 108 000 Quadratkilometern gefangen gehalten hat, die keine Freizügigkeit zulassen wollte. Wegen der eigenen politischen Schwäche, wir wissen das. Aber alles, was diese beiden Männer, die gesprungen sind, außer acht gelassen haben, konnte dieser Kapitän in gleicher Weise außer acht lassen, er hatte eine einzige Aufgabe: die beiden zu retten. Die Wahrscheinlichkeit, dass sie es nicht bis zum nächsten Schiff schaffen würden, war groß. Also hat er Menschenleben gerettet.

So hat das deutsche Gericht auch entschieden ...

Völlig richtig und ...

... aber sie sind hinterher für eineinhalb Jahre ins Zuchthaus nach Bautzen gekommen. Mein Freund ist freigekauft worden nach der Hälfte der Haftzeit.

Über Wolfgang Vogel, der ein enger Freund von mir war. Aber wenn man die Rechtsordnung der DDR kannte, dann wusste man, wenn ich ausreisen will, muss ich einen Antrag stellen, muss immer wieder einen Antrag stellen, bis ich ausreisen darf. Diese Dinge, die dein Freund gemacht hat, waren in der DDR-Rechtsordnung nicht zugelassen, deswegen wurden sie auch strafrechtlich verfolgt. In Amerika gilt übrigens das Gleiche. Wenn du von Mexiko aus amerikanischen Boden betrittst und keine Genehmigung besitzt, wirst du eingesperrt. Beides sind bedeutende Länder der westlichen Welt. Wer von einem Land in ein anderes wechselt und keine Genehmigung hat, wird eingesperrt. Hier geht es um Hoheitsfragen eines Landes. Daran denken wir in Europa nicht mehr, wenn wir ohne Grenzkontrollen reisen. Aber die werden ja auch schon wieder eingeführt ...

Danke für die Rechtsauskunft, die ist auch plausibel. Jetzt noch mal zurück zum Jahr 1990. Wir waren beim Angriff auf die Veranstaltung am 3. Oktober an der Glienicker Brücke und bei den Personenschützern. Es war der Tag, an dem du von deinem Ministeramt entpflichtet wurdest. Ein Tag der Trauer, dass Dr. Diestel kein Minister mehr ist, oder ein Tag der Freude, dass die deutsche Einheit geglückt ist? Was überwog?

Für mich war der 3. Oktober ein Tag der Freude. Allerdings verbunden mit einer unguten Ahnung.

Wie erinnerst du den Ablauf an diesem Tag?

Ich bekam aus der Hand von Lothar de Maizière die Entlassungsurkunde. Es ist eine sehr würdevolle Veranstaltung gewesen ... klein ... dezent. Wir haben uns umarmt und waren glücklich, dass wir geschafft haben, das Tor zur deutschen Einheit weit zu öffnen. Danach bin ich ins Ministerium zurück. Dort habe ich mich von meinem persönlichen Stab, von den Staatssekretären, von den altbundesdeutschen Beratern, von den Verwaltungsjuristen, die ich aus Bayern von Edmund Stoiber und Max Streibl bekommen hatte, verabschiedet. Viele Tränen sind geflossen, auch bei den Altbundesdeutschen. Ich muss sagen, ich hab in diesem Kreis großartige Freundschaften erlebt.

Erinnerst du dich an Tränen, die bei dir geflossen sind?
Ich weine in der Öffentlichkeit nicht. Dieser Tag hat große Nachdenklichkeit bei mir hinterlassen. Irgendwie habe ich gespürt, dass die uns diesen Sieg nicht gönnen. Was ich damals vermutet habe, ist auch so eingetreten. Man hat sofort mit der deutschen Einheit versucht, sich über ostdeutsche Interessen hinwegzusetzen.

Du hast es gespürt, sagst du, vielleicht noch ein bisschen genauer. Woran wurde dir klar, dass man den Ostdeutschen den Sieg nicht lassen wird?
Der Tag der Deutschen Einheit war noch nicht zu Ende, da kamen schon die Emissäre aus dem Bundesinnenministerium und wollten sich meines Büros bemächtigen. Die habe ich von meinen Leibwächtern rausschmeißen lassen, war eine unangenehme Situation, sehr unangenehm. Sie gaben vor, irgendwelche geheimdienstlichen Unterlagen sichern zu wollen. Die waren so dumm und dachten, dass das, was ich an wichtigem Arbeitsmaterial aus der Zeit des Kalten Krieges besaß, irgendwo herumliegt. Ich hatte schon dafür gesorgt, dass meine Nachfolger dieses Material mit ihrem dekadenten verwaltungsrechtlichen Denken nicht einfach so übernehmen können. Dabei habe ich gespürt, mit welcher Abfälligkeit viele, nicht die in meiner unmittelbaren Umgebung, sondern die aus

Bonn kamen, über ostdeutsche Biografien geredet haben. Ich wusste, dass meine große Freude über den Sieg nur ein ganz kurzes Gefühl sein würde. Ich hatte überhaupt keinen Zweifel, dass die uns diesen Sieg wegnehmen werden. Das war mir von Anfang an klar.

Das hast du gespürt?
... das haben wir alle gespürt. Es ist wie wenn dunkle Wolken aufziehen, du denkst, jetzt wird doch bald Regen kommen! Ich glaube, sie konnten es nicht aushalten, dass immer noch von der DDR die Rede war. Für sie dahinten in Bonn war das eine Provokation. Lächerlich. Sie konnten es nicht aushalten, dass die DDR-Hymne noch mal gespielt worden ist. Ich habe sie übrigens als Klingelton auf meinem Handy. Bei der Hymne bekommen sie eine Gallenkolik. Die haben vierzig Jahre mit ihren Gallenkoliken, mit ihren Herzkrämpfen wegen dieser Hymne leben müssen. Warum hat der Bundesnachrichtendienst die Stasi-Leute so gehasst? Weil die sehr erfolgreich waren und bundesdeutsche Strukturen untergraben haben. Jetzt war für die BND-Spezis die Zeit gekommen, Rache zu nehmen. Das war kleinlich und primitiv. Deswegen waren sie noch am Abend des 3. Oktober gekommen, um zu zeigen, dass sie jetzt das Haus übernehmen.

Danach will ich dich im nächsten Kapitel fragen. Dabei gehen wir auch auf den 13. September 1990 zurück, den vermutlich schwärzesten Tag als Minister, denn es gab den Antrag eines Misstrauensvotums gegen dich. Wie du da rausgekommen bist, interessiert mich sehr. Letzte Frage für heute: Hast du noch ein Gespräch mit Lothar de Maizière an diesem 3. Oktober geführt?
Ich kann mich an ein Gespräch mit ihm an diesem Tag nicht erinnern, wir hatten alle mit uns zu tun.

Kannst du dich an anderes am 3. Oktober 1990 erinnern?

Ich weiß nur, dass de Maizière danach in die Bonner Politik gegangen ist. Aber Kohl mochte ihn nicht wirklich, er ist immer ein Fremdkörper in Bonn geblieben und ist ja auch kurz danach von allen Ämtern zurückgetreten. Meine Erinnerung an den 3. Oktober ist die an einen würdelosen Abschied. Man gab uns zwischen den Zeilen des Protokolls zu verstehen, dass wir unsere Schuldigkeit getan hatten. Jetzt sei Schluss. Sie hatten einfach keinen Stil. Wenn sie Stil gehabt hätten, hätten sie den Ossis nicht die Goldmedaille weggenommen. Weißt du, wenn du acht Meter springst und dir werden nur sieben Meter angerechnet, dann weißt du, dass sie dich nicht wollen.

Zumal sie gesagt haben, sie springen neun Meter!

Ja, es ist schäbig.

Diestel erzählt von der weißen Weste und vergisst die Flecken nicht

Wer ist Peter-Michael Diestel, der von sich sagt: Ruhe gebe ich nicht! Er darf sich zu den Architekten der deutschen Einheit zählen, aber die Einheit ist bis heute nicht vollendet. Deshalb wurde sie zu seinem Lebensthema. Wer ist der Mann, der Minister kann und Anwalt, der Frauen anzieht und Stasi-IMs verteidigt, der Kunst liebt, seine Eitelkeit nicht abstreitet und nie mit Badehose ins Wasser geht? – Wir haben uns in den bisherigen Gesprächen durch die Zeitgeschichte gearbeitet, die aufregendste Zeit seines und meines Lebens: zwischen Mauerfall am 9. November 1989 und Tag der Deutschen Einheit am 3. Oktober 1990. Nicht einmal ein Jahr liegt zwischen beiden Daten, und die Welt war eine andere. So sichtbar wird sich Geschichte so schnell nicht wieder bewegen. Meine Rolle dabei war mehr die des Beobachters. Ich war einer in der Menge bei den Montagsdemos auf dem Leipziger Ring und gehörte zu denen, die das Weiter so! der greisen DDR-Oberen nicht mehr mitmachen wollten. Peter stand an ganz anderer Stelle: Er war Ende 1989 in die Politik eingestiegen, war als Jurist Generalsekretär einer neugegründeten Partei geworden, erst der CSPD, dann der DSU, war mit der Allianz für Deutschland in die Volkskammer gewählt und unter Ministerpräsident Lothar de Maizière zum Innenminister und Vizekanzler berufen worden. Ob Helmut Kohl, der Dicke, der Kanzler der Einheit, im Haus von Diestel im Nickelmannweg 2 in Leipzig zu Gast war, als das Programm für die deutsche Einheit geboren wurde, weiß er nicht mehr genau. Dass er bei fünf großen Kundgebungen im Wahlkampf vor der ersten freien Volkskammerwahl neben ihm auf der Tribüne stand, zeigen alte Videos. Diestel gehörte zu denen, die die deutsche Einheit gestaltet haben, auch wenn das Resultat anders ausfiel, als er im Sinn hatte. Wie es für den am 3. Oktober 1990 ehrenvoll entlassenen Minister weiterging, wird erzählt werden. – Jetzt leisten wir uns eine Pause von der Politik, und ich stelle ihm die Frage: Was war das Schönste, was das Schrecklichste in deinem Leben? Peter, erzähl von der weißen Weste und vergiss nicht die Flecken darauf!

Was war das Schönste, was das Schrecklichste in deinem Leben?

Ich habe in dieser Zeit viel gemacht, worüber ich bisher nicht geredet habe, Undiszipliniertheiten, mir fremde Frauen gegönnt. Ich war verheiratet, aber eigentlich recht oberflächlich. Ich war auf einmal der große Shooting Star der deutschen Politik. Athletisch, gutaussehend, ganz anderer Politikertyp, als die im Westen seit Jahrzehnten produziert haben.

In der Tat, du sahst nicht wie ein Politiker aus …

Mein ganzes Leben profitiere ich davon, dass meine Gegner mich falsch einschätzen.

Dass sie dich unterschätzen, nimmst du als Trumpf, ich weiß.

Man traut mir eine extreme Physis zu, aber keinen Verstand, nur Körperkult, kein Kunstverständnis. Ein Schönling kann nur doof sein. Damit gewinne ich meine Prozesse, damit habe ich meinen Platz in der Gesellschaft gewonnen. Ich erzähl doch den Menschen nicht, dass ich als kleiner Junge noch mit zehn, elf Jahren ins Bett gepisst habe …

… so lange?

... deswegen bin ich nicht zu den Thomanern gegangen, die mich unbedingt haben wollten. Ich habe mich geschämt. Singen konnte ich wie eine Nachtigall, heute nicht mehr, aber als Kind, als junger Bengel.

Du bist in Leipzig zur Schule gegangen …

Ja. Der Thomanerchor wäre die Rettung für mich gewesen. Ich wollte von zu Hause weg, weil das Verhältnis zu meiner Mutter nicht gut war … Aber ich wollte auch nicht, dass mich Gleichaltrige als Bettnässer auslachen. Ich habe es dann selbst geschafft, damit aufzuhören. Ich habe mich gezwungen, nachts nicht einzuschlafen. Mindestens drei Wochen lang. Gestottert habe ich als Kind auch.

Du hast vieles in deinem Leben sportlich genommen, scheint mir. Du wolltest nie als Verlierer vom Platz gehen, sondern immer als Sieger. Deshalb konntest du wahrscheinlich das Bettnässen überwinden. Aber dann auch Stottern … wusste ich bisher nicht. Du bist ein Scheidungskind. Wie sehr hat sich das auf deine Psyche ausgewirkt? In welchem Alter warst du, als sich deine Eltern getrennt haben?

Ich war zehn oder elf Jahre. Danach hatte meine Mutter uns Kinder allein. Das war nicht einfach. Ich wollte aus der Armut heraus. Ich kannte das Gefühl, Hunger zu haben. Wir waren fünf Brüder, große, athletische Kerle. Immer standen große Töpfe bei uns auf dem Tisch mit wässrigem Inhalt. Erst in der Sportschule konnten wir uns satt essen. Ich habe die Armut kennengelernt und ganz schnell begriffen, dass ich aus dieser Not nur rauskomme, wenn ich mehr einsetzen kann als andere. Arm bist du nicht frei. Ich kam aus der Stadt und landete in Markkleeberg in einem Kuhstall. Ich war und bin Christ, deshalb wurde ich nicht zur Erweiterten Oberschule zugelassen und musste einen Umweg nehmen. Ich wurde Melker mit Abitur. Als ich am ersten Tag im Kuhstall sah, wie die Kühe die Schwänze hoben und alles unter sich fallen ließen, da hätte ich am liebsten das erste Mal gekotzt. Ich habe mich in mein Internatsbett gelegt und mir gesagt: Du musst hier durch und stehst die nächsten drei Jahre früh um halb vier auf und gehst in den Kuhstall. Mein Melkermeister war einen Kopf kleiner als ich, doppelt so breit und unheimlich kräftig. Er konnte sehr gut melken mit der Hand und mit der Maschine. Ich wollte so schnell wie möglich besser melken können als er. Aufgeben war mein Ding nicht.

Reichte dieser Vorsatz aus, um den Verhältnissen zu entkommen?

Ich hatte meine Brüder. Wenn du vier Brüder hast, brauchst du vier beste Freunde weniger. Wir verstehen uns bis heute blendend. Damit du siehst, wie stark mein Wille war, von der Armut wegzukommen, kann ich dir sagen, dass ich als junger Mensch von zwölf oder dreizehn Jahren meinen Schülerausweis gefälscht habe. Ich habe mich älter gemacht, um bei Ermisch Kronen-Bräu arbeiten zu können. Mein ganzes Leben, ob Schule oder Studium, jedes Wochenende, habe ich immer gearbeitet, um mir etwas Geld nebenbei zu verdienen: in den Kuhställen, im Knast, wo ich saubergemacht habe, bei Ermisch Kronen-Bräu im Fasskeller.

Von der Mutter gab's kein Taschengeld?

Wo denkst du hin! Ich habe nie einen Pfennig Taschengeld bekommen. Ich habe mir meinen Konfirmationsanzug selber kaufen müssen. Ich weiß, dass zum freien Leben kein Reichtum gehört, aber wirtschaftliche Unabhängigkeit. Wenn du wirtschaftlich nicht unabhängig bist, kannst du niemals frei sein.

Stand nie zur Debatte, dass der Vater zwei oder drei Söhne zu sich nimmt?

Nein, einer Trennung hätten wir auch nicht zugestimmt.

Deine Mutter war Angestellte der Kirche?
Als Küsterin ...

Was sicher zu DDR-Zeiten wenig Geld gebracht hat ...
Wir haben manchmal mitgeholfen, Stühle zu rücken
und die Kirche für den Gottesdienst vorzubereiten ... Wir
hatten den Vorteil einer relativ billigen Dienstwohnung ...

*So, wie du das schilderst, hat eure Mutter getan, was sie
konnte. Warum blieb das Verhältnis zu ihr trotzdem schlecht?*
Das Verhältnis zu meiner Mutter war so, dass sie praktisch in meiner Erinnerung wenig stattfindet. Ich räume
ein, dass zum Streiten immer zwei gehören, und sicher
war ich auch nicht besonders einfach. Aber eines werfe ich
ihr vor. Sie hat mich oft als hässliches Kind behandelt.

Das kann ich mir nicht vorstellen ...
Doch. Wenn die Tanten gesagt haben: Er hat einen großen Kopf und ist so dürre!, dann hat meine Mutter mich
nie verteidigt, wie es Mütter tun müssen, sondern sich
für mich geschämt. Wenn wir fünf Jungs ihr zu viel wurden, hat sie einen oder zwei im Kinderheim abgegeben,
in Nienhagen bei Warnemünde, wo wir damals gewohnt
haben. Ich kann mich an Aufenthalte erinnern, und ich
weiß, dass ich mir geschworen habe: Wenn du hier nicht
abhaust, dann wird die dich immer wieder hier abgeben.
Dann kommt die Geschichte, die ich dir schon als Grund
genannt habe, warum ich den Wald so liebe. Also bin ich
abends abgehauen. Bei Nienhagen sind große Buchenwäl-
der. Darin hab ich mich versteckt, habe zwei Tage und
zwei Nächte von Bucheckern gelebt. Ich kann mich erinnern, dass sogar Hunde an mir vorbeigelaufen sind ...

An dieser Stelle sollte ich einfügen, dass ich ganz anders aufgewachsen bin. Ich bin ein Einzelkind, das viel Mutterliebe erfahren hat. Mein Verhältnis zum Vater war schwieriger. Er war ein jähzorniger Mensch. Trotzdem habe ich auch ihn geliebt. Ich komme aus einer Kleinbürgerfamilie. Oberste Regel waren Ehrlichkeit und Treue, großer Zusammenhalt und jede Menge Uneigennützigkeit. Unsere Familie war auch ohne Geschwister für mich riesengroß. Die Großeltern mütterlicherseits hatten jeweils an die zehn Geschwister. Mindestens alle vierzehn Tage hatte jemand aus der Familie Geburtstag und es gab Cremetorten und Schlagsahne. Ich sollte mal ein Stück an die neben mir Sitzende durchreichen und habe gesagt: Welches möchten Sie?, da bekam ich zu hören: Warum siezt du mich, ich bin deine Tante! Wahrscheinlich hatte ich zwanzig richtige Tanten. Nach dem Kaffeetrinken wurde die Tischdecke abgenommen und Skat gespielt. Das waren meine Lehrstunden. Ich spiele noch heute gern Karten. Diese Welt hat sich warm angefühlt. Hinzu kam die Liebe zur norddeutschen Landschaft, die Kirchen der Backsteingotik, die Wälder, das Meer, wenn es rauscht. Ich bin in einem gut geschützten Nest aufgewachsen. Ich bin ein eingeborener Mecklenburger gewesen, aber mit einem österreichischen Pass vom Vater. Glück hat der mir nie gebracht. Erst hat sich die Stasi wegen des Passes für mich interessiert, gleichzeitig konnte ich wegen des Passes nicht in meinen Beruf als Journalist einsteigen und bekam so etwas wie Berufsverbot zu spüren. In dieser Zeit hatte ich Gedanken wegzugehen. Aber mit zwei Kindern schon mit Anfang Zwanzig war das nicht mehr so leicht. Nach Österreich überzusiedeln hatte den Beigeschmack, dass das genau den Wünschen der Stasi entsprochen hätte. Das wollte ich um keinen Preis. Also blieb ich und richtete mich in dem Land ein, in dem ich geboren worden bin. Über die siebziger und achtziger Jahre kann ich für mich sagen, dass ich nicht jeden Tag als einen politischen Tag erlebt habe. Es ging um Mädchen, es ging um Zeltplätze an der Müritz, es ging darum, wer die größeren Hechte und Zander angelt, es ging darum, welche Musikgruppen am besten Westhits nachspielen konnten, es ging um Mopeds, die wir angeberisch Motorräder nannten. Ich spreche von vielen glücklichen Momenten, obwohl ich nach dem Studium fünf Jahre bis 1978 warten musste, bis mir zum ersten Mal eine feste Beschäftigung angeboten wurde. Das war die Leipziger Universität. Bis dahin lebten ich und meine Familie von den mageren Honoraren für Hörspielkritiken und den etwas besseren für kleine Drehbücher. Ich schrieb Drehbücher für Städteporträts und Feuilletons, die vom Regionalstudio des DDR-Fernsehens in Rostock realisiert wurden. Was meinen Ehrgeiz herausforderte, war dann allerdings derselbe Satz, den auch du kennengelernt hast: Hametner, du nicht! Deshalb wollte ich alles, was ich mache, besonders gut machen. Ich glaube, von diesem Moment an treffen wir uns wieder.

Peter, diese Geborgenheit in der Familie ... die kanntest du nicht?

Naja doch, aber anders. Sie bezog sich auf meine vier Brüder und auf meinen Vater, auf meine Mutter weniger. Wobei ich mich oft gefragt habe, was ich bei ihr falsch gemacht habe. Sicher ist auf beiden Seiten einiges nicht gut gelaufen. Meine Brüder sehen das Verhältnis zu meiner Mutter ähnlich. Ich habe Familie gespürt, und zu dieser Erinnerung gehört auch irgendwie die Mutter dazu, aber die Multiplikatoren dafür waren meine Brüder und mein Vater. Günter Gaus hat die Nische als einen wichtigen Lebensort in der DDR beschrieben. Die DDR war eine Nischengesellschaft. Das ist ein sehr treffendes Wort. Natürlich waren wir glücklich. Mit Jean Paul sage ich gern: Die Erinnerung ist das einzige Paradies, aus dem wir nicht vertrieben werden können. Viele Ostdeutsche protestieren dagegen, dass man ihnen weiszumachen versucht, sie seien im KZ groß geworden. Warum erzählen die uns, wir hätten Widerstand leisten müssen, aus unserer Nische ausbrechen, hätten unser Leben an der Grenze durch Republikflucht riskieren müssen und so weiter. Natürlich haben wir unter politischen Bevormundungen und politischer Dummheit gelitten. Es war dumm, Peter-Michael Diestel und seine vier Brüder zu Feinden zu machen. Warum haben die mich zum Feind erklärt, nur weil ich an den lieben Gott glaube? Das haben Leute gemacht, die bei mir vier Jahre lang im Jurastudium abgeschrieben und nicht an den lieben Gott geglaubt haben.

Meine Mutter war Jahrgang 1921. Wenn sie mir von ihrer Jugend erzählt hat, dann nicht zuerst von BDM und Krieg, sondern von ihren ersten Liebschaften, den Filmen, an die sie sich noch erinnern konnte, von Kleidern, die sie sich genäht hat, und wie lange sie ihre Mutter überreden musste, zum Tanz gehen zu dürfen. Dass viele ihrer Verehrer plötzlich wegblieben und kurz darauf die Todesnachricht kam, erzählte sie danach auch. Auch dass sie als junges Mädchen dafür zu sorgen hatte, dass Wassereimer mit Löschwasser auf den Dachböden bereit standen. Aber sie hat darauf bestanden, auch in der Hitler-Zeit und im Krieg ein Leben als junge Frau gehabt zu haben. Deshalb finde ich es aufschlussreich, dass wir bei der Frage nach den schlechten und den guten Erinnerungen schnell dabei gelandet sind, unser Leben von damals als ein im Kern gutes zu verteidigen. Ich frage noch einmal nach: Was hast du Schlimmes erlebt? Vielleicht auch durch eigene Schuld? Wo sind die dunklen Flecken auf der Weste? Hast du in schlimmen Krisen mal Suizidgedanken gehabt?

Nie, also da bin ich dem christlichen Glauben tief verhaftet. Der liebe Gott hat mir das Leben geschenkt, und er wird mir dieses Geschenk wieder nehmen, irgendwann, aber dieses Recht hat nur er, nicht ich werde es wegschmeißen.

Vielleicht kommen wir dem Heiklen und Unangenehmen besser auf die Spur, wenn ich dich frage: Gibt es Dinge, über die du nicht reden willst?

Es gibt nichts, über das ich nicht reden möchte. Ich bin ein Mensch mit Vorteilen und Nachteilen, mit Stärken und Schwächen, mit Dingen, über die er nicht so gerne redet, und Dingen, über die er gern redet. Du hast mich nach den schlimmsten Enttäuschungen gefragt ...

Was war es?

Das, was aus dem Einigungsvertrag geworden ist, hat mich im Tiefsten meines Herzens enttäuscht.

Wieso, Günther Krause hat ihn für die de Maizière-Regierung ausgehandelt und dann wurde er mit euer aller Einverständnis unterschrieben, oder etwa nicht?

Die Zwerge aus den Blockparteien, die nach dem 3. Oktober 1990 mit Hilfe vom Konrad-Adenauer-Haus ein Bundestagsmandat gewannen und nun zehn- bis zwölftausend DM Diäten kassierten, die Bürgerrechtler, die es noch geschafft hatten, auf den Zug zu den Posten zu springen, gehörten nun zu den Siegern der Geschichte. Sie wussten, was sie dafür zu tun hatten: den nachträglichen Änderungen des Einheitsvertrags zuzustimmen. Plötzlich vertraten sie nicht mehr die sozialrechtlichen Interessen der Ostdeutschen, die rentenrechtlichen Interessen der Ostdeutschen, und bei der Änderung der Grundsätze über das Eigentum der Ostdeutschen kannten sie auch keine Skrupel. Ein Drittel aller Regelungen im Einheitsvertrag wurde »nachgebessert«, davon 90 Prozent zu Ungunsten der Ostdeutschen.

Wie konnte das geschehen? Es widersprach dem Einigungs-
vertrag, den Krause und Schäuble vor laufenden Kameras
unterschrieben haben ...

Jetzt bist du aber naiv. Ich habe für unser Gespräch bei
Günther Krause, der damals für die DDR verhandelt hat,
noch einmal nachgefragt. In den Staatsvertrag war aufgenommen, dass spätestens nach fünf Jahren Löhne, Gehälter und Renten angeglichen sein sollten. Der Westen hat
sich ganz geschickt aus seinen Zusagen herausgezogen. Er
hat nach dem Beitritt der DDR behauptet, mit dem Land
sind auch seine Verträge untergegangen.

Aber du warst doch auch naiv, denn du musstest tatenlos
mit ansehen, wie nach dem Ende der de Maizière-Regierung
deine Vorstellungen von der deutschen Einheit immer mehr
verschüttet wurden, oder?

Kaum war die Tinte unter den Verträgen trocken, sind
noch vor der Wiedervereinigung die Alteigentümer von
Grundstücken, die von der DDR enteignet worden sind,
mit ihren Forderungen auf Rückgabe immer lauter geworden. Sie besaßen eine gute Lobby. Fast allen, die enteignet wurden, ist bitteres Unrecht geschehen, das erkenne
ich ausdrücklich an, aber sollten wir jetzt Unrecht durch
Unrecht aus der Welt schaffen? Die DDR hatte oftmals
enteignete Häuser, enteignetes Land an neue Eigentümer
verkauft, die es in Treu und Glauben erworben und erhalten hatten. Juristisch schwierige Lage. So kam es dann auf
Druck aus dem Westen am 23. September, zehn Tage vor
Ablauf unseres Mandats, im Gesetz zur Regelung offener
Vermögensfragen zur Festlegung, dass alle unter Zwang
entzogenen Vermögenswerte grundsätzlich rücküberta-
gen werden müssen. Also zum Grundsatz Rückgabe vor
Entschädigung. Den haben wir, ich meine die de Maizière-Regierung, fünf vor zwölf selbst beschlossen.

Was bei denen, die Grundstücke zurückgeben mussten, viel böses Blut geschaffen hat. Sie hatten von der zweifelhaften Herkunft der Grundstücke und Immobilien oft nichts gewusst. Jetzt waren Eigentumsfragen der Spaltpilz. Die deutsche Einheit und du, ihr hattet es nicht leicht.

Genau das zählt zu meinen persönlichen Enttäuschungen. Wir hatten Gesetze geschaffen, die dafür sorgen sollten, dass die wirtschaftlichen Konsequenzen der deutschen Einheit für die Ostdeutschen sozial verträglich sind. Vieles ist im Nachhinein auf Druck der Lobby der Alteigentümer geändert worden. Wenn das mehrheitlich geschehen ist, muss ich es als Demokrat akzeptieren.

Jaja, aber gut, dass du noch mal darauf hinweist, dass vieles nachträglich zum Siegerrecht gemacht wurde.

Nach dem 3. Oktober kam es zur Nacht der langen Messer. Ich hatte Menschen aus dem Sicherheitsapparat der DDR – nicht nur Stasi, auch Polizei – persönlich mein Wort gegeben, dass sie weiterbeschäftigt werden. Viele von ihnen wurden nach dem Einheitstag verhaftet. Sie kamen zwar bald wieder auf freien Fuß, aber ich stand wortbrüchig da.

Welches waren die schlimmsten Enttäuschungen für dich in diesen turbulenten Einheitstagen?

Natürlich haben meine altbundesdeutschen Glaubensbrüder gemerkt, dass ich durch meine Arbeit als Innenminister viel Akzeptanz bei den Ostdeutschen hatte. Das ließ manchen in der CDU-Zentrale – ich denke da an die Generalsekretäre Rühe und Hintze – fürchten, ich könne ihnen gefährlich werden.

Haben die das ernstlich geglaubt?

Es gab von Kohl immer mal Bemerkungen zu seinen Leuten über mich. Ich hatte alle vierzehn Tage eine große

Pressekonferenz, die immer gut besucht war. Bei mir gab's fast immer Neuigkeiten. Als wir die RAF-Leute festgenommen hatten, mussten wir mit der Pressekonferenz in einen größeren Raum umziehen. Diese Pressekonferenzen haben sich wiederholt, wir haben insgesamt vierzehn RAF-Terroristen festgenommen!

Handelte es sich um die RAF-Leute, die von der DDR mit falscher Identität ausgestattet und irgendwo im Land untergetaucht waren?

Die sind durch eine unglaubliche Rechercheleistung meines Ministeriums enttarnt worden. Daran hatten auch ehemalige Offiziere vom MfS ihren Anteil. Ich habe mehrfach dazu mit ihnen gesprochen, und sie haben ihr Wissen nicht zurückgehalten. Nur deshalb konnten wir die untergetauchten RAF-Leute festnehmen. Das war natürlich ein wichtiger politischer Erfolg. Unerkannte RAF-Terroristen in der DDR stellten für die Wiedervereinigung ein erhebliches Sicherheitsrisiko dar. Das war einer von den ganz dicken Brocken auf dem Weg zur Einheit, den wir da aus dem Weg geräumt hatten.

Das war eine deiner glücklichen Stunden. Welche fallen dir noch ein?

Vielleicht diese Geschichte, die lange Zeit aussah, als würde sie eine schlechte werden. Selbstverständlich tauchte mein Name in Stasi-Akten auf, weil sie mich haben wollten. Sie haben mich immer als besonders auffällig eingeschätzt. Ob als Rettungsschwimmer, ob als Einlasser in Discos, immer. Ich kann mich genau an den Bericht erinnern, mit dem diese Akte abgeschlossen wurde. Es hatte einen Werbeversuch gegeben, den ich mit einem Faustschlag ins Gesicht des Werbers beendet haben soll.

Übertreib nicht, solche Kühnheit wäre nicht folgenlos geblieben.

Ich will es erzählen. An einen Anwerbeversuch konnte ich mich nicht erinnern. Dann habe ich nachgeguckt, wann er stattgefunden haben soll: August 1974 oder 1975. Aus folgendem Grund gehört es zur Geschichte, dass ich den Zeitpunkt nicht mehr nachvollziehen kann. Für mich war klar: Ich habe nie einen Anwerbeversuch mit einem Faustschlag beendet. Das wäre falsches Heldentum gewesen. Ich habe mich an die Zeit erinnert, in der ich mir als leitender Rettungsschwimmer in Warnemünde mein Studiengeld verdiente. Da kam tatsächlich mal einer, der mir klarmachen wollte, dass der Strand von Warnemünde Sicherheitsbereich sei und wir keinen abhauen lassen dürften. Wenn mal was ist, rufen Sie an, Herr Diestel, und sagen einfach: Kornblume. An das Wort Kornblume kann ich mich erinnern.

Klang das für dich nicht nach Staatssicherheit? Dafür hatte man in der DDR doch einen sechsten Sinn.

Ich habe gedacht, was ist das für Spinner, und die Sache war erledigt, Feierabend. Dann hatten wir mal, ich kann mich erinnern, im August 74/75 eine erfolgreiche Rettung. Darauf wurden immer ein paar Bier getrunken, du rettest nicht jeden Tag ein Menschenleben. Plötzlich kam der Typ wieder an. Er kam die Treppe hoch. Ich hielt ihn mit Handgelenktasche, Anzug und Schlips am Strand für einen Schwulen, der was von mir will. Ich hab nicht lange überlegt und ihm heftig einen Schlag auf die Nuss gegeben. Dabei ist er die Treppe vom Turm runtergefallen ...

Deshalb tauchte diese Geschichte in der Akte auf!

Vor seinem Abgang hat er noch gerufen: Das hat ein Nachspiel! Warum erzähle ich das? Die Pointe kommt erst. Als ich später als Anwalt meine Akten noch einmal eingesehen habe, war dieser Bericht entfernt.

Wieso? Kannst du dir das erklären?

Sie wollten nichts Positives von mir in den Akten haben.

... und haben Akten verschwinden lassen, verstehe.

Das haben sie rausgenommen, denn Diestel könnte damit an die Öffentlichkeit gehen. Später haben sie eine Akte aus Erfundenem über mich zusammengestellt, die sie nur deshalb nicht öffentlich machen konnten, weil sich keiner fand, der mein Führungsoffizier gewesen sein wollte. Die haben nicht mit meiner Widerstandskraft gerechnet. Andere, die nicht die Kraft hatten, sich zu wehren, haben sie paralysiert.

Für mich begann nach der Anwerbung ein Leben in Unruhe. Als ich erfuhr, dass zu meiner Akte siebzehn Forschungsanträge gestellt worden sind, bekam ich es mit der Angst zu tun. Angst, an den öffentlichen Pranger gestellt zu werden, was mich als Literaturredakteur erledigt hätte und ja auch beinah erledigt hat. Es gab nichts zu finden, womit ich Schuld auf mich geladen habe, aber die Angst blieb lange. Ich habe zwei Mal Akteneinsicht beantragt, um sicher zu gehen, dass ich alles weiß. Es war vorstellbar, dass ich mich auf meine Erinnerung nicht verlassen konnte. Meine IM-Zeit liegt fünfundvierzig Jahre zurück. Trotz mancher Entlastung, die ich in den Akten fand, Scham ist geblieben.

Warum Scham, wofür schämen? Nur Gerichte können sagen: Mein lieber Hametner, was du damals gemacht hast, dass ist strafrechtlich relevant, das ist zwar verjährt, aber das ist strafbar. Mit alttestamentlichem Verfolgungshass wurdest du ausgegrenzt und – das ist das Schlimme – hast das Urteil angenommen.

Heute lasse ich mich nicht mehr einschüchtern. Erstens sind es die Akten, die mich in vielem entlasten, aber auch unser

Kontakt, unsere Gespräche haben mir geholfen, zu mir zu
stehen. – Jetzt haben wir über meine Flecken gesprochen,
jetzt kehre ich zur Frage nach den Flecken auf deiner Weste
zurück. Es wäre verdächtig, wenn es sie nicht gäbe. Zeige
mir den Anwalt, der kein Schlitzohr ist. Also gibt es jeman-
den, den du enttäuscht hast …

Ein Anwalt ist immer ein Schlitzohr. Die Wahrheit
braucht die List, um sich zu zeigen. Jeder gewonnene Prozess macht mich glücklich, jeder verlorene unglücklich.

Lass uns über schlimme Stunden sprechen. Ich weiß aus
der Vorbereitung auf die Gespräche mit dir, dass die Villa in
Zeuthen ein Fleck auf deiner Weste ist. Es gab Demos gegen
dich. Erzähl mir die Geschichte.

Ja, aber ich betrachte sie nicht als dunklen Punkt. Es
handelt sich bei dem Objekt auch nicht um eine Villa, sondern um ein ganz simples Einfamilienhaus in Zeuthen.
Zur Geschichte gehört, dass ich durch die Verhaftungen
untergetauchter RAF-Mitglieder in die höchste Gefährdungsstufe aufgerückt bin. Das drohte mir jetzt mein ganzes Leben lang. Damals hat das Bundeskriminalamt für
mich eine Sicherheitsanalyse gemacht, die zu dem Ergebnis kam, dass ich in einem gesicherten Haus mit Personenschutz leben muss. Das Haus in Zeuthen besaß für die
Leute vom BKA die nötige Eignung. Sie hatten vorher viele
andere Objekte geprüft. Ich habe es nicht entschieden.

Ich denke, die Prüfung durch das BKA hatte einen ernsten
Hintergrund. 1991 wurde Detlev Karsten Rohwedder, der
Treuhandchef, von der RAF in seinem Privathaus erschos-
sen. Nachdem sie seinen Schutz verpennt hatten, musste er
bei dir sicher sein.

Viel sicherer. Schutz bedeutet immer eine Zumutung
für den, der geschützt wird. Meine Kinder wurden von
zwei Polizisten zur Schule gebracht und wieder abgeholt.

Vor meinem Haus im Nickelmannweg in Leipzig wurde ein kleines Häuschen aufgestellt, das ein ständiger Sicherheitsdienst bezog.

Wir reden von deiner Zeit als Innenminister?

Ja. Ich habe mir damals schon gesagt, so abgeschirmt kannst du nicht leben, das geht nicht. Ich wollte für die Zeit, wenn ich kein Minister mehr bin, ein Haus erwerben, das nach der Sicherheitsanalyse des Bundeskriminalamtes geeignet ist. Ich habe das nach den Bedingungen gekauft, die damals herrschten, ich hatte von allen die entsprechende Genehmigung und habe den Kaufpreis bezahlt. Das Haus war nicht besonders schön, aber es war besonders gut zu schützen. Es bot einen relativ sicheren Schutz für meine Frau und für meine Kinder. Die Straße war 50 oder 100 Meter vom Wasser entfernt, das Haus war halbwegs abgeschirmt ...

Man hat dir vorgeworfen, der Preis wäre zu gering gewesen?

Ja, natürlich ich habe zu DDR-Zeiten gekauft ...

... also vor dem 3. Oktober?

Vor dem 3. Oktober hat der Ministerrat dieses Haus an mich verkauft, noch vor der Währungsunion, weil ich wusste, du wirst den Rest deines Lebens in bewachten Häusern und gepanzerten Fahrzeugen verbringen.

Es wurde in der Öffentlichkeit aber so dargestellt, als hättest du dir einen unrechtmäßigen Vorteil verschafft.

Ich habe vom Gericht eine Verwarnung erhalten, eine Verwarnung ist gar nichts. Es war ein spektakulärer Prozess über Jahre, den sich die Medien nicht haben entgehen lassen. Tausende Seiten Berichterstattung darüber, dass ich mich bereichert hätte. Weißt du, was in dem Gutachten des Gerichts von damals steht: Da hat einer, der sich um die deutsche Einheit verdient gemacht und der eine Gefahr beseitigt hat, nämlich den internationalen Terrorismus, seine Familie und sich in Gefahr gebracht. Für nationale Interessen.

Es hat Demos gegen dich gegeben, von Anwohnern dort. Der von Erfolg verwöhnte Diestel befindet sich plötzlich im Sperrfeuer negativer Berichterstattung. Schlimmes Gefühl?
Ja natürlich, ich war Spitzenkandidat der CDU in Brandenburg. Das haben die Sozialdemokraten gegen mich verwendet. Natürlich haben sie da demonstriert gegen mich. Michael, ich habe in Leipzig vor 500 000 Menschen ...

... vor 300 000!
Gut, jedenfalls habe ich vor einer großen Menge für die deutsche Einheit geredet, und danach haben in Leipzig zwanzigtausend gegen Diestel demonstriert, weil er nicht alle aus der Stasi rausgeschmissen hat und sie noch brauchte für ihre Auflösung.

Lass uns jetzt zu den schönsten Stunden kommen!
Sorry, ich verderb dir dein Konzept. Wir müssen noch etwas über mein Verhältnis zum Alkohol sagen, Michael. Ich trinke gern andere unter den Tisch. Das sollte man nicht machen, ich weiß. Aber ich trinke fast nie allein, deshalb entlädt sich das Bedürfnis manchmal in geselligen Runden. Wenn ich nachts nach langen Fahrten nach Zislow komme und nicht schlafen kann, mache ich folgendes: Ich gehe an meinen großen Barockschrank, der ist voll mit gutem Whisky, und nehme mir seit ein, zwei Jahren zu dieser nächtlichen Stunde ein einziges Glas von meinem Lieblingswhisky Lagavulin, einem großartigen Schotten. Ich erzähl dir das auch, weil ich plötz-

lich merke, dass ich Genussrituale pflege, was ich so nie kannte.

Klingt so das Alter?
Du wirst im Alter wählerischer. Der Whisky, dazu Musik von Leonard Cohen. Dann fühle ich Glück.

Interessanterweise gehört bei mir zum Gefühl von Glück Einsamkeit. Meist am Ende eines Tags. Wenn in einer Wohnung, in der alle schlafen, leise eine gute Musik erklingt – Leonard Cohen kann es gern sein –, dann empfinde ich Glück. Dazu muss ich allein sein. – Hättest du auch Glück gefühlt, wenn Kohl dich gefragt hätte, ob du politisch in seiner Nähe bleiben willst? Du hast ja nicht nur die Sicherheitsstrukturen der DDR aufgelöst und für einen Weg in die deutsche Einheit vorbereitet, du hast damit ja auch dich selbst als Innenminister »abgeschafft«. Das Ziel der de Maizière-Regierung war es, sich überflüssig zu machen. So erfolgreich dein Agieren auf politischem Parkett war, hätte es mir eingeleuchtet, wenn du nicht nach 174 Tagen aus der großen Politik gehen wolltest. Gab es Pläne?
Helmut Kohl war immer vorsichtig. Er hat mir im Persönlichen seine Sympathie zu verstehen gegeben. Wir haben uns oft ausgetauscht. Wolfgang Schäuble hat mir mal erklärt: Diestel, Sie dürfen den Kanzler nicht bösgläubig machen. Ich wusste gar nicht, was bösgläubig bedeutet. Gemeint war, ich durfte ihn nicht in Kenntnis von bestimmten Dingen setzen, über die er im Falle einer Krise vor einem Untersuchungsausschuss hätte reden müssen. Zum Beispiel in der Frage der Auslandsspione. Ich hab mal einen hohen Millionenbetrag nach Moskau überwiesen. Er war für Leute gedacht, die für die DDR, für Deutschland spioniert hatten und jetzt in Russland im Exil festsaßen, um nicht bei uns eingesperrt zu werden. Der Überläufer Hansjoachim Tiedge war dabei und andere. Mit dem Geld

konnten die Bedingungen ihres Aufenthalts verbessert werden.

Quasi Lösegeld?

Nein, kein Lösegeld, die sind ja nach Moskau geflohen und lebten dort, hatten aber fast nichts. Anders als heute Edward Snowden, den werden die Russen schon gut ausstatten.

... zurück zu Kohl und dir!

Zurück zu Helmut Kohl. Zwischen uns beiden war ein großes Einverständnis. Er hat ein paar Mal, einmal sogar im Beisein von Schäuble, sicherlich spaßig gemeint, gesagt: Das wird der nächste Bundesinnenminister! Er hat mir das auch in einem persönlichen Gespräch angedeutet, und da habe ich geantwortet: Herr Doktor Kohl, das geht nicht, ich möchte in Berlin bleiben, ich kann nicht nach Bonn, ich leide unter Heimweh. Kohl hat später mal geschrieben, dass das die intelligenteste Ausrede gewesen sei, die er je gehört habe. Aber es war keine Ausrede, ich leide wirklich unter Heimweh.

Du hast in der Politik Blut geleckt, was zählt da Heimweh?!

Nein, Blut geleckt habe ich nicht.

Wenn du über deine Zeit als Minister erzählst, habe ich den Eindruck gewonnen, der Diestel hatte Genuss daran. Dass du es bist, der Aufträge erteilt und die Richtung vorgibt, aber sicher auch, dass dir deine Arbeit mit gewissen Privilegien entgolten wird. Habe ich recht?

Woher weißt du, dass ich Lust daran hatte? Ich habe diesen Job gerne gemacht, ich war gerne Innenminister und Vizekanzler. Ich habe das Innenministerium entmilitarisiert. Ich habe, als ich das erste Mal das Innenministerium betrat, in meinem Vorzimmer zwei Frauen angetroffen, die trugen Uniform, eine sogar die Uniform einer Majorin. Soll ich genießen, wenn die wie von der Tarantel gestochen aufspringen?

Eigentlich nicht …

Ich bin sofort hin, hab sie ganz herzlich begrüßt und habe denen gesagt, ziehen Sie im Büro doch bitte künftig keine Uniform an ...

Da spricht der Frauenfreund. Aber trotzdem die Frage: Wie verführerisch ist Macht für dich, Peter? Ich habe dich das schon einmal gefragt und du hast die Frage ziemlich leicht abgeschüttelt.

Das mache ich jetzt auch. Macht ist verführerisch, aber ich bin gut geerdet. Ich bin eher der Typ Felix Krull, der Hochstapler, der alles mitnimmt, was sich bietet, aber ahnt, dass sie ihm morgen draufkommen und alles vorbei ist. Ich habe immer nur einen einzigen Wunsch gehabt: Hoffentlich veränderst du dich nicht, hoffentlich bist du genau der gleiche Anarchist, Prolet, Spötter, der du immer gewesen bist. Das war meine allergrößte Sorge.

Kennst du nicht diesen Satz: ein Mann schafft sich ein Amt und das Amt schafft sich den Mann? Das sind Sprüche, klar, aber mit viel Wahrheit …

Ich bin in das Innenministerium nur reingekommen, weil de Maizière, vielleicht auch Günther Krause und Martin Kirchner, damals Generalsekretär der Ost-CDU, sagten: Gebt dem Diestel das Innenministerium, der mit seiner großen Klappe wird schon über das Stasi-Thema und all die anderen heiklen Sachen stolpern. Ich bin nicht gefallen. Dass sie dich mit Herr Minister ansprechen und sagen: Der Wagen ist vorgefahren!, ist alles nur geborgt.

Das hat nichts mit dir gemacht?

Ich fuhr in meiner Ministerzeit privat einen schönen Mercedes. Das heißt, ich fuhr ihn nicht. Das ließen die Personenschützer gar nicht zu. Ich wollte einmal Katarina Witt und Tamara Danz mit meinem Mercedes beeindrucken. Ich musste lange betteln, bis die Personenschützer zugestimmt haben. Ich hatte die höchste Gefährdungsstufe. Die fuhren dann als Bewachungskonvoi hinter uns her.

Aber Peter, so erlebst du doch Macht von ihrer schönsten Seite. Und behauptest, sie könne dich nicht verändern?!

Ich wusste genau, das bin ich nicht. Michael, ich wusste, ich habe nicht den sittlichen Ernst dafür. Weißt du, mir hat der liebe Gott das Talent gegeben, hinzufallen und wieder aufzustehen. Mir hat der liebe Gott die Fähigkeit gegeben zu erkennen, dass Niederlagen viel wichtiger sind als Siege. Siege machen blind, Niederlagen machen sehend.

Ich weiß, dass Leben immer Siege und Niederlagen bedeutet. Deshalb halte ich mich an Nietzsche: Was uns nicht umbringt, macht uns stärker.

Das ist eine Form von Dialektik, der ich mich untergeordnet habe. Und wenn es gut lief, habe ich es genossen, dass ich mich um nichts kümmern musste, aber das Amt hat mich nicht verändert. Ich habe erlebt, dass mich dieses Amt für Frauen sexy macht. Für Frauen bin ich nicht unempfänglich. Das hatte sich wohl rumgesprochen, denn Helmut Kohl hat mich mal gefragt, ob das denn sein müsse.

Hat er dich auf so etwas Privates angesprochen? Das klingt ja fast väterlich ...

Er sah ja eine mögliche Perspektive in der Bonner Politik für mich. Und dafür wollte er mich möglichst ohne

117

Skandale. Es hatte sich ja auch etwas verändert. Plötzlich war ich wichtig. Das hat manche Frauen angezogen. Ich weiß, auf was für einen glatten Boden ich mich mit diesem Thema begebe, gerade heute, wo dir im Zeichen von Me Too manche unbedachte Geste als sexuelle Belästigung ausgelegt werden kann. Ich habe nie etwas getan, was die Frauen nicht auch gewollt hätten. Wenn sie es wollten, habe ich es mir genommen. Ich wusste ja, bald kommt die Zeit, da ist es zu Ende. Irgendwann bist du wieder da, wo du hingehörst.

Die Wirkung öffentlicher Auftritte hast du dir selten entgehen lassen. Ein Foto zeigt dich in Bayreuth auf dem Grünen Hügel in einem weißen Anzug … das sieht mächtig eitel aus. Wie kam das?

Es war kein Anzug, sondern ein weißes Smokingjackett. Ich besaß keines. Aber ich wollte mir deshalb die Aufführung in Bayreuth nicht entgehen lassen. Ich hatte in Leipzig den Ring in der Regie von Joachim Herz erlebt. Der war für mich das Allerschönste, was ich in meinem Leben von Wagner gesehen habe, seitdem bin ich völlig unkritischer Wagnerfan. Max Streibl, damals Bayrischer Ministerpräsident, hatte mich 1990 zur Premiere nach Bayreuth eingeladen. Es sollte den Fliegenden Holländer geben. Ich lebte von Termin zu Termin und hatte keine Zeit, mich vorzubereiten. Also habe ich einem meiner Leibwächter, der etwa die gleiche Statur besaß wie ich, gesagt, er möge mir einen Smoking besorgen, heute Abend sind wir in Bayreuth, da brauche ich ihn. Weil wir in Zeitschwierigkeiten waren, flogen wir mit dem Hubschrauber. Als ich mich im Hotel umziehen wollte, sehe ich, dass er einen weißen Smoking eingepackt hatte. Gott, dachte ich, jetzt haben sie dich deiner Eitelkeit überführt. Ich musste ihn anziehen, ich konnte nicht in Räuberzivil erscheinen, das ging in Bayreuth nicht.

Du sahst jetzt aus wie Curd Jürgens als des Teufels General, oder?

Braun gebrannt, athletisch, der weiße Smoking passte. Dabei war er nur aus einem Kostümverleih in Ost-Berlin. Mein Smoking war vermutlich ein Faschingskostüm und ich war der Faschingsprinz. Für Fürstin Gloria von Thurn und Taxis, die war damals sehr schrill, war ich genau der Richtige zum Smalltalk. Ich glaube, sie hat gesagt: Oh, Herr Minister, Sie haben aber kräftige Oberarme ...

War Bayreuth eine deiner schönsten Stunden?

Eine schöne. In der mir wieder bewusst wurde, dass ich eigentlich Thomas Manns Felix Krull bin. Aber damit ich mich in unserem Gespräch nicht in meiner durchaus vorhandenen Eitelkeit verfange, erzähle ich dir, was wirklich das Schönste meiner 174 Tage als Innenminister und Vizekanzler gewesen ist. Ich hatte die Aufgabe, die Polizei umzubauen und die Stasi aufzulösen. Ich habe es geschafft mit Hilfe der Leute aus diesen Apparaten. Ich habe sie bei ihrer Loyalität gepackt. Mein Vorgänger im Amt als Innenminister unter Modrow war General Lothar Ahrendt. Ich habe mich dazu bekannt, dass ich mich in dem Metier nicht auskenne und seine Unterstützung brauche. Ahrendt war einverstanden, und es gab Sekt. Michael, es war ein Machtwechsel von Diktatur zu Demokratie mit Sektglas! Bei der gesamten Umwälzung ist nicht ein einziger Schuss aus den Waffen derer gefallen, die sich – wie die Stasi – aufzulösen hatten. Dass das, was ich in diesen 174 Tagen zusammen mit anderen zu verantworten hatte, eine friedliche Revolution geworden ist, betrachte ich als mein größtes Glück. Dabei war ich ausnahmsweise nicht Felix Krull.

Ich verstehe deinen Stolz. Trotzdem mache ich jetzt einen gewagten Sprung und frage: Hat dich deine Zeit als Innen-

minister auch deine Ehe gekostet, oder hat das nichts miteinander zu tun?

Mit Sicherheit. Ich muss zugeben, dass damals eine gewisse männliche Überheblichkeit eingetreten ist, für die ich mit dem Ende meiner Ehe bezahlen musste. Ich habe mit meiner damaligen Frau drei Kinder. Aber wir haben die Ehe beendet. Sie ist eine tolle Frau. Es waren sogar vier Kinder gewesen, aber eines ist gegangen, ich sagte es schon, gestorben durch plötzlichen Kindstod. Die Ehe ging kaputt, weil ich nicht reif war. Ich wusste nicht, wo ich hingehöre.

Wann habt ihr euch getrennt?

Der Wurm war schon in meiner Ministerzeit drin. Anfang der Neunziger haben wir uns dann scheiden lassen. Also Michael, ich suche die Schuld bei mir, Unreife und eine völlige Fehlorientierung, was Frauen angeht. Ein Psychologe würde vielleicht sagen, in diesem Verhalten steckt das schwierige Verhältnis zu seiner Mutter.

Du schiebst das jetzt in die Vergangenheit, in der Gegenwart ist das Thema gelöscht?

Was soll ein Mann, der zum dritten Mal verheiratet ist, sagen? In zweiter Ehe war ich auch mit einer tollen Frau verheiratet, die sich aber dann entschloss, selbst mit einer Frau zusammenzuleben. Ich musste es akzeptieren. Vielleicht war es auch die gerechte Strafe für meinen Umgang mit Frauen. Ich sehe es heute selbstkritisch. Jetzt bin ich verheiratet mit einer Zahnärztin, wir führen eine gute Ehe. Ich bin glücklich. Ich hoffe, sie sieht es auch so.

Vielleicht liegt es daran, dass es inzwischen draußen dunkel geworden ist. Ins Dunkle der Nacht erzählen sich Geheimnisse leichter. Wir sind nicht zwei Herren, die sich beim Rotwein, den ja nur du vor dir hast, über ihre

Heldentaten amüsieren, sondern sie haben uns nachdenk-
lich gestimmt.

Es sind die Wahrnehmungen eines alten Mannes, der
darüber spricht, was ihn im Leben weitergebracht hat und
was nicht.

Peter, bevor wir in Sentimentalität abstürzen, verlassen wir
das Thema ...

Bitte noch eine Geschichte, die auch eine Frau in meinem Leben betrifft, die ich sehr gemocht habe, gemocht,
aber nicht geliebt: Tamara Danz.

Tamara Danz, die Frontfrau der Gruppe Silly. Eine sehr im-
ponierende Erscheinung, leider 1996 an Krebs gestorben.

Die hat mal zu mir gesagt: Diestel, es ist Scheiße, was
du machst. Das war im Dezember 1989 oder Januar 1990
in einer Talkshow des DDR-Fernsehens, in der wir beide
Gast waren. Sie dachte politisch anders als ich, war aktiv
bei Christa Wolfs Appell FÜR UNSER LAND. Zu ihren
Kumpels hat sie gesagt: Der da, mit der hübschen Larve,
der macht uns die DDR kaputt. Sie hat recht behalten.

Sie meinte deine Eile mit der deutschen Einheit. Das sah sie
als Kaputtmachen. Von ihr war es ein Vorwurf.

Ein Vorwurf, natürlich, ich war stockbürgerlich, DSU-
Generalsekretär, konservativ, ohne Bock auf eine neue
DDR. Ich war ihr Feindbild.

Hat sie dich später anders beurteilt?

Das hat sich geändert, wir haben uns kennengelernt,
sind um die Häuser gezogen zusammen, ihre beiden
Männer waren eifersüchtig auf mich. Sie hatte ja den Rit-
chie und den tollen Uwe Hassbecker. Tolle Kerle. Sie besaß wohl zweiundzwanzig Lederjacken und ich hatte nur
fünfzehn oder siebzehn. In dieser Zeit hat sie das Lied

Hurensöhne geschrieben. Wir haben uns lange über den Titel gestritten. Ich hab ihr gesagt, dass der Sohn einer Hure durchaus ein anständiger Mensch sein kann, anders als sie es in ihrem Lied meint. Also ich will nur sagen, ich habe schöne Stunden mit ihr erlebt, auch weil wir miteinander gestritten haben. Vor allem über die Einheit und den dritten Weg, den es für mich nicht gibt. Auch Tamara war eine Anarchistin. Die hat gegen die Konvention gelebt, und das fand ich so toll, muss ich dir sagen, und sie war ein schöner Mensch mit dieser wunderbar rauchigen Stimme. Ich habe nur Freude gehabt mit ihr, keine Bettgeschichten.

Nun stehen wir doch kurz vor dem Absturz in die Sentimentalität und sollten für heute zum Ende kommen. Gute Stunden, schlechte Stunden, ein weißes Hemd und keine weiße Weste? Es war von beidem etwas dabei.

V
Neues über Bauernfänger oder
Diestel behält die Dummen im Auge

Zurück in Diestels Leben als Innenminister. – Ich habe
mich in unseren Gesprächen wiederholt auf den Titel deines zweiten Buches bezogen: Trotzdem kämpfe ich für die
Einheit. Du hast dich für eine Formulierung im Präsens entschieden, also ist es für dich ein Kampf, der immer noch
zu führen ist. Dazu gibt es Grund. Du hast festgestellt,
dass 16 Millionen Ostdeutsche ausgegrenzt worden sind.
Ich habe diese hohe Zahl bestritten, aber es gibt viele,
zu viele, darin sind wir uns einig, für die trifft das Wort
ausgegrenzt zu. Ein wichtiges Instrument dieser Ausgrenzung war der Umgang mit der Hinterlassenschaft der Stasi.
Gerade angekommen in der deutschen Einheit, wurden
die Akten der Stasi zum Spaltpilz und nicht ganz zufällig.
Ich bin in das Thema, was uns heute beschäftigen wird,
auf besondere Weise involviert, weil ich 1968 – da war ich
achtzehn Jahre alt – eine Verpflichtungserklärung als IM
unterschrieben habe. 1975 hat die Stasi mich wieder freigegeben. Ich hatte die österreichische Staatsbürgerschaft,
auf der ihre Pläne mit mir beruhten, beendet. Diesen Preis
habe ich bezahlt, um ihren Plänen zu entkommen. Über
einige Umstände meines Falls später mehr. Ich weiß jedenfalls, wie das Stigma, Stasi-IM gewesen zu sein, ausgrenzt. Ich habe trotzdem einen beruflichen Weg genommen, der mich mit Freude und einigem Stolz erfüllt. Aber
immer, wenn die Stasi-Vergangenheit ins Spiel kommt,
scheint es mir, als falle ein Schatten auf mich. Ich glaube
es daran zu sehen, dass Medien es vorziehen, Leistungen,
die mit meinem Namen verbunden sind, nicht zu erwäh-
nen. Das Radio-Programm, für das ich mehr als zwanzig

Jahre gearbeitet habe, verleugnet mich. Ich glaube, das Wort stimmt. Ich hoffe, in mir ist nicht heimlich eine Paranoia gewachsen. Seit ich das Thema Stasi nicht mehr verstecke, fühle ich mich stärker. Aber frei bin ich nicht. Bis heute hat es in meiner Familie Spuren hinterlassen. Aber ich will unser Gespräch heute nicht damit beginnen, sondern mit einer Erfahrung aus dem Wahlkampf 2021, die etwas über Hindernisse auf dem Weg zur deutschen Einheit erzählt. Der Wahlkampf wurde von der CDU, je mehr ihr die Kräfte schwanden, als Lagerwahlkampf geführt: Deutschland darf nicht den Linken in die Hände fallen. Bei jeder sich bietenden Gelegenheit wurde der jetzige Kanzler Olaf Scholz danach gefragt, ob die SPD die LINKE im Falle einer Regierungsbildung beteiligen wird. Rotrotgrün war für den CDU-Spitzenkandidaten Teufelswerk. Warum wurde einunddreißig Jahre nach der Wiedervereinigung die Partei DIE LINKE vom bürgerlichen Lager genauso behandelt wie die AfD, die seit 2021 als sogenannter Verdachtsfall vom Verfassungsschutz bundesweit beobachtet wird? Der CDU war es wichtiger, die Deutschen vor den LINKEN zu warnen. Hier findet immer noch und unverdeckt Ausgrenzung statt, was für mich zu den Zeichen der missglückten deutschen Einheit gehört.

Wie siehst du es, Peter?

Politisch Andersdenkende auszugrenzen, hat große Tradition in Deutschland. Dabei ist es der Leitgedanke von Verfassungen demokratischer Staaten, Andersdenkende zu schützen. Rosa Luxemburgs Satz, wonach Freiheit immer die Freiheit der Andersdenkenden einschließt, fällt mir ein. Das Grundgesetz schützt Andersdenkende. Aber bei den LINKEN handelt es sich um eine Partei, bei deren Beurteilung es eine Frage der Auslegung des Programms ist, ob sie auf dem Boden des Grundgesetzes steht oder nicht. DIE LINKE ist in Folge der hilflosen und falschen Politik nach der Wende im Osten unseres Landes extrem stark geworden ...

... als Protestpartei.

Als Protestpartei, als Partei, die sich hinter jene gestellt hat, die von den anderen Parteien nicht gewollt wurden. Wir sprachen darüber, dass CDU und SPD im Moment der Wiedervereinigung überlegt haben, ehemalige SED-Mitglieder aufzunehmen. Ich habe Kohl das Denken der SED-Mitglieder erläutert. Es muss in einer kommunistischen Diktatur, wie wir sie in der DDR hatten, zulässig sein, eine Uniform zu tragen, beruflichen Ehrgeiz zu haben, ohne dafür verurteilt zu werden.

Die Spaltung der Linken hatte in der deutschen Geschichte katastrophale Folgen: zwei Weltkriege und Hitler.

Die Sozialdemokraten haben Hitler ermöglicht, weil sie die Kommunisten für gefährlicher hielten als die SA. In den neunziger Jahren laviert die Sozialdemokratie munter weiter. Bei diesem Thema ist die SPD verbunden mit den anderen Parteien im Bundestag. Der Vorwurf, DIE LINKE sei eine Nachfolgepartei der SED, ist steinzeitlich. Man hat mit diesem Scheinargument die Elite des Ostens systematisch ausgegrenzt. Wir sind damit wieder beim Thema der Ausgrenzung. Hatte man sie nötig, um die eigene Elite aus dem Westen im Osten unterzubringen? Mit diesem Elitentausch ist eine Situation entstanden, die zu einer nicht zu leugnenden Entfremdung der Menschen im Osten vom Gedanken der deutschen Einheit geführt hat. Du triffst in Hierarchien kaum Ostdeutsche an. Es sind überwiegend Leute, die ihre Wiege woanders haben, in der Verwaltung, in der Administration, in der Justiz, überall, sogar auf den Abgeordnetenstühlen. Michael, als hätte es noch eines Beweises für meine Kritik bedurft: Mit Steffi Lemke aus Dessau und Klara Geywitz aus Potsdam finden sich nur zwei Ostdeutsche in der Regierung Scholz. Die eine kommt von den Grünen, die andere von der SPD, bei der FDP Fehlanzeige. Ein Fünftel der Deutschen kommen aus dem Osten, in der Ministerriege sind es bei siebzehn Ressorts gerade mal zwei. Ich denke, dass diese Rechnung erlaubt sein darf. Denn es gibt einen Kehrschluss dieser Benachteiligung: Wen wundert es, dass bei Amtsvergaben und überhaupt in der Hierarchie benachteiligte Ostdeutsche sich noch hinter die Migranten gesetzt fühlen und es als Wasser auf ihre ausländerfeindlichen Mühlen leiten. Schlimm, aber die Gründe liefern ihnen andere.

Der Hamburger Olaf Scholz und die Hannoveranerin Annalena Baerbock sind ja nun Potsdamer. Pass auf, in ein paar Jahren werden sie sich zu den Ostdeutschen zählen. Du hast es gesagt, beide haben sich zur Bundestagswahl 2021 im Wahlkreis Potsdam/Potsdam-Mittelmark II/ Teltow-Fläming II aufstellen lassen. Scholz hat den Wahlkreis mit 34 Prozent gewonnen, Baerbock erhielt 18,8 Prozent. Für Ostdeutsche blieben die letzten Plätze.

Vor unseren Augen beginnt die Verwandlung des Wessis in einen Ossi. Eine perfide Strategie. Um sich nicht mehr mit den Defiziten bei der deutschen Einheit beschäftigen zu müssen, erklären Scholz und Baerbock das Thema durch ihre eigene Metamorphose für nicht mehr vorhanden.

Lass mich noch einmal kurz zur versuchten Ausgrenzung der Partei DIE LINKE zurückkommen. Übrigens hat der ehemalige Bundespräsident Joachim Gauck noch heute Schwierigkeiten, die LINKE als demokratische Partei anzuerkennen. Dabei wollte er doch Präsident aller Deutschen sein. Je mehr man diese Partei mit Lagerdenken in die Ecke stellt, desto mehr wertet man die AfD als Sprecher der enttäuschten Ostdeutschen auf. 2021 hat nur noch gefehlt, dass

die CDU ihre Losung FREIHEIT STATT SOZIALISMUS
von 1976 wieder rausholt oder die Rote-Socken-Kampagne
von 1994 noch einmal aufwärmt. Der Populismus der AfD
ist hemmungslos. Sie sammelt alle Themen auf, die irgendwo
runtergefallen sind. Was ist aus dem öffentlichen Diskurs
der etablierten Parteien gefallen? Es sind die Ost-Themen,
die unvollendete Einheit!

Komisch, und die AfD macht sich zum Sprecher der Ostdeutschen. Dabei sind an ihrer Spitze alles Leute aus dem Westen. Die stellen sich auf einmal hinter ostdeutsche Interessen! Das sind Bauernfängermethoden. Die AfD macht sich zunutze, dass hier eine riesige Gruppe von Menschen ausgegrenzt wird. Jeder Ostdeutsche zählt als Stimme bei Wahlen, und um die – nicht um die Anliegen der Menschen – bemüht sich die AfD. Ich glaube nicht, dass Höcke und Gauland und Kalbitz und wie die alle heißen, dass sie überhaupt erahnen können, was Ausgrenzung menschlich und politisch bedeutet. Aber sie wollen die Stimmen, die ihnen zufallen können, und das machen sie geschickt.

Ich schneide das Thema nicht an, um die LINKE zu verteidigen, sondern weil sich darin der Versuch zeigt, dreißig Jahre nach dem Ende der DDR das Klima für die Vollendung der deutschen Einheit zu vergiften. Unverdrossen mit alten Feindbildern. Warum?

Wir haben diesen Schwachköpfen aus dem Westen überlassen, für Deutschland zu denken und für Deutschland Verantwortung zu übernehmen. Die wissen gar nicht, wie Ostdeutschland tickt. Geben aber vor, dass der Westen die Norm ist.

Die intellektuellen Kräfte sind falsch verteilt, das fällt uns immer wieder auf die Füße bei der deutschen Einheit.

Ich kann dem Starken nicht seine Kraft vorwerfen, sondern ich muss dem Schwachen die Schwäche vorwerfen.

Mein Vater hat mir viele, viele gute Grundsätze mitgegeben, einer hieß: Peter, wenn die Dummen anfangen zu denken, wird es gefährlich für dich. Ich habe die Dummen oft nicht ernst genommen. Heute weiß ich, du musst die Dummen im Auge behalten.

VI
Wie man ein Misstrauensvotum übersteht und was Diestel mit den Stasi-Akten vorhat

Ich bin mit der LINKEN in unser Gespräch eingestiegen, weil ich denke, dass der Umgang mit ihr immer noch ein Spaltpilz ist für die deutsche Einheit. Den viel größeren Spaltpilz sehe ich – jetzt kehren wir zurück in deine Zeit als aktiver Politiker – im Umgang mit den Hinterlassenschaften der Stasi. Gehen wir zurück ins Jahr 1990. In deiner Vita hat das Thema sogar ein bestimmtes Datum: 13. September. Der Tag hat eine Vorgeschichte. Am 13. September 1990 hast du dich plötzlich einem Misstrauensantrag von zwanzig Abgeordneten der Volkskammer gegenüber gesehen. Sie wollten dich stürzen.

Was ist an diesem 13. September passiert?
Für den 13. September 1990 war eine Plenartagung der Volkskammer im Palast der Republik angesetzt. Ich bin, wie jeden anderen Tag auch, mit meinem Tross zur Volkskammer gefahren und habe in den Nachrichten im Auto gehört, dass ein Misstrauensantrag gegen mich vorbereitet worden ist. Ich wusste nichts davon. Stell dir vor: Ich erfuhr es aus dem Autoradio!

Aus den Nachrichten?
Aus den Nachrichten. Ich habe nichts davon gewusst. Eingebracht von der SPD, die zu dieser Zeit in der Opposition war, zusammen mit der DSU, deren Mitgründer ich einst war, aus der ich aber zu diesem Zeitpunkt bereits ausgetreten war.

Wieso bist du aus der DSU ausgetreten, sie war doch dein Baby?

Durch meine Regierungsarbeit war ich kaum in der Lage, mich auch noch um die Partei zu kümmern. Die hat in Ebelings und meinem Rücken merkwürdige Bewegungen nach rechts gemacht, zu denen ich nicht gerechnet werden wollte. Es gab Kontakte zu den Republikanern und zur Deutschen Volksunion mit besonders starker rechtextremer Orientierung. Ich hätte mein Ziel der deutschen Einheit in Gefahr gebracht, wenn ich länger bei meiner DSU geblieben wäre. Ich bin im Juni '90 ausgetreten.

Auch dass du die SPD als Antragsteller gegen dich nennst, überrascht mich. Sie war doch Regierungspartei?

Nein, im September nicht mehr, ihre Minister sind Mitte August aus Protest gegen die Entlassung ihres Finanzministers Romberg ausgeschieden. Romberg wollte aus Bonn mehr Geld für die Länder, de Maizière hielt das für überzogen, ganz spannend.

Es ging auf dem Weg zur Demokratie in den letzten Monaten der DDR turbulent zu …

Das kannst du laut sagen. Alle SPD-Minister sind raus vorher. Das war Teil des Kampfes um die Zerstörung der Regierung de Maizière, aber er ging weiter. Jetzt war ich dran. In der Volkskammer war eine Debatte über meine angeblichen Fehler angesetzt. Da ich mir eigentlich sicher war, dass ich in der CDU-Fraktion und in der Fraktion der DSU viele politische Freunde hatte, auch bei der PDS und in der SPD, war ich überrascht, dass man etwas Derartiges vorhatte.

Wie lautete der Vorwurf gegen dich?

Der Vorwurf bestand darin, dass ich mit Leuten, die ich zur Verfügung hatte, die Sicherheit organisiert habe. Vorgeworfen wurde mir, dass ich mich von der Generalität, von den Obersten, von den Fachleuten für Sicherheit nicht getrennt habe. Irgendjemand sagte, ich sei von den Altkadern nicht zu unterscheiden. Ihre Weiterbeschäftigung betreffe nicht nur mein Ministerium, sondern alle. Im Zentrum der Ermittlungen standen die sogenannten OibEs. Erst nach und nach haben wir rausbekommen, dass die sowas wie Maulwürfe waren, deren neuer Auftrag es war, das Überleben der Stasi zu sichern oder wenigstens zu verlängern.

Die Sitzung der Volkskammer, in der der Abwahlantrag gegen dich behandelt wurde, hat das DDR-Fernsehen übertragen. Die Sendung kann im Netz nachgeschaut werden. Du hast in der Debatte auch selbst gesprochen. Mit bewundernswerter Ruhe und genauen Kenntnissen. Die durchaus kritische Lage, in der du in dieser Stunde gesteckt hast, hat deine Attraktivität nicht getrübt, würde ich sagen: im gut sitzenden grauen Zweireiher und – anders als heute – mit schwarzen Haaren. In der Sache bestand der Konflikt offensichtlich darin, dass deinem Ministerium der Umgang mit den Akten kurz nach Beginn der Regierungsarbeit entzogen worden war, du aber gleichzeitig wissen solltest, wer die OibEs waren. Es wechselten in dieser wilden Zeit, auch für die Volkskammer war es eine wilde Zeit, die Kompetenzen oft hin und her. Das Misstrauen gegenüber jedermann war groß. Niemand wusste, mit wem er es zu tun hatte. Vor allem, wer Stasi war und wer nicht. OibE war das Reizwort der Stunde: Offizier im besonderen Einsatz der Stasi. Eine Truppe von Maulwürfen, die auch ohne ihre Chefs weiter wühlte. Zwei Volkskammerabgeordnete aus dem Sonderausschuss zur Kontrolle der MfS-Auflösung und der Stasi-Auflöser Harry Ewert kamen in einer Nacht- und Nebel-Aktion an die Gehaltslisten ran und hatten damit viele Namen der OibEs. Da liegt Stoff für ein Dutzend guter Politthriller! Enttarnt wurden erschreckend viele

OibEs. Es ging um die nicht unbedeutende Zahl von mehr als fünfhundert OibEs, die in den Ministerien an neuen Schreibtischen untergekommen waren. Auch bei Diestel im Innenministerium noch einmal rund fünfzig. Das bot natürlich Konfliktstoff, auch gegen den Minister. Ende Juni 1990 war Joachim Gauck zum Vorsitzenden des Sonderausschusses zur Kontrolle der Auflösung des ehemaligen MfS gewählt worden. Ab Oktober war er dann der erste Bundesbeauftragte für die Stasi-Unterlagen und Herr über 150, eine andere Zahl sagt 175 Kilometer Akten. – Du hattest dich beim Thema Stasi-Auflösung bei einem bestimmten Teil der Öffentlichkeit unbeliebt gemacht, weil du für die Vernichtung der Stasi-Akten warst. Warum?

Ich muss es erklären. Die Stasi-Akten sind mindestens ein halbes Jahr vom Ministerium für Staatssicherheit durchgearbeitet und systematisch vernichtet worden. Ab Sommer 1989 sahen die Dienststellen in den Bezirken das Ende der DDR kommen und haben mit der Aktenvernichtung begonnen. Bis Ende Januar stand ihnen dabei niemand im Wege. Sie haben Akten geschreddert, im Hof verbrannt, von der Müllabfuhr abholen lassen oder mit Wasser übergossen, bis sie zu Papierschlamm wurden. Geheimdienstlich wichtige Dinge sind an befreundete Geheimdienste übergeben worden, bestimmte Personen wurden geschützt durch die Vernichtung ihrer Akten. Es hat Fälle gegeben, da kamen in dieser Zeit IMs zu ihren Führungsoffizieren und haben sie gebeten, ihre Akten zu vernichten. Übrigens gab es auch Fälle, wo ehemalige Mitarbeiter brisante Akten für nicht unbedeutende Geldbeträge verkauft haben, entweder an die Betroffenen oder an die Medien.

Die Bürgerkomitees hatten doch im November '89 die Stasi-Zentralen übernommen. Wie sollten danach noch Akten vernichtet werden?

Sie haben sie ja gar nicht vollständig übernommen. Sie haben sich vor den Kameras der Medien spektakulär Zugang verschafft, das fand meist im November 1989 statt. Es blieb vielleicht eine symbolische Wache zurück, aber im Grunde waren die Stasi-Leute noch bis Ende Januar ungestört.

Da waren viele Akten bereits entsorgt? Nicht zu fassen ...

In dieser Zeit ist sicher ein Drittel des Aktenbestands vernichtet worden. Die Hauptverwaltung Aufklärung hat zuerst begonnen, die im Inland arbeitende Staatssicherheit zog spätestens ab Oktober, November nach. Das Normalste und Vernünftigste, was ein Geheimdienst macht, der merkt, es geht zu Ende. Was haben sie vernichtet? Michael, das ist die entscheidende Frage. Sie haben das vernichtet, was ihnen auf die Füße fallen könnte. Sie haben nicht blindwütig vernichtet, was sie in die Finger bekommen konnten. Sie haben ausgewählt, was ihren Freunden schaden könnte, was ihren Informanten, den wichtigen Leuten und Top-Spionen auf die Füße fallen könnte. Bei 150 Kilometer Akten konnten sie dies nicht schaffen, aber anfangen damit. Sie haben nicht vernichtet, was Leuten wie Hametner, was dem Diestel, dem Müller und dem Schulze, den einfachen IMs, die nie im inneren Zirkel der Stasi waren, auf die Füße fallen könnte. Deren Akten haben sie nicht vernichtet. Die Staatssicherheit hat mit diesen planmäßigen Vernichtungsaktionen ihre Arbeitsunterlagen ausgedünnt und damit festgelegt, wer in der Zeit nach der Wende politisch überleben kann und wer nicht. Wer erhält eine Chance und wer bleibt ein Stasi-Knecht, weil das in den Unterlagen so steht.

Soweit ich Erklärungen aus dieser Zeit von dir lesen konnte, hast du als Innenminister zu diesem Zeitpunkt nicht mehr die vollständige Vernichtung der Akten gefordert. Wie kam es zu diesem Sinneswandel?

Ich bin Demokrat, deshalb. Die Mehrheit sah den Umgang anders. Ich war kein Freund der Herausgabe der Akten.

Warum?

Die Tatsache, dass mindestens ein Drittel aller Akten vernichtet oder verschwunden war – sicher vor allem die von großen Fischen –, machte die Akten in ihrer Gesamtheit nicht mehr aussagefähig. Sie jetzt dem Hass des Volkes auszuliefern, hielt ich für unklug. Anfangs bedeutete die Aktenherausgabe für mich etwas Revolutionäres. Jetzt mit dem Wissen des Innenministers sah ich die Sache differenzierter. Es ging nach Meinung der Insider letztlich darum, für die aufgeheizte Menge ein Druckventil zu öffnen. Aber Akten, von denen die brisanten bereits verschwunden sind, schaffen keine Gerechtigkeit.

Wenn du von den großen Fischen sprichst, dann kommt mir in den Sinn, nach den Akten derer zu fragen, die die Stasi in der alten Bundesrepublik angeworben hatte und die dort für sie arbeiteten. Solche Fälle gab es doch auch, oder?

Bis in die Bundesregierung hinein, Michael. Da dürften einige Champagnerkorken geknallt haben, als IM Kunigunde und IM Pontius wussten, dass ihnen nichts mehr passieren kann. Auch der Biedermann, den die Geheimdienstler als IM Tulpe führten, oder jenen hochrangigen Politiker, dem man den Namen IM Kardinal verpasst hatte. Oder der eifrige Informant IM Adel aus der damaligen Hauptstadt Bonn. Sie alle konnten nach der Wende, wie Hunderte andere auch, beruhigt vom Logenplatz im Westen aus zusehen, wie im Osten der kleine IM Nachtwächter oder der IM Friseur gnadenlos abrasiert wurden. Aber wem sag ich das. In meinen Vorträgen, die ich seit

1990 als Abwickler der Staatssicherheit gehalten habe, erschien oft eine weißhaarige ältere Dame, gut gekleidet, augenscheinlich eine gebildete Frau. In jedem meiner Vorträge meldete sie sich irgendwann: Herr Doktor Diestel, ich wollte Ihnen sagen, die Stasi hat in meinem Kopf einen Sender eingebaut und der sendet immer noch. Journalisten, die das hörten, fragten mich, ob man nicht endlich mal dieser armen Frau helfen könne und den Sender abschalten. Vieles, was im Zusammenhang mit dem Thema Stasi steht, ist einfach nur idiotisch. Und deshalb war es dumm, sie zu mystifizieren. Das ist aber geschehen.

Wüste Geschichten wie diese können sich nur halten, wenn die Akten weggeschlossen sind und kein Gegenbeweis angetreten werden kann. Peter, welchen Umgang mit den Akten wolltest du? Ich bin ja selbst ein Betroffener. Ich will meinen Fall schildern. Es ist in der Tat so, dass mit diesen Akten in Biografien eingegriffen wurde …
    Biografien wurden zerstört.

Richtig. Obwohl es sich um Akten handelt, deren Glaubwürdigkeit in höchstem Maße zu bezweifeln ist. Das wurde von den Medien geflissentlich übersehen, dass sie zu bezweifeln waren. Plötzlich galten Stasi-Akten als unumstößliche Wahrheit. Ich will auf meinen Fall kommen. Ich war achtzehn Jahre, hatte gerade mein Abitur in Rostock gemacht, besaß durch Abstammung von meinem Vater die österreichische Staatsbürgerschaft, als mich die Stasi angeworben hat. Mir ist die Legende aufgetischt worden, ich stünde im Fadenkreuz westlicher Geheimdienste, deshalb sei ich in Gefahr, und vor dieser Gefahr könne mich nur die Stasi beschützen. Ich solle kooperativ sein und eine Verpflichtungserklärung unterschreiben! In seinem Bericht über die Anwerbung hat der Stasioffizier später mehrfach geschrieben, dass ich nicht glauben könne, dass sich ein ausländischer Geheimdienst für

mich, einen leicht introvertierten Abiturienten, interessiere.
Wer sei ich denn, Ex-Oberschüler, demnächst Volontär beim
Rostocker Regionalstudio des Fernsehfunks? Das Gespräch
bereitete mir größtes Unbehagen, aber weil mir suggeriert
wurde, dass alles, was die Stasi mit mir vorhabe, nur zu mei-
nem Schutz geschehe, wusste ich mir nicht zu helfen und
unterschrieb. Ich war damals nicht in der Lage, nein zu sa-
gen ... etwas, was ich mir vorwerfe und mich bis heute mit
Scham erfüllt.

Michael, das ist doch völliger Quatsch ...

Es handelte sich um Erpressung, wie sie in vielen Fällen
praktiziert wurde, um Leute zu IMs zu machen. Aber so klar
weiß ich das erst heute.

Ich meine, deine Scham ... nein, Michael, das widerspricht deiner Intelligenz. Wenn der achtzehnjährige Michael Hametner damals in dieses Spannungsfeld gekommen ist, wenn diese Unterlagen nach der Wende da waren,
dann warst du ein ganz kleines Licht, eine ganz kleine,
unbedeutende Flamme in diesem riesengroßen Apparat.
Allein der Umstand, Michael, dass deine Akten gefunden
wurden, macht deutlich, dass nichts von Bedeutung gewesen ist. Wenn etwas gewesen wäre, wenn du gearbeitet
hättest, dann wären die Unterlagen vernichtet geworden.
Man sollte über dich etwas finden. Du hast in Leipzig an
der Karl-Marx-Universität studiert, du hast ...

... zu diesem Zeitpunkt noch nicht, ich war gerade mit dem
Abitur fertig, ein Jahr später habe ich in Leipzig studiert ...

Ich meine später. Wer deine Akten in der Zeit der
Wende übernommen hat, wusste, dass du in der Bundesrepublik Deutschland vielleicht noch mal in Positionen
kommst, wo du etwas leisten kannst. Womit will man dich
bremsen und ausgrenzen? Womit? Du steckst keine Häuser an, klaust keine Autos, du bist ausländerfreundlich,

womit will man dich ausgrenzen? Mit dieser Geschichte, die gar keine Geschichte ist, warst du raus aus dem Spiel. Deswegen war ich immer für die Vernichtung der Akten, weil die Unterlagen von ungleich aktiveren Stasi-Leuten, IMs, Hauptamtlichen, die für sie gearbeitet haben, ganz intensiv für die Staatssicherheit gearbeitet haben, vernichtet wurden. Da waren welche dabei, die sind wenig später in den Deutschen Bundestag eingezogen. Die lachen heute. Ich kenne diese Typen, die in der Volkskammer saßen und ganz aggressiv auf die Stasi geschimpft haben. Die haben ihre eigene Vergangenheit vergessen, wie Wolfgang Schnur vom Demokratischen Aufbruch, Ibrahim Böhme von der Ost-SPD und andere. Deswegen sind die dann auch den Weg des Irdischen gegangen und alle enttarnt worden und rausgeflogen. Mit Geheimdienst-Akten wird Politik gemacht. Das wollte ich nicht fortsetzen.

Und was wolltest du stattdessen?

Die Akten ins Bundesarchiv nach Koblenz geben und für dreißig Jahre jeglichen Zugang sperren ...

Dann wäre erst richtig ein Hauen und Stechen ausgebrochen, wie du es noch nicht gesehen hast. Plötzlich hätte sich für jede Form von Denunziation Tür und Tor geöffnet. Es stünden ja keine Akten für den Gegenbeweis zur Verfügung. Wer jemanden loswerden wollte, brauchte ihn nur anzuschwärzen. Ich glaube, das war die Praxis im Dritten Reich und danach. Ich bin also – auch wenn ich mich damit selbst nicht geschont hätte – für die Freigabe der Akten. Allerdings für eine andere Interpretation.

Eine Interpretation mit menschlichem Maß hat niemals stattgefunden. Es ist ja schon bei den Akten viel zu selten bedacht worden, wer diese Akten angelegt hat: Beamte, die gelobt werden wollten, die aufsteigen wollten, die dumm und hinterhältig waren.

Weißt du, noch bis vor Kurzem bin ich bei jedem Gespräch, das auf das Thema Stasi kam, lieber unterm Tisch verschwunden. Inzwischen, auch nach der Kenntnis meiner Akten, gehe ich offen damit um. Mein Fall hat einiges, was für mich spricht, nämlich dass ich ihn aus eigener Kraft 1975 beendet habe. Stasi-IM ist immer noch eine Keule, da gibt es nach mehr als dreißig Jahren und Heerscharen von Historikern, die über die Akten Bücher geschrieben haben, keine Differenzierung. Das ist skandalös. Ich verharmlose nicht. Ich weiß, dass die Stasi Menschen zersetzt und Berufswege zerstört hat. Das MfS war kein Geheimdienst, der nur die Sicherheit des Landes im Blick hatte. Wir werden uns streiten …

Wir werden uns nicht streiten.

Ein Beispiel, eines von den harmlosen: Das Abhören von Telefonaten und das Sammeln von personenbezogenen Informationen ist ein strafbarer Vorgang.

Ist es nicht.

Ein Geheimdienst steht doch nicht außerhalb der Gesetze.

Arbeiten die Geheimdienste heute anders? Du weißt ja, dass Angela Merkels Telefon seit Jahren von den Amerikanern abgehört wurde. Die Merkel sagte dazu: Das geht ja gar nicht, das ist aber böse! Ich kann dazu nur sagen: Geheimdienste sind Geheimdienste. Sie machen überall auf der Welt dasselbe. Es bedeutet keine Verharmlosung, wenn ich sage: Jeder Geheimdienst bedarf strengster, demokratischer, parlamentarischer Kontrolle, und die gab es in der DDR nicht. Deswegen ist es völlig richtig gewesen, dass wir diesen Laden zusammengetreten haben, dass wir diesen Laden abgewickelt haben, aber nicht mit der Absicht, dass man die Rudimente aus diesem Laden nimmt, um die Ostdeutschen auszugrenzen.

Der Weg, den man dann gegangen ist, hat dem Land auch keinen Frieden gebracht. Die Aktenbehörde ist eingerichtet worden und Joachim Gauck wurde ihr erster Chef. Im April 1991 hat es Angriffe gegen ihn gegeben, der damals Leiter der Stasi-Unterlagenbehörde, war. Der SPIEGEL hat darüber in Heft 17/1991 berichtet und bezieht sich auch auf einen TV-Beitrag im ZDF. Gauck soll mehrfach mit Stasi-Mitarbeitern am Tisch gesessen haben. Das Interesse der Stasi rührte daher, dass er, den sie als antisozialistisch-feindlich eingestuft hatten, 1988 Organisator eines Kirchentags war. Die Stasi wollte Einfluss auf ihn nehmen, damit er für einen, in ihrem Sinn »störungsfreien Ablauf« sorgt. Er hat sich nicht vor den Karren der Stasi spannen lassen. Aber im ZDF-Beitrag wird öffentlich gemacht, dass der Herr der Akten im August 1990 im Rostocker Archiv seine Akten eingesehen hat. Das war illegal. Ist im gesamten Komplex des Umgangs mit Stasi-Akten mit zweierlei Maß gemessen worden?

Gauck hat durch das rechtswidrige Begutachten seiner Stasi-Akte, die er ganz allein für einen längeren Zeitraum für sich hatte, einen Verdacht entstehen lassen, der nie mehr aus der Welt zu bringen ist. Dann muss man für die Ostdeutschen zumindest den gleichen Maßstab ansetzen. Dass hier mit zweierlei Maß gemessen wurde, empfinde ich als Skandal. Was in seinen Akten steht, halte ich im Übrigen für nicht zu beanstanden. Mein Vorwurf gegen den ehemaligen Bundespräsidenten liegt nicht in seinem Verhalten in der DDR, sondern in den Besonderheiten des Umgangs mit seiner Akte. Genaugenommen hätte die Öffentlichkeit von der Existenz einer Akte über ihn bei seiner Wahl zum Bundespräsidenten in Kenntnis gesetzt werden müssen. Bei anderen hätte seine Behörde nicht gezögert. Ich halte Gauck für einen außerordentlich intelligenten Menschen. Diese Intelligenz hätte ihn dazu führen müssen, mit gleichem Maßstab, mit dem er gemessen wurde, auch andere zu messen. Das ist der Skandal, den ich sehe.

Aus der Literatur kenne ich Geschichten, die sind so unwahrscheinlich, dass man staunt, wie groß die Phantasie des Autors, der Autorin gewesen sein muss. Dabei ist das Unwahrscheinlichste oft keine Erfindung. Dazu gehört folgende Geschichte. Gaucks Behörde hat meine Akte verwaltet. Er hat in einem Gespräch gesagt, dass er sie kenne. Das war ein Gespräch zwischen ihm und dem damaligen MDR-Intendanten Udo Reiter. Gauck war der Pastor, der mich in der kleinen Rostocker St. Andreas Kirche im Krischanweg zwischen Reutershagen und Marienehe 1964 konfirmiert hat und der später zu hohen Geburtstagen meiner Oma zum Gratulieren in ihre Wohnung auf den Heiligengeisthof kam. Damals war er bereits Pastor in der Marienkirche, Rostocks Hauptkirche, in deren Nähe meine Oma wohnte. Er wird sich nicht an mich erinnern, kann sich nicht vorstellen, wie der junge Mann als Achtzehnjähriger unter den Druck der Stasi geriet und wie er in seiner Not Haken geschlagen hat, um den Jägern zu entkommen. Mit den Haken hat er auch seine Unschuld verloren, ganz sicher, aber als ihm nach seiner Unterschrift klar wurde, dass er das nicht will, hat er einiges dafür getan, um wieder freizukommen: Dekonspiration, Abgabe der österreichischen Staatsbürgerschaft, auf die die Stasi ihren Plan mit ihm gestellt hatte, und am Schluss ein deutliches Nein: Ich mache das nicht! Das habe ich alles in den Akten gefunden, auf denen mein Konfirmations-Pastor Gauck saß, ohne diesen Zusammenhang zu kennen.

Das ist schön für dich, dass du dies, was für dich spricht, in deinen Akten gefunden hast. Ich argumentiere aus rein methodischer Rechtsverantwortung und aus rechtsphilosophischer Überzeugung. Wenn die geheimdienstlich interessanten Erkenntnisse bereits vernichtet und ausgesondert sind, dann gibt es für die verbliebenen Akten keinen Maßstab, auch keinen moralischen. Wenn es keine wirkliche Vergleichbarkeit gibt, dann übernimmt man den Maßstab der Geheimdienstleute zur Bewertung von Biografien. Das kann nicht sein. Wenn man diesen Akten einen so hohen Wahrheitsgehalt beimisst, um zu sagen, war der Hametner ein Strolch oder nicht, dann hat man den falschen Geheimdienst aufgelöst. Dann unterstellt man der Stasi, dass sie der einzige Geheimdienst der Welt war, der nicht gelogen hat. Aber Geheimdienste lügen und schwindeln und betrügen ...

... das wollte ich meinen ...

... vierundzwanzig Stunden am Tag. Lieber schenkt man den Akten dieses furchtbaren verbrecherischen Ministeriums Glauben, weil man die Ostdeutschen vor deutschen Gerichten oder in deutschen Feuilletons hinrichten will. Warum leide nur ich an diesem Widerspruch? Warum kann ich bis heute keine Ruhe geben?

Die Medien haben sich in der Mehrzahl der Fälle ohne den geringsten Zweifel auf die Sprache der Akten verlassen und gleichzeitig die Stasi als Hort von Lüge und Verbrechen angegriffen.

Die Medien waren willige Helfershelfer, die von den Sensationen profitieren wollten. Die Meldungen brachten ihnen Schlagzeilen: Christa Wolf war dabei, Sascha Anderson war dabei, Monika Maron war dabei und und und. Wenn man sagt, hier steht es doch, Herr Doktor Diestel, hier ist es doch aufgeschrieben, dann sage ich zu dem Richter: Herr Vorsitzender, das hat ein Leutnant aufgeschrieben, der Oberleutnant werden wollte, das hat ein Oberleutnant abgeheftet, der Major werden wollte. Und schauen Sie mal die Orthografie an, Herr Vorsitzender! Die ist nicht weit vom Analphabeten entfernt! – In der ganzen Welt lügen die Geheimdienste, wir wissen das. Das ist eine völlig unbestrittene Tatsache, warum ausgerechnet die Staatssicherheit nicht?

Ihre Akten wurden als Amen in der Kirche genommen. Trotzdem, Peter, es ist ja im Leben oft so, dass das eine richtig ist, aber das andere auch. Für mich hat die Idee der Aktenvernichtung Vor- und Nachteile. Bitte bedenke, dass ich das sage, obwohl eine Aktenvernichtung es mir persönlich leichter gemacht hätte. Aber ich lehne sie ab. Der wachsende Abstand legt einen Schleier über die Erinnerung. Bei mir sind es fünfundvierzig Jahre, die diese verdammte IM-Zeit zurückliegt. Weiß ich noch alles, was damals war? Ich musste meine Akten lesen, um mir glauben zu können, verstehst du. Übrigens habe ich feststellen müssen, dass ein IM seine Akten gar nicht vollständig zur Einsicht erhält, nur das, was über ihn geschrieben wurde.

Michael, es hat dein Leben beeinflusst. Es hat dein Denken beeinflusst. Es hat deine Karriere beeinflusst. Wir haben uns erst vor einiger Zeit kennengelernt, aber deine Ergebenheit in ihren Schuldspruch stimmt mich bedenklich. Du vertrittst Dinge, die ich Intellektuellen nicht zubillige. Diese offensive Haltung, die ich zum Thema Staatssicherheit habe, die hat sich heute in der Welt als richtig erwiesen. Kann es sein, dass sie dir den Schneid abgekauft haben?

Du warst Minister und Vizekanzler, du bist ein erfolgreicher Anwalt – da wächst einem eine Sicherheit zu, die ich nie besaß und vielleicht heute bei diesem Thema noch nicht besitze. Je mehr unbewiesene Verdächtigungen, desto mehr einstweilige Verfügungen. So hast du gehandelt. Ich habe das Gerede lieber weggeschwiegen, wenn du verstehst, was ich meine ...

Aber auch wirkliche Täter haben viel weggeschwiegen. Bei euch in Leipzig gab es einen, der sich eine große

Opferrolle zurechtgelegt hat. Er saß im Gefängnis. Eine schwere Zeit für ihn. Er hat nur verschwiegen, dass er nach seiner Gefängniszeit selbst vielen geschadet hat. Er hat Dutzende von Personen, die ihm vertraut haben, in seine Wohnung eingeladen. Sie haben freimütig über die DDR und über Unrecht und Unfreiheit in der DDR gesprochen. Seine Wohnung war aber verwanzt, und er wusste das. Er fungierte im Auftrag der Stasi als Lockente. Er hat sich später suizidiert, was zeigt, dass er unter der Last seiner Vergangenheit schwer gelitten hat.

Wirst du mir den Namen sagen?

Nein, das möchte nicht. Ich eigne mich nicht zum Denunzianten. Aber ich kann beweisen, was ich hier angedeutet habe.

Mir sind Fälle bekannt, die deine Meinung von der Ausgrenzung stützen. Die Stasi-Akten wurden ganz bewusst als Spaltpilz benutzt. Es gibt Beispiele, wo im richtigen beziehungsweise falschen Moment Stasi-Akten gezogen worden sind, um Menschen aus dem Weg zu räumen. Auch dein Freund Stefan Heym hat es erleben müssen. 1994 war er in den deutschen Bundestag gewählt worden, als Parteiloser für die Fraktion der PDS. Ihm fiel die Rolle des Alterspräsidenten zu, und damit durfte er die Eröffnungsrede für die neue Legislaturperiode halten. Als Folge von Indiskretionen der Gauck-Behörde tauchten achtundvierzig Stunden vor seiner Rede plötzlich Akten über Heym auf, die ihn in einen Stasi-Zusammenhang brachten. Das weißt du?

Das weiß ich alles. Ich habe es verfolgt, ich habe ihn beraten und vertreten.

Der vage Hinweis auf einen weit zurückliegenden Stasi-Kontakt von Heym führte dazu, dass seine Rede verpuffte. Einige Abgeordneten der CDU haben den Sitzungssaal ver-

lassen, geklatscht hat keiner. Die Rede wurde erst Jahre spä-
ter als offizielle Drucksache des Bundestags veröffentlicht.

Helmut Kohl hat diese Brüskierung Heyms im Nachhinein als großen politischen Fehler empfunden, aber leider
erst im Nachhinein.

Ich nenne noch ein Beispiel, es betrifft meinen Freund Chris-
toph Hein, der niemals mit der Stasi zusammengearbeitet
hat. Christoph Hein sollte …

… ich finde ihn als Schriftsteller sensationell.

Ja.

Weißt du, was mein Lieblingsroman von ihm ist? »Frau
Paula Trousseau«.

Ja, ein großartiger Roman mit einer phantastischen Haupt-
figur.

Findest du auch?

Ja. Eine Emanzipationsgeschichte aus Zeiten, als noch nicht
gegendert wurde. Hein schreibt aus der Perspektive der
Paula, die Kunststudentin war, später eine hoch begabte Ma-
lerin, und sich von Autoritäten zu emanzipieren versucht
hat, woran sie scheitert. Die Lektüre liegt bei mir zehn, zwölf
Jahre zurück, ich habe komischerweise viele Einzelheiten in
Erinnerung, aber nicht mehr den ganzen Plot. Ich wollte et-
was anderes von Christoph Hein erzählen. Er war 2004 vom
damaligen linken Kultursenator als Nachfolger des Intendan-
ten vom Deutschen Theater benannt worden. Amtsantritt
2006. Christoph hat mir erzählt, welch ein Run von Journa-
listen auf die Birthler-Behörde stattgefunden hat. Dutzende
Forschungsanträge wurde gestellt. Sie haben nächtelang ge-
sucht, ob sie irgendwas Verwertbares gegen Hein finden …

Michael, das bestätigt, was wir jetzt in diesem Gespräch
herausarbeiten. Das Stasi-Thema war ein Spaltzpilz, er ist

genutzt worden, wie eine dreckige Giftpflanze, gegossen, gehegt und gepflegt. Die Aufgabe der Stasiunterlagenbehörde war es, Biografien ostdeutscher Persönlichkeiten zu zerstören. Und das anhand von Rudimenten von Unterlagen, die nie wahrheitsgemäß waren.

Die Zerstörung ostdeutscher Biografien mittels Stasi-Akten war Teil eines perfiden Konzepts. Damit sollte die Elite ausgetauscht werden.

Ich bin etwas deutlicher als du und nenne es: Das Ziel war, die Ostdeutschen zu enthaupten. Es sollte keine ostdeutsche Elite geben.

Man kann es so sagen!

Alles lief entweder über die Rechtsprechung oder über die Veröffentlichung von Akten. Wolfgang Schäuble war als Bundesinnenminister ein erfahrener Jurist, der damalige Bundesjustizminister Klaus Kinkel war ein sehr guter Jurist. Die können mir nicht erzählen, dass sie nicht gewusst hätten, dass dieses Vorgehen rechtsstaatsfeindlich ist, dass es naturrechtliche Ungeheuerlichkeiten sind, wenn man mit diesen geheimdienstlichen Restunterlagen Personalpolitik macht. Allen war das klar, aber das Ziel war, die Ostdeutschen führungslos zu machen. Das ist ihnen auch gelungen. Gregor Gysi ist zeitweise paralysiert worden mit den Stasi-Vorwürfen gegen ihn.

Für bestimmte Zeit.

Es hat ihn irrsinnige Kraft und sicher auch viel Geld gekostet, sich zu wehren. Das Gleiche bei Lothar de Maizière und Manfred Stolpe. Stolpe hatte das seltene Glück, dass er einige SPD-Potentaten schon aus der Zeit der Wende kannte. Die haben versucht, ihn zu schützen, wo es ging. Mit mäßigem Erfolg übrigens.

Ich habe sehr viel Kraft aufwenden müssen, um nach den Stasi-Vorwürfen wieder auf die Beine zu kommen. Ein Jahr Mikrofonverbot, nur Innendienst. Das war Strafe. Da eine interne MDR-Kommission, die Udo Reiter als Intendant eingesetzt hatte, nach Einsicht in meine Akte mich für minder belastet erklärte, durfte ich zurück ans Mikrofon. Was an Vorbehalten bei anderen gegen mich blieb, weiß ich nicht. Zumindest glaubte ich, dass es fest in ihren Köpfen saß: Der war bei der Firma. Ich kann mich in die Lage von de Maizière und Stolpe hineinversetzen. Peter, ich mag jetzt nicht länger über mich und meinen Stasi-Fall reden. Plötzlich habe ich Angst, er sei mein ganzes Leben, aber das war er nicht. Niemals. Es ist schon wieder späte Nacht. Bist du einverstanden, wenn wir unser Gespräch morgen fortsetzen??

Aber klar. Schlaf trotzdem gut.

VII
Im Weg da liegt ein Stolperstein oder
Wie Diestel sich trotzdem auf den Beinen hält

Wir haben den Ausgang des Misstrauensantrags, der am 13. September 1990 gegen den Innenminister und Vizekanzler Dr. Diestel gestellt wurde, noch nicht erzählt. Das Thema Staatssicherheit und Umgang mit ihrer traurigen Hinterlassenschaft hat uns in unserem letzten Gespräch kontrovers umgetrieben. Zwanzig Abgeordnete hatten Innenminister Diestel Unfähigkeit im Amt vorgeworfen, weil er nicht verhindert habe, dass ehemalige Offiziere im besonderen Einsatz in den Ministerien untergekommen waren. Über fünfhundert sollen es gewesen sein, mehr als fünfzig allein im Innenministerium. Minister Diestel hatte sich nicht als eiserner Besen betätigt. Wollte er nicht, oder konnte er nicht? Wie ging die Volkskammersitzung am 13. September aus? Wir kommen gleich darauf. Vorher gibt es noch andere Geschichten zu erzählen. Diestel stand oft als Anwalt im Gerichtssaal, um gegen falsche und richtige Stasi-Beschuldigungen aufzutreten. Oft auch in eigener Sache. – Die dicke Haut von dir hätte ich haben mögen …

Es ist keine dicke Haut … das ist nur Kraft.

Ich habe mir das Video der Volkskammersitzung vom 13. September noch mal angeschaut. In der Debatte melden sich viele deiner Kritiker zu Wort. Einer ist Werner Schulz von Bündnis 90. Er hält dir vor, die Volkskammer belogen zu haben. Du widersprichst ihm, er bleibt dabei. Du, ohne Verlegenheit, dann klären wir das vor Gericht. Schulz, auch ohne Verlegenheit, machen wir. Ich habe gestaunt über die-

sen Ton. Laut war er nicht, aber entschieden. Was hat dich so immun gemacht gegen Angriffe?

Ich besaß die Kraft, nicht zu zeigen, dass ich getroffen bin. Das rate ich jedem: Zeig es nicht. Den Schmerz habe ich genauso empfunden wie du. Ich war durchaus schwach, aber wenn man weinen will, soll man in den Wald gehen. Ich habe die Dummheit nie verstanden, die wussten doch alle, dass ich mit der Stasi nichts zu tun hatte. Das war doch allen bekannt, warum hat man das dann unterstützt? Warum haben Leute, mit denen ich zusammen die deutsche Einheit gemacht habe, nach der Wende eine Stasi-Akte über mich zu konstruieren versucht? Eine richtige Stasi-Akte aus leeren Formularen und leeren Schriftstücken ...

... Karteikarten?

Mit Karteikarten über mich. Nur durch einen bizarren Zufall ist das nicht in die Öffentlichkeit gekommen. Sie haben in ihren ehemaligen Reihen niemanden gefunden, der sich als mein Führungsoffizier ausgibt.

Keiner da, der den Judas geben wollte?

Von hunderttausend haben sie nicht einen einzigen gefunden, der sich bereit erklärt hätte, diese Sauerei mitzumachen ...

Aber plötzlich hätten Akten über dich vorgelegen, wenn auch gefälschte, und es wäre schwer für dich gewesen, sie zu widerlegen.

Ich hätte die Fälschungen im Prozess nachgewiesen. Erschreckend ist nur, dass sie es vorhatten. Welche Feigheit, welche Skrupellosigkeit! Die Behörde wurde bis zum Schluss dafür benutzt, um politisch Andersdenkende zu diskreditieren. Das ist ein schwerer strafrechtlicher Vorwurf, der auch nicht verjährt gewesen wäre. Kein Mensch kümmert sich darum.

Du warst mit Stefan Heym befreundet. Als sie ihm 48 Stunden vor der Rede im Bundestag einen Stasi-Kontakt angehängt haben, wie hat er darauf reagiert? Ich meine psychisch? Stefan Heim ist ein Jude aus Chemnitz, der vor den Nazis flüchten musste wegen eines pazifistischen Gedichts, erst nach Tschechien, dann nach Amerika, der amerikanischer Staatsbürger wurde und 1945 als Offizier mit der US-Army nach Deutschland zurückgekommen ist, als Befreier. Heym hat später mit »Collin« einen Roman geschrieben hat, der unser Gesprächsthema vorwegnimmt. Hauptfigur des Romans ist der Schriftsteller Collin. Er liegt im Regierungskrankenhaus zusammen mit Stasi-Chef Urak. Collin schreibt seine Memoiren. Er rechnet mit seinem Leben ab und dabei auch mit dem Staat, in dem er lebt. Ob diese Beichte eine Chance hat, veröffentlicht zu werden oder ob die Zensur sie verhindern wird, bleibt ohne Antwort. Collin stirbt, die Frage muss nicht mehr entschieden werden. Heym zeigt in der Form eines Romans, dass er die Skrupellosigkeit der Stasi kannte. 1994 wurde er selbst ihr Opfer. Ich nehme an, er hat die Welt nicht mehr verstanden …

Er war schwer getroffen. Wir hatten eine enge Männerfreundschaft. Ich habe das Zusammensein mit ihm genossen. Wir haben uns wöchentlich mehrfach gesehen, über viele Jahre lang, ich habe es immer als Genuss erlebt, ihm zuzuhören. Er wollte immer verändern, er war bereit, jedes Risiko einzugehen für die Vernunft.

Und an ihm haben sie die Schlechtigkeit der Welt ausprobiert.

So ist es, was Gauck und seine Paladine mit Heym gemacht haben, ist beschämend, ist hoch kriminell.

Und pünktlich 48 Stunden später wird's aufgeklärt. Falscher Alarm heißt es dann.

Wird's aufgeklärt. Man wollte ihn zerstören, damit er die Rede nicht hält. Und wenn du diese Rede liest, erkennst du, dass es das Klügste und das Anständigste zur deutschen Einheit ist, was jemals im Deutschen Bundestag gesagt worden ist.

Heym spricht für die Einheit goldene Worte: Übergeht nicht alle Werte, die es im Osten gegeben hat, prüft sie! Genau das wäre der Weg gewesen.

Eine phantastische Rede, klug, weitsichtig. Wie gesagt, Kohl hat später die Verunglimpfung von Heym bedauert.

Für mich ist unsere These, dass solche Stasi-Fälle gezogen wurden, um Leute aus der Öffentlichkeit zu entfernen, bewiesen. Es gab eine regelrechte Kette prominenter Fälle. Am Tag des Misstrauensantrags gegen dich, quasi um zu beweisen, dass du nicht fähig warst, Ordnung zu schaffen, platzte eine Bombe: Umweltminister Karl Steinberg von der CDU sei jahrelang IM gewesen. Es sollte noch nach Schweiß der Stasi riechen, als der Antrag gegen dich behandelt wurde. Ich will aber jetzt über große Namen der Kultur reden. Genannt haben wir bereits die Anschuldigungen gegen Christa Wolf, Stefan Heym und Monika Maron. Dazu gehört auch der Rektor der Humboldt-Universität Heinrich Fink, der wegen ungeklärter Stasi-Vorwürfe entlassen wurde. Der Verdacht reichte, den Rest erledigten die Medien, die von der Gauck-Behörde die Akten früher erhalten hatten als Fink selbst. Auch da sollte eine Person abgeräumt werden. Fink erhielt später vor Gericht recht, die Kündigung war unberechtigt, weil die Akten gar keine Handhabe boten, aber es gab natürlich schon einen neuen Rektor auf seinem Stuhl. Das späte Recht half ihm nur noch bei Gehaltsnachzahlungen und Pensionsansprüchen. Also übertreiben wir nicht!?

Nein, er sollte abgeräumt werden. Es war ein sehr kluger Mann, hervorragender Theologe.

Stand ein anderer Kandidat zur Debatte?

Es ist dann einer aus dem Westen gekommen. Wurde eingeflogen, als Fink seinen Platz räumen musste. Das passt alles ... Heinrich Fink hatte Kontakte zur Staatssicherheit, aber keine vorwerfbaren. Es gab auch keine Verpflichtungserklärung. Der Vorgang ist aufgearbeitet worden. Ich habe mich mit dem unterhalten, der Fink beschuldigt hat. Er besaß überhaupt kein Bild von der Kirche in der DDR und konnte demzufolge die Kontakte der Kirchenleute zur Staatssicherheit nicht richtig bewerten. Die Kirche ist in der DDR Kirche geblieben. In der Zeit der Wende kam für sie eine neue Aufgabe hinzu: Sie wurde Versammlungsort für Menschen, die diese Republik verändern wollten. Jetzt erhöhte die Stasi den Druck auf die Kirchenleute. Ob sie sich nun auf die Staatssicherheit einlassen mussten oder nicht, darüber kann man diskutieren. Man muss genau hingucken, ob das vorwerfbar ist in einer kommunistischen Diktatur, wie wir sie hatten, oder ob es den inneren Frieden im Land bewahrt hat. Vielleicht war es richtig, dass die Bischöfe, dass die Generalsuperintendenten, dass die Konsistorialpräsidenten, die Pastoren wie Stolpe, Gauck und andere mit der Staatssicherheit an einem Tisch gesessen haben. Ich halte es für legitim und auch für moralisch. Man kann nur anhand der Akten sehen, ob sie zu weit gegangen sind, ob ihr Löffel, wenn sie mit dem Teufel zusammen gegessen haben, lang genug war.

Ich verdanke der Kirche viel Ermutigung in der Wendezeit. Ich habe das Beispiel schon erzählt, dass mir 1989 Gespräche auf dem Kirchentag in Leipzig die Augen geöffnet haben. Ich habe gesehen, es sind viele, die ähnlich denken wie ich. Frei gedacht habe ich immer, aber diese Gedanken nicht in öffentlichen Räumen auch laut gesagt. Das unerschrockene Engagement von Pfarrern sollte mehr zählen, auch in un-

serem Gespräch, als Stasi-Kontakte von Kirchenleuten, die sie in Bedrängnis gebracht haben. Wir verkleinern mit dem Thema Stasi die segensreiche Rolle der Kirche in der Wende. Findest du nicht auch?

Ich sehe das genauso wie du, egal ob ein Pfarrer später bei der Stasi berichtet hat oder nicht, die Kirche ist Kirche geblieben. Du bist konfirmiert, hast dich also mal am Glauben orientiert. Je älter du wirst, desto näher findest du wieder zurück, wo du herkommst. Mir geht es genauso. Also ich war ja nie entfernt, nur war ich undiszipliniert, ich bin zu wenig in die Kirche gegangen, aber ich muss ehrlich bekennen, immer wenn es in meinem Leben eng geworden ist, habe ich die Hände gefaltet. Die Kirche hat mir die Kraft gegeben, wenn ich beim Jurastudium in meine Prüfungen gegangen bin. Alle kamen im Blauhemd zum Staatsexamen, nur ich trug Anzug mit Schlips. Herr Diestel, warum haben Sie denn kein Blauhemd an? Ich bin nicht in der FDJ! Ach, Sie sind nicht in der FDJ! Ich habe trotzdem beste Noten bekommen, Michael. Nicht, weil ich in der Partei oder bei der Stasi war, sondern weil ich fachlich bestens vorbereitet war. Die Kirche ist Kirche geblieben. Ich kannte aus der Zeit von 1989/90 die extremen Vorwürfe gegen Bischof Gottfried Forck, Manfred Stolpe und viele, viele andere. Ich habe General Kienberg und Oberst Wiegand, sie waren bei der Stasi für Kirchenfragen zuständig, kommen lassen und mit beiden über Stolpe geredet. Das Ergebnis dieses Gespräches war, dass ich Stolpe, gegen den ich um das Amt des Brandenburger Ministerpräsidenten antreten wollte, als Ehrenmann eingeschätzt habe. Er war nicht so stark wie ich, aber er war disziplinierter. Er ist früh aufgestanden, hat früh seine Liegestütze gemacht, ich habe das abends gemacht. Er war ein kluger, feiner Mann.

Faire Worte über einen Konkurrenten!

Ich war der Erste, der ihm nach seinem Wahlsieg gratuliert hat. Jetzt komme ich noch auf einen anderen heiklen Punkt. Mir ist nahegelegt worden – von der CDU-Zentrale im Konrad-Adenauer-Haus –, dass ich auf Stolpes Vergangenheit öffentlich draufschlage. Sie wissen doch alles, Herr Dr. Diestel, da müssen Sie doch … Sie können ihn doch … Bei der nächsten Wahl sind Sie ja dran … Gauck saß genauso wie ich zwischen den Fronten. In Bonn wollten sie, dass er mehr Akten gegen de Maizière auspackt, als er ausgepackt hat. So steht es jedenfalls im schon zitierten SPIEGEL 17/1991.

Es schmerzt mich, wenn ich sehe, wie schmutzig das Geschäft der Politik beim Umgang mit den Stasi-Akten gewesen ist. Manches habe ich geahnt, weil ich Politik grundsätzlich nicht für einen Wohlfahrtsausschuss halte, aber nicht gewusst.

Natürlich wäre es für mich ein Leichtes gewesen, etwas, das ich für positiv halte, in der Öffentlichkeit als negativ darzustellen. Aber das habe ich nicht über Stolpe gemacht und überhaupt nicht in meinem Leben.

Aber hast du nicht doch ein Spiel gespielt, als du im Landtag von Brandenburg einen Untersuchungsausschuss im Fall Stolpe verlangt hast? Warum das?

Damit nicht ständig hinter vorgehaltener Hand in den Gängen vom Landtag und in den Zeitungen über ihn als Stasi-Spitzel gesprochen wurde. Am Ende kam seine Entlastung raus. Das war meine Absicht. Sie ist aufgegangen, und dafür hat sich Manfred Stolpe auch bei mir bedankt.

Ein Beispiel, das mich bestätigt: Aktenvernichtung wäre keine Lösung gewesen. Ich denke, der Untersuchungsausschuss hätte nie zu einem Ergebnis kommen können, wenn alle Akten vernichtet wären. Du wolltest die Akten vernichten.

Von Stolpe gab es keine Akten mehr, es war alles weg. Es gab nur noch das Kopfwissen einiger Geheimdienstler, die auch mal wichtig sein wollten und die dann ausgesagt haben. Wenn alles noch vorhanden gewesen wäre, dann hätten wir viele Berichte einsehen können, die den Einsatz Stolpes für Menschen in Bedrängnis in der DDR bewiesen hätten.

Peter, ich will dich gegen Ende dieses Kapitels fragen, ob du nicht doch die Staatssicherheit verteidigst?

Nein, natürlich nicht. Aber ich erkläre sie auch nicht zu Teufelszeug.

Es gibt einen erschreckenden Begriff, er heißt: Zersetzungsmaßnahmen. Zersetzungsmaßnahmen gehörten zum Repertoire der Staatssicherheit gegen bestimmte Leute, die sie zu Staatsfeinden erklärt hatte. Das war ihre Paranoia. Darüber kann man nicht hinweggehen.

Ich bin gegen Geheimdienste. Ich nehme die Staatssicherheit nicht in Schutz. Und ich sehe auch, dass ein Geheimdienst ohne parlamentarische und ohne demokratische Kontrolle übermächtig wird. Die Stasi ist trotzdem den Bach runtergegangen. Das Volk hat gewonnen. Wer sich bereit erklärt, mit geheimdienstlichen Mitteln gegen andere Menschen zu arbeiten, ist für mich ein Strolch. Aber Geheimdiensttätigkeit ist völkerrechtlich determiniert. Jedes Land hat Geheimdienste. Du denkst doch hoffentlich nicht, dass der BND und das Bundesamt für Verfassungsschutz gärtnern?! Sie widmen sich gärtnerischen Tätigkeiten und die anderen entführen und zersetzen?

Deine Aufgabe war es, die Strukturen der Staatssicherheit aufzulösen. Hast du den Geheimdienstkomplex als Innenminister von Anfang an als größten Stolperstein auf dem Weg zur deutschen Einheit gesehen?

Uns war klar, wenn wir den geheimdienstlichen Komplex nicht befrieden, wird das der deutschen Einheit auf die Füße fallen. Die Fronten waren verhärtet. Hier die Bürgerkomitees, die Rache wollten, da jene, die zum vorsichtigen Umgang rieten. Dem Innenministerium hatte man einen rechtsgesicherten Umgang mit den Akten nicht zugetraut und mir deshalb schon am 16. Mai 1990 Kompetenzen entzogen. Das muss man doch wissen, wenn man einen Misstrauensantrag vorbereitet. Das war schon demagogisch, wenn sich einer meiner Kritiker vor die Volkskammer stellt und sagt: Wer in seinem Büro keine Ordnung schaffen kann, der ist auch unfähig, Ordnung und Sicherheit im Land zu schaffen.

Und dann findet etwas sehr Schönes statt: de Maizière bittet ums Wort und verteidigt dich. Mit ganz ruhiger Stimme sagt er, dass diese schwerwiegende Problematik im Wahlkampf – einen Monat später standen überall im Osten Landtagswahlen an – ungeeignet ist.

Ja, ich merkte wie die Stimmung wieder für mich war.

Peter, du als Innenminister der ersten frei gewählten Regierung der DDR hattest den Auftrag, die Staatssicherheit abzuwickeln. Deine Gegner sahen dich schon daran scheitern. Deshalb der Misstrauensantrag. Wären für die Abwicklung mehr als 174 Tage notwendig gewesen?

Nein, durchaus nicht. Wir haben doch auch viel geleistet. Ich meine gar nicht mich persönlich. Ich meine die Regierung, die Volkskammer. Am Ende der 174 Tage hatten wir ein Stasiunterlagengesetz und eine Stasiunterlagenbehörde zur ihrer Verwaltung. Es war eine von vielen Aufgaben.

Ich meine deinen Anteil. Was wäre gewesen, wenn du scheiterst?

Wenn ich mit diesem Thema scheitere, dann werden die DDR-Menschen nur durch die Brille der Staatssicherheit bewertet und das ...

Dann bist du ja gescheitert. So ist es gekommen!
Ich bin daran gescheitert. Deshalb kämpfe ich bis zum heutigen Tag für die deutsche Einheit.

Ich will den Cliffhanger auch nicht überdehnen, aber es gibt immer wieder Themen, die sich anschließen und über die wir sprechen müssen. Jetzt kehren wir zurück zum 13. September 1990. Es gab an diesem Tag eine Debatte in der Volkskammer, und du warst der Angegriffene. Pikanterweise hat es zuerst eine Abstimmung gegeben, ob der Antrag zugelassen wird. Die hast du verloren, dann wurde nach langem Hin und Her in der Verfahrensordnung entschieden, dass das Fernsehen abschalten und das Publikum den Rang verlassen muss. Als der Versammlungspräsident, der sich sichtlich um Korrektheit bemühte, Unsicherheit bei den Abstimmungen zeigte, klang im Saal laut und aggressiv der Ruf: Wir sind das Volk! Demokratie wurde noch geübt, aber sympathisch war, dass jeder Abgeordnete Anspruch darauf erhob, das Richtige zu tun. Am Ende hat es die Abstimmung über dich gegeben, die du recht deutlich gewonnen hast. Ist dir der Puls hoch gegangen?
Warum sollte er hoch gegangen sein? Weil ich einen Mann wie Lothar Ahrendt nicht rausgeschmissen habe? Mensch, Ahrendt war mein Vorgänger als Innenminister unter Modrow gewesen. Ich habe ihn im Rang eines Generalinspekteurs weiterbeschäftigt. Ich sage dir, das sind Menschen, die haben gelernt, mit einer Division Polizisten umzugehen. Ein Offizier hat gelernt, wie man mit einer Kompanie oder mit einer Hundertschaft Polizisten umgeht. Ich bin Gefreiter der Reserve, mehr bin ich nicht. Ich konnte das nicht.

Peter, dass du nicht bereit warst, dich von Vorgängern im Amt zu trennen, hast du das nicht mit den gleichen Argumenten verteidigt, mit denen in der Adenauer-Zeit NS-Belastete weiterbeschäftigt wurden? Offiziere, Richter, Staatsanwälte ...

Ja, natürlich und das war auch richtig so, damit aus diesem ...

Es war nicht richtig, aber es war dasselbe Vorgehen.

Nein, es ist nicht dasselbe. Die, die bei Adenauer in ihren Ämtern geblieben sind, die haben schwerste Schuld auf sich geladen. Die, die ich übernommen habe, auch als Personenschützer, die haben aus weltanschaulichen Gründen ihrem Staat gedient. Das ist ein riesengroßer Unterschied, und ich bin nicht gewillt, diese Diktatur mit der anderen zu vergleichen. Ich habe mit diesen Leuten, die fair und willig waren, gearbeitet, genauso wie mit meinen altbundesdeutschen Beratern, die mir Schäuble geschickt hatte. Ohne beide hätte ich es nicht geschafft.

Was mich an deiner Argumentation am stärksten überzeugt, ist der friedliche Wechsel zweier Systeme, die sich kurz zuvor miteinander im Kalten Krieg befunden haben. Da ist dir etwas gelungen. Obwohl sich die, die du aus dem DDR-Apparat übernommen hast, selbst abschaffen mussten. Das muss man bedenken, ja.

Ohne diese Leute hätte ich eine friedliche Machtübergabe nicht erzielen können. Es kam ein weißhaariger älterer General zu mir, ein ganz wichtiger, ohne den ich nicht hätte arbeiten können, und sagt: Herr Minister, darf ich Sie unter vier Augen sprechen. Wir haben uns hingesetzt und er hat mir unter Tränen gebeichtet, dass er den Dienst quittieren muss, denn er war hoher Offizier des russischen Geheimdienstes.

Stasi und KGB?

Nein, er war Polizeioffizier ... Ich sag, wissen Sie, ich brauche Sie hier. Sie gucken mir jetzt in die Augen und haben ab jetzt nur noch einen einzigen Vorgesetzten, einen, der Ihnen sagt, wo es lang geht. Wer ist das?, hab ich ihn dann gefragt. »Das sind Sie, Herr Minister.« Alles andere vergessen Sie, und wenn die wiederkommen, dann sagen Sie einen schönen Gruß von mir, sie sollen mit mir reden. Sie hätten sich dekonspiriert und der Minister weiß Bescheid. Er war so glücklich und hat die nächsten acht Wochen noch gedient. Eine Woche nach ihm kam der zweite. Offensichtlich hatten die sich abgesprochen. Er hat mir das Gleiche erzählt.

Weißt du denn heute noch, wie die Abstimmung beim Misstrauensantrag gegen dich ausgegangen ist?

Ich kenne es nur noch ungefähr. Ich habe in der DSU-Fraktion und in allen Fraktionen für meinen Standpunkt geworben. Günther Krause hat zu mir gesagt: »Du, Peter, ich bin heute nicht da.« Ich sag ihm: Günther, du musst bleiben. Es ist eine Abstimmung. »Nein, ich bin nicht da, ich hab heute Geburtstag.« Ich sag, Günther das geht nicht. Er hat an der Abstimmung nicht teilgenommen. Dafür kamen verschiedene Leute von den Linken zu mir und sagten: Herr Dr. Diestel, wenn wir jetzt für Sie stimmen, dann haben Sie am Ende mehr Stimmen als Ihre Allianz für Deutschland Sitze hat. Ich habe ihnen gesagt, dass sie entscheiden müssen, ob ich gute Arbeit gemacht habe oder nicht. »Sie können sagen: Der muss weg, der arrogante Schnösel. Dann müssen Sie das Nein ankreuzen, sonst müssen Sie das Ja ankreuzen.« Ich hatte so viele Stimmen am Ende, dass ich am Abend mit dicker Brust aus der Volkskammer zu meinem Auto ging.

Weißt du noch, was du an dem Abend gemacht hast?

Ordentlich einen gesoffen mit meinen Leibwächtern.

Und vor der Abstimmung, bevor die Zahlen feststanden, was ist dir durch den Kopf gegangen?
Ich hätte mich schwarz geärgert, wenn ich den Job nicht bis zum Ende hätte machen können. Bizarrerweise kam kurz vor der Abstimmung einer meiner Vertrauten zu mir und brachte mir einen Zettel, darauf stand: Sehr geehrter Herr Minister, Sie sind und bleiben unser Minister, egal wie die Abstimmung ausfällt ...

Na, das konnte man anders verstehen: als Bereitschaft zum Putsch.
Den Zettel habe ich eingesteckt und habe mir gesagt: Jetzt ist es ernst. Der Inhalt des Zettels war sehr zwiespältig. Herr Minister, Sie bleiben unser Minister, egal wie die Abstimmung ausgeht, ist das Angebot, nach der verlorenen Abstimmung in die Kasernen zu gehen, wo ich erwartet werde ...

... in Russland hat es diesen Putsch ja gegeben ...
Der Chef vom KGB, mit dem ich verhandelt habe, hat gegen Gorbatschow geputscht.

Hattest du kurz überlegt, das Angebot anzunehmen?
Nicht eine Sekunde habe ich darüber nachgedacht. Ich war gerne Innenminister, ich war auch gerne Vizekanzler, aber das muss ich dir sagen, wenn ich in einer demokratischen Abstimmung der Unterlegene bin, akzeptiere ich das Ergebnis und suche den Fehler bei mir. Es waren ganz andere Gründe, die dazu geführt haben, dass ich der Liebling der Nation war und oft sogar der Medien. Ich hab die RAF-Leute, die in der DDR untergetaucht waren, festgenommen, ich habe Plastiken von Arno Breker aus einem See bergen lassen. Als es Spekulationen über den Verbleib

des Bernsteinzimmers gab, hieß es: Der Diestel weiß mehr, interviewt den Diestel. Für viele andere in meiner Umgebung, die auch mal gern ihren Namen als Schlagzeile lesen wollten, am liebsten im SPIEGEL, hat sich keiner interessiert.

Wusstest du etwas über den Verbleib des Bernsteinzimmers?
Nein, aber es gab Spekulationen. In dieser Zeit ging es vor allem um Spekulationen. Dass ich als Innenminister zu manchem unerwarteten Wissen kam, hing übrigens damit zusammen, dass das MfS eine Spezialabteilung zur Aufklärung über den Verbleib von Kunstschätzen hatte. Bei dem, was sie interessierte, mit erstklassiger Provenienz-Forschung. Die Abteilung hatte ich auch aufzulösen.

Kleine Nickname-Kunde

*Ich möchte ein Bild von dir von allen Seiten, nicht nur von
der Schokoladenseite. Die Leser sollen wissen, wer ist das,
der von sich sagt: Ruhe gebe ich nicht! Zu den dich bespöt-
telnden Spitznamen gehört: Enfant terrible. Irgendjemand
hat über dich geschrieben oder gesagt: Der Diestel ist ein
Enfant terrible – bist du das?*
Ein schreckliches Kind?!

*Naja, ein Enfant terrible ist was Ungezähmtes, vielleicht
auch Zügelloses. Es meint Kraft, die unberechenbar ist ...*
Wer sich Gedanken macht und über mein Psychogramm nachdenkt, der wird sagen, der ist extrem bere-
chenbar. Meine Freunde sagen: Peter, du hast seit dreißig Jahren die gleiche Platte aufgelegt, immer das gleiche
Lied. Stimmt, es gibt ein Lied, das ich immer wiederhole:
Ich habe die Ostdeutschen in die deutsche Einheit geführt
und habe ihnen etwas anderes versprochen, als sie vor-
gefunden haben. Was noch zu tun ist, will ich tun. Ich
musste mehr als fünfundzwanzig Jahre warten, bis eine
Mehrheit unter den Menschen im Osten begriffen hat,
dass ihr Anhänger, in dem sie im Zug zur deutschen Einheit saßen, abgekoppelt worden ist. Wer das voraussieht
und daran unerschütterlich festhält, ist ein durchaus bere-
chenbarer Mensch.

Also kein Enfant terrible?
In dem Fall nicht. Natürlich ist die deutsche Einheit
mein Lebensziel und die Ausgrenzung von 16 Millionen
Ostdeutschen aus dem Gemeinwesen dieser Bundesrepublik ist die schlimmste und größte und vollständigste

Benachteiligung einer Menschengruppe, die es jemals in Deutschland gegeben hat ...

Wenn ich Lebenswege von Ostdeutschen in meinem Freundes- und Bekanntenkreis betrachte, sehe ich vielfach keine Ausgrenzung, eher eine Integration. Ich widerspreche deiner Generalisierung hartnäckig. Sehe aber, dass sie für viel zu viele Ostdeutsche ein Faktum ist. Du neigst zu überspitzten Formulierungen. Hattest du die Ausgrenzung nicht auch als Form des Rassismus bezeichnet?

Ich weiß nicht, ob man dazu Rassismus sagen kann. Wir sind ja keine eigene Rasse, wir sind einfach nur durch gemeinsame Geschichte geprägte Ostdeutsche. Die Geschichte des Zweiten Weltkrieges hat die Deutschen geteilt in Ostdeutsche und Bundesdeutsche. Man tut so, als wenn wir der verlorene Sohn aus dem Neuen Testament wären, der das Erbteil des Vaters durchgebracht hat und jetzt zu Kreuze kriecht, um wieder aufgenommen zu werden. Es ist nicht so. Wir haben den Krieg für den Vater gewonnen, wir haben die Auseinandersetzung für die Familie gewonnen, wir haben für alle Deutschen gewonnen. Das muss man sich immer wieder vor Augen halten, dass wir für alle Deutschen in der friedlichen Revolution 89/90 das Kreuz des Kommunismus abgeworfen haben. Ich wiederhole gern: Der Zivilcourage der Ostdeutschen ist es zu verdanken, dass es nie wieder Kommunismus in Deutschland geben wird. Nie wieder, weil es zu viele Menschen gibt, die wissen, was Kommunismus in der Praxis bedeutet. Dass man die Ostdeutschen für ihren Mut bestraft, ist kurzsichtig, dass ist politisch hinterhältig. Helmut Kohl gehörte nicht zu denen, die mit den Ostdeutschen abrechnen wollten. Er hat immer eine sehr enge Verbindung zu den Ostdeutschen gehabt, daran mag auch seine Frau ihren Anteil haben. Sie ist in Sachsen aufgewachsen. Er wusste, dass vierzig Jahre Kommunismus die Menschen anders geprägt haben. Trotzdem waren es für ihn seine Menschen, von denen er überzeugt war, dass sie dazugehören. Und wenn man das weiß, dann versteht man auch seinen Ausbruch in Halle, als er auf den Eierwerfer zugestürmt ist und sich zur Wehr setzen wollte. Michael, ich verstehe das, ob es richtig war, ist eine ganz andere Frage.

Zu meiner Rolle gehört es, dir zu widersprechen, wenn ich etwas anders sehe, nicht aus Prinzip. Es ist jetzt gerade noch mal geschrieben worden, dass Kohls Wort von den blühenden Landschaften, das er am 1. Juli 1990, am Tag der Währungsumstellung, gebraucht hat, von ihm von vornherein nie ehrlich gemeint war. Historiker werden es eines Tages in eine Reihe stellen mit Angela Merkels fünfundzwanzig Jahre später formuliertem Kurzsatz: Wir schaffen das! Kohl wusste, dass es so schnell keine blühenden Landschaften geben wird ...

Ich sehe das anders. Helmut Kohl hat blühende Landschaften gemeint, und er hat recht behalten. Wir haben blühende Landschaften. Michael, es ist so schön geworden ...

... du meinst das Blühen der Natur im Frühling?

Veralber mich nicht. Nein, ich meine die Entwicklungsbedingungen. Wir haben blühende Landschaften. Wenn die Dummheit der Regierenden nicht wäre, wenn man diese Ausgrenzungspolitik nicht hätte, wäre viel gewonnen. Es geht nicht nur um das materielle Lebensniveau, darum auch. Es geht um die Anerkennung unserer Leben. Ich kenne keinen, der sagt, er möchte zurück in die alte Zeit. Was den Ostdeutschen fehlt und was uns Freude nimmt, die blühenden Landschaften anzuerkennen, ist, dass man uns sagt, ihr kommt aus dem Dreck, ihr kommt aus dem Staub, ihr kommt aus dem Schmutz und wir haben euch befreit. Das ist eine schlimme historische Lüge. Ich sage, wir müssen unsere Brille putzen, wir müssen den Staub entfernen, wir müssen glücklich und zufrieden sein, dass wir diese blühenden Landschaften haben. Wir dürfen sie nicht zerreden. Über Ausgrenzung zu reden heißt nicht, den Anstieg an wirtschaftlicher Lebensqualität in Ostdeutschland zu leugnen.

Ein anderer Nickname, den man dir gegeben hat, heißt: Don Camillo. Du seist Don Camillo und Gregor Gysi von den Linken ist Peppone. Möglich?

Also ich, der Pfarrer?

Ja, aber ein schlitzohriger. Du bist der Christenmensch, der im Grunde dasselbe will wie Bürgermeister Peppone: die Lösung der sozialen Frage.

Für die Ostdeutschen? Ja, stimmt. In der Literatur hat Don Camillo immer noch den Herrgott hinter sich. Trotzdem ist Gregor Gysi als Peppone der Stärkere. Es ist schon so, dass wir beide uns gut verstehen, dass wir beide nicht die Absicht haben, den anderen von unserer Weltanschauung zu überzeugen. Ich habe meine Weltanschauung, und Gregor Gysi hat als Peppone auch eine Weltanschauung, an die er glaubt. Das merken die Menschen, deswegen wählen sie ihn immer wieder. Deswegen hat er wieder sein Direktmandat in Berlin gewonnen, worüber ich mich sehr freue. Die Freundschaft mit ihm ist mir wichtig, auch wenn er nicht in der Lage ist, über lange Zeiträume intensive Freundschaften zu pflegen. Völlig unwichtig. Ich mag diesen Menschen, er ist mein Trauzeuge. Übrigens auch Lothar de Maizière und mein Anwaltskollege Sven Krüger. Meine Frau und ich haben Trauzeugen, die uns stabil begleiten. Gregor Gysi ist für mich ein Glücksfall in der deutschen Politik. Diese Klugheit, zusammen mit seinem Witz und Humor sind unschlagbar. Das wollen die Menschen sehen, dass da einer ist, der an etwas glaubt und dafür eintritt.

So ist es bei dir, deshalb seid ihr zusammen Don Camillo und Peppone, die unzertrennlichen Gegensätze. Ich hab noch einen Spitznamen gefunden: christlicher Staranwalt ... Warum diese Verbindung entstanden ist, weiß ich nicht. Ich zitiere nur. Staranwalt und dazu noch ein christlicher, bist du das?

Christlicher Staranwalt? Das weiß ich nicht. Also ich glaube, dass ich ein durchschnittlicher Jurist bin und ein sehr guter Anwalt.

Warum machst du den Unterschied?

Also, das wird jeder verstehen. Man gewinnt Prozesse durch Fähigkeit zur Analyse. Für wen arbeite ich, was will der, für den ich arbeite? Und wer entscheidet über die Interessen meines Mandanten? Es geht im Gerichtssaal um viel Psychologie. Und wenn man nicht ganz blöd ist und einigermaßen Schriftsätze aufsetzen kann, dann ist man ein sehr guter Anwalt.

Die Frage ist nicht beantwortet: ein nicht so guter Jurist und ein sehr guter Anwalt. Was macht den Unterschied?

Wenn ich vor Gericht auftrete und sehe, dass Kollegen ihre Plädoyers aus dem Laptop ablesen müssen, und ich eine Stunde zielorientiert und punktuell frei reden kann, das macht schon einen Unterschied. Wenn man was erlebt hat, wenn man Narben und Kerben im Gesicht und in der Vita hat, dann kann man auch was erzählen, und so glaube ich, dass ich mit der Biografie, die ich mit mir rumschleppe, den jungen Helden der digitalen Rede um einiges voraus bin. Vielleicht bin ich deshalb ein besserer Anwalt als Jurist, aber ein Staranwalt, ich weiß nicht, bin ich sicher nicht. Ein großer deutscher Privatsender hat mal ermittelt, dass ich der deutsche Anwalt bin, der die spektakulärsten Fälle in den letzten zwanzig Jahren hatte.

Man hat dich einen christlichen Staranwalt genannt. Was ist das Christliche daran?

Mit dem Prädikat möchte ich mich nicht schmücken. Natürlich bin ich Christ. Dass ist übrigens das Einzige, was mich diszipliniert und mich zusammenhält. Aber ob ich mich in meiner anwaltlichen Tätigkeit wirklich als Christ zeige, das glaube ich nicht. Ich habe noch nie einen wichtigen Prozess gewonnen, ohne zu schwindeln. Richtig gute Christen schwindeln nicht. Wenn ich weiß, was der Mandant will, dann tue ich viel dafür. In jedem Prozess entstehen Meinungsverschiedenheiten, entsteht Hass, entstehen Vorurteile. Wenn ich den Prozess gewinne, entsteht auf der Gegenseite oft die unüberwindliche Bereitschaft nachzutreten. Ich beherrsche die Kunst, die Streithälse aufeinander zuzuführen und ihnen dann vorzuschlagen, sich zu vergleichen. Darin mache ich, sag ich mal unbescheiden, vielen Anwälten etwas vor.

Bist du einer, der lange versucht, einen Vergleich zu erzielen, bevor es zum Prozess kommt?

Wenn ich zum Gericht gehen muss, habe ich das erste Mal verloren. Die Interessen des Mandanten sind immer eine prozessvermeidende, kostenvermeidende, streitvermeidende Durchsetzung seiner Ansprüche. Und wenn ich das im Vorfeld hinkriege, habe ich den Interessen meines Mandanten am allerbesten entsprochen.Aber das geht eben nicht immer. Wenn wir in ein streitiges Verfahren kommen, dann suche ich an jeder Stelle die Möglichkeit, der Gegenseite ein Stück entgegenzukommen, damit ein ganz wichtiges Rechtsgut eintreten kann, nämlich Rechtsfrieden. Rechtsfrieden wollen die Mandanten. Natürlich verdient der Anwalt erst dann, wenn ein Streit durch die Instanzen geht, aber ich habe so viele Mandate, dass ich diesen Weg nicht gehen muss. Ich muss nicht durch die Instanzen prozessieren, sondern ich sage mir, wenn ich für den Mandanten in einer frühen Phase des Konfliktes ein für ihn vertretbares Ergebnis erziele, dann bleibt er bei mir.

Also bist du ein Arzt, der nicht gleich zur Operation rät?

Ganz genau so. Ich will auch Geld verdienen, aber nicht wie viele Berufskollegen von mir, deren Ehrgeiz es ist, durch die Instanzen zu gehen. Die erklären ihren rechtsunkundigen Mandanten, sie hätten völlig recht, wir müssen in jedem Fall klagen. Einen Fall wie ihren hätten schon viele Gerichte zu ihren Gunsten entschieden. Der Anwalt verdient immer, ob das Verfahren gewonnen oder verloren wird. Deswegen hat mir der liebe Gott Talente mit auf den Weg gegeben, dass ich trotz allen Streits, den ich als Anwalt auszuhalten habe, am Ende ein äußerst friedfertiger Mensch bin.

Das Nachrichtenmagazin FOCUS hat dir mal ein nicht so schmeichelhaftes Etikett gegeben. Du seist ein PR-Monomane. Immer unterwegs für das eigene Marketing …

Das ist ungerecht. Ich bin unterwegs für eine Sache und die heißt deutsche Einheit. Dafür bin ich PR-Monomane. Ich bin der Meinung, dass das, was ich sage, multipliziert werden muss. Wenn ich in einer Fernsehsendung sitze und dort das ausspreche, was zu sagen ist, wenn ich ein Buch verfasse, wenn ich einen Artikel schreibe in einer großen deutschen Tageszeitung, dann lesen das Tausende. Kohl hat immer zu mir gesagt: Diestel, deine PR-Arbeit ist besser als die vieler in der Politik. Solange die deutsche Einheit noch nicht vollendet ist, gebe ich keine Ruhe.

Ja, das achte und respektiere ich. Aber im Wort vom PR-Monomanen steckt auch der Vorwurf der Eitelkeit. Wie eitel bist du?

Ich bin genauso eitel wie jeder andere. Ich bin ein eitler Mensch. Jeder Mann ist eitel …

Jede Frau auch. Wir hatten am Anfang unserer Gespräche schon einmal das Thema der Eitelkeit gestreift und übereinstimmend festgestellt, dass Eitelkeit ein ganz wichtiges Motiv des Handeln ist. Ich streite auch nicht ab, eitel zu sein.

Also Michael, ich bin eitel, ich möchte von anderen mit Wertschätzung, mit Akzeptanz, mit einer gewissen Höflichkeit betrachtet werden. Ich gehe jeden Tag in den Kraftraum, damit die Leute sagen: Guck mal an, der Siebzigjährige ist aber noch ganz gut beieinander. Ich gebe viel Geld für gute Kleidung aus, ich pflege meine Haare, rasiere mich täglich. Wenn es Eitelkeit ist, dass man das, was der liebe Gott uns mit auf den Weg gegeben hat, pflegt, um es herauszustellen, dann bin ich eitel. Ich möchte, dass die Leute sagen: Ach, der Diestel, guck mal, der ist der Auffassung, dass die deutsche Einheit nicht vollzogen wurde und dass er in der DDR glücklich gewesen ist. Ja, ich will, dass sie diese Aussagen mit meinem Namen verbinden, weil ich es bin, der für sie kämpft. Wenn das Eitelkeit ist, dann ist das eben Eitelkeit.

Bekennst du dich dazu …

Ich bekenne mich dazu, und ich möchte, dass die Frauen sagen: Guck mal an, für das Alter ist der aber noch gut drauf. Warum nicht? Warum soll ich mit einem fetten Wanst rumrennen, der nach außen dokumentiert, ich bin haltlos … Wer gepflegt ist, dem glaubt man mehr.

Hast du heute schon irgendwo im Gerichtssaal gestanden?

Nein, ich habe drei Stunden Holz gehackt. Warum fragst du?

Wir haben es jetzt kurz nach zehn am Abend und du bist immer noch 1a rasiert. Hier in Zislow, wo höchstens der Wolf mal draußen vorbeiläuft …

In unserem Alter macht der Stoppelbart hässlich und alt und unansehnlich. Ich weiß nicht, ob das Eitelkeit ist.

168

Es ist zweckmäßig und wichtig. Wir haben einen großen Schatz an Erfahrungen, aber den sieht man äußerlich nicht. Dafür sieht man, dass die Muskeln nachlassen, Falten kommen, die Brust zu hängen beginnt, Schlupflider auftreten und noch mehr Unschönes. Michael, lass mir meine Eitelkeit!

Ich finde es gut, dass du dich zur Eitelkeit bekennst. Schließlich ist sie ein Motor des Lebens. Was das Wort PR-Monomane aber auch meint, ist, dass der Diestel natürlich will, dass sein Name nicht aus dem Geschäft verschwindet.

Klappern gehört zum Handwerk, das ist ein alter deutscher Spruch. Wer nicht klappert, den hört man nicht. Christoph Dieckmann von der Wochenzeitung DIE ZEIT hat immer Süffisantes, meist Abfälliges über mich geschrieben. Na und, soll ich deshalb den Beleidigten spielen? Vor zwei Jahren ruft er mich an und sagt: Herr Doktor, ich muss über Sie ein Porträt machen. – Ich sag: Das ist aber schön, Herr Dieckmann, kommen Sie rum. – Ich kann nicht rumkommen, sagt er. Ich komme mit dem Zug bis nach Malchow, und dann muss ich eine Taxe nehmen. – Ich sag, in Malchow gibt es keine Taxe, Herr Dieckmann, ich hol sie ab. Dann habe ich ihn abgeholt ...

War noch vor Corona?

Ich glaube, ja. Dann habe ich ihn abgeholt, und das hat er auch alles in seinem Artikel geschrieben. Auch, dass ich ihm das Du aufgezwungen habe. Ich sagte, Herr Dieckmann, wir kennen uns jetzt bald dreißig Jahre. So können wir doch nicht den ganzen Abend reden: Herr Dieckmann, Herr Dr. Diestel ... geht nicht. Dann hat er einen Artikel geschrieben, Michael, da war ich sprachlos ...

Voller Anerkennung und Respekt?

Nee, nee. Einfach klug. Unsere Gespräche haben ihn nachdenklich gemacht und mich auch. Mein Freund Wolfgang Kohlhaase, du kennst ihn als großartigen Drehbuchautor, hat Dieckmanns Porträt gelesen und gesagt, es sei das Anständigste und Ehrlichste, was je über mich geschrieben worden ist. Natürlich sehe ich zu, dass ich meine Ansichten von der unvollendeten Einheit über die deutschen Medien multiplizieren kann.

Du siehst auch zu, dass du deinen Namen multiplizieren kannst. Gut, mit der Bekanntheit deines Namens wächst deinen Ansichten Autorität zu, das verstehe ich.

Ich bin sogar stolz, dass deutsche Medien sich meinetwegen an ihren eigenen Gesetzen vergehen. Aus einem Auftritt von mir in der Talkshow Riverboat des MDR wurde für zwölf Stunden einiges rausgeschnitten.

War es eine Aufzeichnung?

Nein, eine Live-Sendung, deshalb kannten viele, was ich gesagt habe. In der Mediathek fehlte es dann ... Das ist nicht mir aufgefallen, sondern anderen Zuschauern.

Weißt du noch, worum es ging?

Ich hab diese durchschnittlichen Politiker angegriffen, diese Dummköpfe, diese hilflosen Figuren, die in Deutschland wichtigtuerisch an der Macht kleben ...

Verbunden mit Kritik an der Politik der deutschen Einheit?

Die Politik habe ich schwer kritisiert, aber in der Sache jederzeit vertretbar. Ich nehme lediglich die mir nach dem Grundgesetz zustehende Meinungsfreiheit in Anspruch. Meine Meinung verantworte ich selbst. Ich habe in der Sendung darüber gesprochen, wie es sein kann, dass Menschen ohne jegliche Befähigung plötzlich Verteidigungsminister, Außenminister oder Gesundheitsminister werden. Solche Meinungen muss der MDR, der sich Stimme des Ostens nennt, von einem engagierten Ostdeutschen aushalten.

Das wurde rausgeschnitten?

Man hat diesen Teil rausgenommen und aufgrund von Protesten wieder eingefügt. Ich habe Ähnliches mit einem Interview für den in Deutschland vielgesehenen Sender Russia Today erlebt. Der Sender wird von der deutschen Regierung kritisch gesehen, weil er ein vom russisches Staat finanziertes Auslandsfernsehprogramm ist. Es war ein kritisches Interview. YouTube hat die Zusammenarbeit mit Russia Today beendet und das Interview wurde gestrichen. Ich habe das Interview an einem Tag gegeben, am nächsten Tag ist Russia Today von YouTube nicht mehr verbreitet worden.

Gegenstand der Kritik von dir war die CDU und ihr Abrücken vom Begriff konservativ. Das hat bereits eine Rolle gespielt, als du im April 2021 aus der CDU ausgetreten bist.

Ja. Wer sich heute konservativ nennt, wird mit Nazi gleichgesetzt. Für mich steht konservativ für alles Positive, das uns in der Vergangenheit ausgezeichnet hat: Leistungsfähigkeit, Leistungsorientiertheit, Generationenvertrag. Werte, die mir mein Großvater, mein Urgroßvater, meine Eltern mitgegeben haben. Es sind Werte, die uns geprägt haben und die wir abendländische Kultur nennen. Nationales Denken darf doch nicht als Nationalismus gelten. Wir sind nicht stärker als die anderen, wir sind nur anders.

Damit ziehst du viel Widerspruch auf dich. Aber das nimmst du in Kauf, oder?

Der Widerspruch interessiert mich gar nicht. Mir geht es um die Sache. Eine Einheit, die keine ist – wie soll ich da ruhig sein?!

Wir sind in unserem heutigen Gespräch ausgegangen von den Nicknamen, die andere dir verpasst haben. Wobei das Wort vom PR-Monomanen mehr ist als ein Nickname, eher eine Kritik an deinem Hang zur Selbstdarstellung. Aber Gegenwind hält dich nicht auf?

Nein. Ich gebe keine Ruhe.

VIII
Die Einheit stockt und Diestel beginnt seine Schlacht um Gerechtigkeit

Am 3. Oktober 1990 Verabschiedung aus dem Minister-amt, dann Kohls informelle Anfrage, ob er denn in die neue Bundesregierung eintreten wolle, und Diestels prompte Antwort: In Bonn würde ihn das Heimweh plagen. Diestel hatte sich aber schon an Brandenburg versprochen, wollte bei der Landtagswahl am 14. Oktober Ministerpräsident werden und gegen Manfred Stolpe antreten. Am Ende hatte Stolpes SPD neun Prozent mehr als Diestels CDU. Für ihn blieb das Amt des Oppositionsführers im Bran-denburger Landtag. Das Amt kippte Diestel, als seine CDU dem Entwurf einer neuen Brandenburger Verfassung ihre Zusage verweigerte. Diestel, der Jurist, war Vorsitzender des Ausschusses gewesen, der sie erarbeitet hatte. Jetzt sprach er seiner Brandenburger CDU das Misstrauen aus und zog sich in kleinen Schritten zurück. Ab 1992 gab's schon wieder etwas Neues. Als die Einheit nicht vorankam, die Ausgrenzung von Ostdeutschen auf Hochtouren lief, sollten Komitees für Gerechtigkeit ein Stück Frieden ins Land bringen. Für sie engagierte er sich.

Als Ende November im Revolutionsherbst 1989 Christa Wolf und Stefan Heym den Appell FÜR UNSER LAND veröf-fentlicht hatten, war Diestel nicht dabei. Warum eigentlich nicht?

Ich bin mir nicht hundertprozentig sicher, ob ich nicht doch unterschrieben habe. Ich hatte Sympathien für den Appell. Er war die früheste Volksbefragung. Mir missfiel der Kinderglaube, dass die DDR wandelbar ist.

Dann besaß ich diesen Kinderglauben auch. Für mich bedeutete die Kundgebung am 4. November auf dem Alexanderplatz eine große Ermutigung. Ohne Mauer und SED machen wir ernst mit einer demokratischen Republik …

Ich habe damals schon die Chance zur deutschen Einheit gesehen und genau zu dem Zeitpunkt, als die FÜR UNSER LAND gepredigt haben, hatten wir in der CSPD schon das Ziel: deutsche Einheit. Wir waren die Allerersten auf dem Weg in die Wiedervereinigung.

Schon Ende November '89?

Vorher schon. Ich kann mich erinnern, dass an einem dieser grauen Tage Mitte November '89 Doktor Ackermann, der damalige Büroleiter von Kohl, angerufen hat und sagte: Herr Diestel, wir sind mit der Einheit noch nicht so weit. Ich weiß noch, wie ich damals sagte: Ich kenne Sie nicht, ich weiß gar nicht, wer Sie sind. Ich mache, was ich für richtig halte, und wir, die Deutsche Soziale Union, sind die allererste Partei, die als politische Forderung die deutsche Einheit vertritt. Das ist unsere einzige Forderung, Herr Doktor Ackermann! Sie waren wirklich noch nicht so weit. Am 28. November kam Kohl dann im Bundestag mit seinem unausgegorenen Plan einer deutsch-deutschen Konföderation. Als Prophet der deutschen Einheit war ich viel weiter, aber jedes Mal, wenn ich später den ungemein klugen Mann mit den dicken schwarzen Brillengläsern an Kohls Seite getroffen habe, war mir mein forscher Ton peinlich.

Du wusstest nicht, mit wem du telefoniert hast, nehme ich an. Das war die wunderbare Zeit der Leichtigkeit des Seins, wenn das Alte nicht mehr und das Neue noch nicht gültig ist.

Es war politische Naivität. Ich wollte in dieses andere, mir seit meiner Geburt verwehrte Deutschland eintreten, das war mein Lebensziel gewesen. Und ich wollte von den 16 Millionen Menschen so viele wie möglich mitnehmen. Der Aufruf FÜR UNSER LAND hatte ein ganz anderes Ziel. Der wollte eine deutsch-deutsche Koexistenz schaffen und die DDR demokratisieren. Das wollte ich nicht, weil ich nicht daran glaubte, dass die DDR sich verändern lässt. Egon Krenz hatte Honecker ersetzt. Eine abgenutzte Figur nahm sich den Platz einer anderen. Wenn man einen wie Gysi genommen hätte oder de Maizière oder irgendeinen anderen sympathischen Menschen, dann vielleicht, aber mit Krenz wäre doch im Wesentlichen alles beim Alten geblieben. Als der auch noch den Aufruf FÜR UNSER LAND unterschrieb, war mir die Veranstaltung sowieso suspekt.

Honecker und Krenz – zwei abgenutzte Figuren, das Wort trifft es. Da wurde nur ein Gesicht durch ein anderes ersetzt. Für mich lag darin von vornherein eine große Enttäuschung. Wer weiß, hätten wir uns damals schon gekannt, wäre ich dir gefolgt. Wer weiß.

Ich wusste, die verbliebene Führungsmannschaft wollte gar nichts ändern, Krenz nicht und Schabowski, der Maueröffner, auch nicht. Höchstens bisschen Lifting. Hauptsache sie konnten weiter mogeln. Die Chance für mich als parteilosen Christen, mich einzumischen, etwas zu organisieren, mein Leben selber in die Hand zu nehmen, hätte ich nicht bekommen. Bei mir ist eine große Unzufriedenheit entstanden, vielleicht war es sogar Hass, dass ich mir gesagt habe: Die da oben müssen weg. Mit denen wird es nie eine deutsche Einheit geben. Das war meine feste Überzeugung, und die war nicht verhandelbar. Kohl hat am 28. November '89 im Bundestag ein Zehn-Punkte-Programm vorgestellt, was auf die Konföderation hinauslief ... Es ging um die Annäherung beider deutscher Staaten zu einem Staaten-Bund. Vertane Chance, vertane Zeit. Damals vermied Kohl das Wort Wiedervereinigung noch. Ich wollte ein geeintes Deutschland am liebsten sofort.

Darin unterscheiden wir uns. Allerdings sah ich es wie du, dass es nur Mogelei werden kann, solange die alte Garde noch mitmischt, die die DDR ja schon zugrunde gewirtschaftet hatte. In dieser Beurteilung sind wir uns einig, aber ich war für eine Reform durch die richtigen Leute, durch viele von denen, die am 4. November auf dem Alexanderplatz gesprochen haben: allen voran meine Schriftsteller Stefan Heym, Christa Wolf, Heiner Müller, Christoph Hein und der Wittenberger Theologe Friedrich Schorlemmer, der gut der erste Präsident einer neuen DDR hätte werden können.

Woher weißt du, dass das die Richtigen waren? Woher weißt du, dass sie nicht hingeschickt worden sind? Stasi-General Markus Wolf hat geredet, Politbüromitglied Schabowski, von den Blockflöten der Liberale Manfred Gerlach, wenn ich mich richtig erinnere. Stefan Heym ja, aber schon Jan Josef Liefers, dessen Eltern angesehene Theaterleute in der DDR waren, woher das blinde Vertrauen zu ihm? Sicher wäre es bei Liefers berechtigt gewesen, aber bevor man überläuft, prüft man die neue Seite. Du konntest gar nicht wissen, ob das die Richtigen sind und was sie im Einzelnen vorhatten. Woher wusstest du, Michael Hametner aus Leipzig, dass das nicht wieder eine geheimdienstlich organisierte Geschichte ist ... das haben wir alle vermutet ...

... das riecht nach Verschwörungstheorie?
Wenn der ehemalige Geheimdienstchef auf der Rednerliste steht, ist der Gedanke nicht abwegig.

Er wurde ausgebuht, natürlich ist er ausgebuht worden ... Schabowski aus dem Politbüro ja auch, oder?

Schabowski auch. Trotzdem wurde ich nicht euphorisch, sondern nachdenklich. Woher nehmen sie die Gewissheit, dass es beim zweiten Mal gut geht?

Ich habe mich eher an Personen wie Stefan Heym, Christoph Hein und Christa Wolf orientiert oder an der alten Steffie Spira. Von ihnen kam eine Botschaft, die mich erreicht hat.

Ja natürlich, das war eine herzerfrischende Botschaft gegen das doofe Geplapper, was wir bis dahin gewohnt waren ... Aber es ging mir nicht weit genug, ich wollte das nicht.

Und dass die uns bei Honeckers Ablösung im Oktober wieder Leute untergejubelt haben, die die DDR schon zugrunde gerichtet hatten, da hast du recht, das hat mich auch mächtig aufgeregt. – Ich wollte dich mit einem Artikel konfrontieren, in dem über eine Talkshow berichtet wird, die du mit Gregor Gysi 2015 in Frankfurt an der Oder hattest. Der Artikel trägt die Überschrift: Wir wollten eine andere DDR. – Das stimmt nicht für dich, oder?

Ich wollte die Leiche nicht wieder aufwärmen. Ich wollte immer, das war ja mein Heimatgefühl, ich wollte eine andere DDR, in der ich als guter Jurist Anwalt werden kann ...

Hast du einer neuen DDR nicht zugetraut, dass sie dir diese Chance gibt?

Ich wollte eine andere DDR, in der ein Leistungsträger, der willig ist, früh um halb sechs aufzustehen und zwölf Stunden zu arbeiten, auch eine entsprechende Chance bekommt. Die hätte ich bei diesen Kommunisten nie gekriegt. Stattdessen diesen erbärmlichen Satz: Du nicht, Diestel! Mein Heimatbegriff, habe ich dir gesagt, bezog sich auf 108 000 Quadratkilometer, das war die Größe der DDR. Aber an ihr klebte ich nicht. Mein politisches Ziel ging weit darüber hinaus. Ich wollte die deutsche Einheit ...

Ich gebe zu, dass du größer und radikaler gedacht hast als ich und viele meiner Freunde. Und Recht bekommen hast!

Eine andere DDR wäre nur der halbe Schritt gewesen. Der große Schritt, den ich gehen wollte, war die deutsche Einheit. Ich habe an der Musikschule in Leipzig Geige gelernt, verrückterweise oft nach dem Boxtraining. Mein Vater hat mir sein altes Studentenliederbuch geschenkt. Darin war das Kaiserquartett von Joseph Haydn. Ich habe es auf der Empore der Kirche bei uns in Marienbrunn gespielt, wo meine Mutter Küsterin war. Nach dem zweiten Mal gab's Beschwerden.

Weil es das Deutschlandlied ist …

Die Melodie hat mir so gefallen. Dass sie mir verboten wurde, hat in mir das Gefühl wachsen lassen, dass sie mit etwas Gefährlichem zu tun hat. Allein deswegen hatte ich schon als Kind das Gefühl, dass Deutschland was Heiliges ist. Vielleicht wollte ich deshalb unterschwellig immer schon die deutsche Einheit. Das waren die Gedanken eines Kindes, Michael.

1989 haben im Unterschied zu dir auch in Westdeutschland wenige an die deutsche Einheit geglaubt, obwohl sie im Grundgesetz als Ziel formuliert war …

… die wollten das gar nicht, weil die Alliierten es nicht wollten.

Der Status quo war den Deutschen ins Fleisch gewachsen.

Ich habe mit Kohl darüber ein langes Gespräch geführt: Dr. Kohl warum sind unsere europäischen Verbündeten gegen die deutsche Einheit? Warum diese Skepsis? Warum verhält sich die Thatcher so aggressiv? Warum die Franzosen, die Amerikaner, alle so aggressiv, warum?

Na gut, außenpolitisch kann man es verstehen.

Warum? Alle wollten die deutsche Einheit nicht, sie wollten das, was die undisziplinierten, extrem couragierten, mutigen Ostdeutschen gemacht haben, nämlich die Mauer einzutreten, nicht. Das war von den Alliierten nicht gewollt. Ohne Friedensvertrag hatten sie auch das Recht dazu. Ich habe immer gesagt: Herr Dr. Kohl, Herr Bundeskanzler, warum nicht, warum nicht? Ich hab es dann begriffen, Michael.

Angst vor zu viel Stärke!
Natürlich.

Ich weiß nicht, von wem der Satz stammt, aber er ist mir aus dieser Zeit geläufig: Deutschland ist so schön, das kann es ruhig zweimal geben. Es gibt eben auch diesen Satz vom Turnvater Jahn: Am deutschen Wesen soll die Welt genesen. Dass dieser Satz wieder Wahrheit wird, war die Angst des Auslands.

Das hat der Turnvater Jahn ganz anders gemeint. Er hat Bezug genommen auf die großen deutschen Philosophen, auf die großen deutschen Industriellen, auch die großen deutschen Techniker, auf die Wissenschaftler und auf die großen deutschen Musiker. Natürlich sprach daraus ein Nationalismus, aber einer des Stolzes, der die Deutschen in seiner Zeit zur Einheit antreiben sollte.

Aber er war chauvinistisch auszulegen: Am deutschen Wesen soll die Welt genesen!

So haben ihn andere benutzt. Natürlich war es positiv und fortschrittlich, die Kleinstaaterei zu überwinden und ein geeintes Deutschland zu schaffen. Was Bismarck 1871 ja dann auch gemacht hat. Kennst du den schönsten Satz von Bismarck zur deutschen Einheit?

Nein?

Setzen wir Deutschland in den Sattel, reiten wird es schon können.

Es ritt 1914 in den Ersten Weltkrieg, 1933 in den Faschismus und 1939 in den Zweiten Krieg, Peter!

Trotzdem braucht keiner vor einem Deutschland Angst zu haben, in dem der Geist und der Verstand und die Kraft der Deutschen auch ganz oben in der politischen Führung zuhause sind.

Es gab in Europa gemischte Gefühle gegenüber einem wiedervereinigten Deutschland. Auch in der alten Bundesrepublik sah eine Mehrheit lieber die Fortsetzung des Status quo der deutschen Teilung. Damit hielt man sich gegenseitig von politischen Abenteuern ab. In Deutschland gab es wenige, die 1989 an die Einheit geglaubt haben. Einer, der aus der Reihe fiel, war der Schriftsteller Martin Walser. Ich erinnere mich an seinen großartigen Roman »Die Verteidigung der Kindheit«. Walsers Glaube an die deutsche Einheit kam aus dem, was er als Kind erlebt hatte: ein ungeteiltes Land. Deshalb war für Walser ein einiges Deutschland der Normalzustand, die Teilung das nicht Normale.

Für mich auch ...

Ja, für dich auch. Aber du gehörst zu den Wenigen. Das spricht für dich ...Vielleicht liegt in der Distanz vieler zur deutschen Einheit auch schon der Grund, warum sie nach dem 3. Oktober 1990 nicht als ein Geschenk der Geschichte an die Deutschen begriffen wurde.

Ein Geschenk der Geschichte, sagst du, ich sage ein Geschenk der Ostdeutschen an alle Deutschen.

Deshalb kam es ja schnell zur Politik der Ausgrenzung, kaum waren die Tribünen der Einheitsfeier abgebaut. Seid ihr deshalb mit euren Komitees für Gerechtigkeit auf den

Plan getreten? Wenn ich »ihr« sage, meine ich vor allem den
Schriftsteller Stefan Heym und dich. Heym war ja bereits
Initiator des Appells FÜR UNSER LAND. Diesen Plan für
einen Sozialismus mit menschlichem Antlitz, wie die Tsche-
chen ihn 1968 träumten. Hast du später mal mit Heym über
diesen Appell gesprochen?

Es war eine gefährliche Illusion, hat er ihn später ge-
nannt. Was er und viele nicht gesehen haben: Bis zum 18.
März 1990, bis zur ersten freien Wahl, hat die politische
Führung der DDR immer noch regiert ... Ich kenne die
Beschlüsse, die Festlegungen, von wem was initiiert wurde
am Zentralen Runden Tisch. Da saßen bis fast zum Schluss
Schnur und Böhme und andere. Die waren über ihre Füh-
rungsoffiziere Werkzeuge der alten Macht. Ich will über sie
nicht den Stab brechen, aber natürlich wurde über diese
Leute am Zentralen Runden Tisch Einfluss genommen ...

Womit du sagst: Die alte Garde der DDR hat illegal weiter-
regiert.

Wieso illegal? Ein Mann wie Hans Modrow, der Vorgänger von Lothar de Maizière als Ministerpräsident, ist
doch nicht plötzlich vom Saulus zum Paulus geworden?
Der hat seine Lebens- und Weltanschauung nicht aufge-
geben. Das spricht nicht gegen ihn. Alle, die ehrlich an
den Sozialismus geglaubt haben, haben jede Möglichkeit
ergriffen, ihn festzuhalten. Sie haben die Fenster ein kleines Stückchen geöffnet, weil sie es mussten, und haben
ein bisschen Wind eingelassen, aber mehr nicht. Ich habe
mich ganz bewusst vom Zentralen Runden Tisch zurück-
gezogen, weil ich das Gequatsche der Möchtegerns nicht
aushalten konnte. Deren wirklichkeitsfremde Überlegungen waren nicht meine.

Dieses Wort, das du eben benutzt hast: wirklichkeitsfremde
Überlegungen, das ist für mich interessant. Wir beide fin-

den uns darin wieder. Zwischen November '89 und der
ersten freien Wahl am 18. März 1990 gab es mindestens
zwei verschiedene Positionen zur Zukunft einer deutschen
Einheit. Da waren die, die gesagt haben – und für sie bist
du ja ein Sprecher: Lasst uns schnell die deutsche Einheit
realisieren, sonst kollabiert das. Der Druck der Straße
war ihr Argument. Die andere Wirklichkeit war vielleicht
gar keine reale, sondern eine geträumte und erhoffte. Sie
wollte eine andere DDR und die deutsche Einheit erst auf
lange Sicht. Das waren zwei Wirklichkeiten, und deswegen
sagst du wirklichkeitsfremd, aber auch die andere Wirk-
lichkeit hat es gegeben. Die Ungeduld der Ostdeutschen –
ich nehme sogar an, der Hauptteil gehörte dazu – war ein
Grund dafür, dass die Westdeutschen nach dem Ende eurer
174-Tage-Regierung das Kommando übernommen haben.
Sie haben sich als die präsentiert, die wussten, was jetzt zu
tun ist. Durch diesen Paternalismus lief die deutsche Ein-
heit gründlich schief, und die Komitees für Gerechtigkeit
wurden wichtig. Spätestens 1992 war klar, dass vieles auf
Ausgrenzung hinausläuft. Was war passiert, dass du jetzt
aufseiten der Gründer dieser Komitees für Gerechtigkeit
gestanden hast?

Michael, die Frage ist falsch formuliert. Ich habe nicht
die Seite gewechselt. Ich stand …

… na, der glühende Verfechter der deutschen Einheit sagt
plötzlich: aber so nicht!

Nein, der glühende Verfechter der deutschen Einheit
hat nach seinem Abschied als Innenminister und Vizekanzler am 3. Oktober 1990 festgestellt, dass seine Nachfolger gar keine Einheit wollen, dass sie die Immobilien
wollen, dass sie das Vermögen wollen, aber die Menschen
und ihre Lebensleistungen nicht.

Aber so hast du '90 noch nicht gesprochen!

Ich habe nicht diese gravierende Dummheit vermutet, dass man die deutsche Einheit zu etwas macht, was 16 Millionen Menschen davon_ausschließt. Das war nicht zu erwarten gewesen. Dahinter steckte aber Methode. Es ging um die wirtschaftliche Übernahme, und dafür musste vorher die Enthauptung des Ostens stattfinden! Man wollte keine Zeugen, die sprechen können.

Ein Austausch der Eliten, der einer Enthauptung gleichkam. Enthauptung ist dein Wort.
Dieser radikale Austausch war nicht ausgemacht gewesen. Ausgemacht war, dass die Sachsen in Sachsen ihre Politik gestalten und die Thüringer in Thüringen und die anderen Landsmannschaften in den anderen Bundesländern im Osten. Das war ausgemacht. Den ersten Eindruck von einer einsetzenden Charakterlosigkeit hatte ich in der Nacht vom 3. zum 4. Oktober 1990.

Du hast sie die Nacht der langen Messer genannt. Was ist geschehen?
Das war alles nicht vereinbart, als man Hunderte ehemaliger Geheimdienstleute sofort in dieser Nacht verhaftet hat. Die sind alle wieder freigekommen, weil sie gemerkt haben, das geht nicht ...

... aber es ist zu Verhaftungen gekommen? Ging es gegen die Leute, die bei der Auflösung von Stasi und Polizei mitwirkten, aber aus alten Strukturen kamen?
Die wurden kurzfristig inhaftiert und ihnen die glühenden Eisen gezeigt. Danach hat man sich für die mittlere Hierarchie in den Behörden vor allem Leute genommen, die in den Blockparteien schon laut Hurra für den Kommunismus geschrien hatten. Die waren als willfährige Werkzeuge willkommen, um diese furchtbare, gegen den Einigungsvertrag gerichtete Politik umzusetzen.

Nicht der Einigungsvertrag hat schlechte Voraussetzungen geschaffen, sondern die später erfolgten Eingriffe des bundesdeutschen Gesetzgebers in den Einigungsvertrag haben die Lage verschlechtert. Immer mit den Stimmen dieser Pappnasen aus den Blockparteien oder von Leuten, die sich als Parteilose dargestellt haben, die gesagt haben, ich bin parteilos gewesen, weil ich mein ganzes Leben gegen den Kommunismus und die SED gekämpft habe. Wenn man die politischen Lebenswege dieser Figuren mal durchleuchten würde, die jetzt mit Bundesverdienstkreuzen rumrennen, würde man auf Leute treffen, die genauso fleißig der DDR gedient haben wie sie nach der Wende den neuen Herren gedient haben.

Ich komme noch mal zurück, auf die Komitees für Gerechtigkeit. Zunächst habt ihr euch zusammengesetzt bei Stefan Heym in Grünau oder bei dir in Leipzig?
Nein, in Zeuthen.

Ihr habt ein Grundsatzpapier erarbeitet. Worum ging es darin? Ein Forderungskatalog mit Erstens, Zweitens, Drittens war es vermutlich nicht, oder?
Doch, es war ein Forderungskatalog, um den Ostdeutschen einen gleichberechtigten Platz in der Bundesrepublik zu sichern. Für mich war es christlich-demokratische Politik außerhalb der CDU.

Wer waren die Initiatoren?
Gregor Gysi, Stefan Heym und ich. Tamara Danz und Rio Reiser gehörten auch dazu. Vielleicht gab es noch ein paar Unterstützer, aber deren Namen kenne ich nicht mehr.

Christa Wolf gehörte nicht dazu?
Ich kann mich nicht erinnern. Wir wollten etwas auf den Tisch legen, das der Ausgrenzung ostdeutscher Inter-

essen ein Ende bereitet. Darin bestand das Ziel der Komitees für Gerechtigkeit.

Sollte man beitreten? Oder musste man unterschreiben?
Nicht offiziell beitreten. In der Form ähnlich der Sammlungsbewegung aufstehen, die Sarah Wagenknecht 2018 initiiert hat, um ein Linksbündnis zu schaffen. Bei uns haben sich auf regionaler Ebene schnell viele Komitees gegründet.

Hätte das nicht die Vorstufe zur Gründung einer Partei werden können? Warum wolltet ihr das nicht?
Die Linken waren schneller. Die Komitees wurden durch Gregor Gysi und Lothar Bisky politisch und weltanschaulich besetzt, womit ich dann nur noch bedingt mitmachen konnte. Die Forderungen, die ich durch unsere Komitees vertreten sehen wollte, waren christlich-demokratische Forderungen. Mir ging es um ein Stopp der Ausgrenzung von Menschen, nicht um die Umleitung des Stroms auf die Mühlen einer Partei.

Dein Programm enthielt das, was wir als konservative Werte bezeichnet haben ...
Ja, es handelt sich um einen stockkonservativen Wert, kluge Menschen, die sich nichts haben zuschulden kommen lassen, nicht aufzugeben. Wer anders handelt, handelt nach der Ideologie des Faschismus, anders kann ich das nicht bezeichnen. Diese Ausgrenzung von Menschen, die wir jetzt großflächig erleben, ist die Ideologie des Faschismus. Alle sind peinlich berührt, wenn ich das so deutlich sage. Ich wiederhole mich, wenn ich sage, dass bei Bundestagswahlen Ostdeutsche in manchen Wahlbezirken gar nicht mehr sich selber wählen konnten. Unsere Demokratie ist eine repräsentative Demokratie. Sie muss Ostdeutschen eine Chance geben, ihre eigenen Politiker

zu wählen. Nach der Bundestagswahl 2021 fand ich im Netz keine Statistik, die ausweist, wie viel Prozent der Abgeordneten ostdeutscher Herkunft sind. Ich finde den Frauenanteil, den Anteil der unter dreißigjährigen Abgeordneten usw., aber nicht die Zahl derer, die ostdeutscher Herkunft sind. Zufall?

Was schätzt du, wie viele sich den Komitees für Gerechtigkeit angeschlossen haben auf lokaler Ebene?
Also ich glaub schon, dass es Hunderttausende waren. Die Komitees haben gut gearbeitet. Klar, sie wurden von den Linken massiv unterstützt.

Der Appell FÜR UNSER LAND hatte am Ende etwa 200 000 Unterstützer gefunden. Die Unterschrift von Egon Krenz war ein Dolchstoß. Danach ist die Sache in sich zusammengebrochen. Weißt du eure Zahlen nicht genauer?
Für statistische Erhebungen war unsere Organisationsstruktur nicht ausgelegt, es ging ja auch um keine formelle Mitgliedschaft ...

Aber es gab den Verdacht oder die Befürchtung, auch bei deiner CDU, bei der FDP, bei der SPD, die Komitees für Gerechtigkeit könnten eine Partei werden.
Absolut richtig.

Und deswegen waren sie nicht dafür, dass die PDS in euren Komitees tonangebend war. Von außen hat man befürchtet, dass da eine Sammlungsbewegung entsteht und nicht viel fehlt, dass sie zur Partei wird. Hast du das auch so gesehen?
Das hätte ich nie gewollt. Ich wollte einfach nur dem politischen Blödsinn, der gegen die Lebensinteressen der Ostdeutschen verstieß, ein Ende machen. Vieles von dem, was geschah, widersprach auch den Parteiprogrammen. Auf dem Papier galt das Bekenntnis zur deutschen Ein-

heit, in der Praxis der frühen Neunziger sah es meist anders aus.

Mich fasziniert der Gedanke, daraus eine Partei zu machen. Es wäre die Stunde dafür gewesen. Ende 1989 hast du dich bei der Gründung der CSPD, später DSU, nicht zweimal bitten lassen.

Das hätte man machen können, aber es war nie Absicht von mir. Ich wollte einfach Menschen dabei unterstützen, auch in den Genuss der deutschen Einheit zu kommen. Wir haben die DDR abgeschafft, und es gab viele kluge, vor allem intellektuelle Leute, die gesagt haben: Mensch, ich bin jetzt aus dem Sozialismus raus, ich wähle doch nicht gleich wieder eine sozialistische Partei. Wir wollten Menschen miteinander verbinden, um der Siegerallmacht der Altbundesdeutschen etwas entgegenzusetzen. Es brauchte eine Koalition der Schwachen gegen die Starken. Bedenke die Lage 1992 und danach. Es war die Zeit, du weißt es ja aus eigener Erfahrung, in der ein Verdacht gegen dich ausreichte und du warst raus aus allem. Du kennst doch die Fragebögen, die jedem vorgelegt wurden, der seinen Arbeitsplatz behalten wollte, mit der Frage: Warst du bei der Stasi? Hast du geschrieben: Nein! und sie haben vier Wochen später festgestellt, dass du doch Kontakt hattest, sofort raus! Schreibst du rein: Ja, ich war bei der Stasi, auch sofort raus! Die Ostdeutschen wurden zur Schlachtbank geführt. Irgendein Makel fand sich bei jedem, auf dessen Arbeitsplatz schon ein Wessi scharf war ...

War der Pfarrer aus Wittenberg, Friedrich Schorlemmer, auch für die Komitees engagiert? Es ist heute still um ihn geworden, aber er war in dieser Zeit eine ganz wichtige Stimme für die Interessen der Ostdeutschen, ähnlich deiner.

Schorlemmer ist ein ganz aufrechter, kluger, sympathischer, toleranter Mensch, ich mag ihn, vielleicht mag er mich auch. Der ist aus ganz anderem Holz als diese Eppelmanns und Meckels und die anderen Pfaffen.

Auf die Pfarrer, die Bürgerrechtler wurden, bist du nicht gut zu sprechen??!
Nein, bin ich nicht. Mit Gründen.

Welchen?
In der DDR haben viele, die mit Politik nicht einverstanden waren, Theologie studiert. Für einen Politiker ist gegen etwas zu sein keine ausreichende Voraussetzung. Selten besaßen sie wirklich seelsorgerische Qualitäten. Sicher wollten sie es so nicht, aber sie haben mit ihren teilweise extremen Positionen den Frieden in der Wiedervereinigung gefährdet.

Ich will eine kleine Geschichte ansprechen, vielleicht ist es eine. Du hattest ein Büro für das Komitee für Gerechtigkeit in Berlin angemietet. Dann wurde dir der Mietvertrag mit einer Firma, die die Treuhand im Besitz hatte, gekündigt. Du und das Komitee für Gerechtigkeit wurden vor die Tür gesetzt. Kannst du dich noch erinnern?
Ich weiß es nicht mehr, aber es würde gut in die Zeit reinpassen.

Ich weiß sogar, dass du 1700 DM Miete für zwei Monate bezahlt hast. Du warst im Besitz eines gültigen Mietvertrags. Der wurde rückgängig gemacht.
Kann durchaus sein, weil die Komitees für Gerechtigkeit den Anschein erweckten, den Staat stürzen zu wollen. Dabei gab es nur einen einzigen Ansatz: Schließt die Ostdeutschen nicht von der deutschen Einheit aus!

Aber erreicht habt ihr nichts?

Kann man so nicht sagen, wir haben viel erreicht. Unmittelbar nach der Gründung der Komitees für Gerechtigkeit haben alle Parteien im deutschen Bundestag ostdeutsche Landesgruppen eingerichtet. Es ist einiges geschehen. Aber letztendlich ist die Ausgrenzung fortgesetzt worden, bis heute. Man hat nicht vor, damit aufzuhören.

Gegründet wurden die Komitees am 11. Juli 1992. Aber ich habe nichts darüber gefunden, wann sie aufgelöst worden sind. Weißt du etwas darüber?

Sie sind nicht aufgelöst worden.

Aber sie verschwanden aus den Medien.

Durch die sehr starke, immer stärker werdende Nähe zu den Linken ist das dann letztendlich zu einer Totgeburt geworden. Das ist ein furchtbar tragischer Prozess.

Hast du Gregor Gysi darauf angesprochen?

Weißt du, wenn Menschen sagen: Okay, wir wollen in der Nähe der Linken sein, dann ist das ihr politischer Wille. Ich hatte einen anderen Ansatz.

Weißt du, wie man die Bewegung genannt hat? Gystel! Also, das haben alle gesagt, Gystel, weil ihr die beiden Köpfe wart, und dann hat dich Gysis Kopf im Stich gelassen. Kennst du diese Namensbildung GYSTEL?

Ja, kenne ich. Er hat mich nicht im Stich gelassen. Gregor Gysi hatte immer eine Partei hinter sich, mit der er gearbeitet hat. Meine CDU war für meine Vorstellungen kein geeignetes Hinterland mehr. Die CDU tat sich aus einem ideologischen Vorbehalt immer schwer, die Lebensleistung von Ostdeutschen anzuerkennen. Die haben an dieser Stelle immer mit ihrem genetischen Antikommunismus zu kämpfen, dabei hatten die Ostdeutschen den Kommunismus in die Flucht geschlagen. Bei Gregor Gysi musste ich akzeptieren, dass er eine politische Heimat hatte, die er vergrößern und stabilisieren wollte.

Das ist sehr tolerant.

Ich hatte diese Heimat nicht. Ich war Partisan in der CDU und Einzelkämpfer.

Hast du mir nicht erzählt, dass man dich aufgefordert hat, dein Landtagsmandat niederzulegen?

Natürlich.

Strafmaßnahme für dein Engagement in den Komitees?

Ja. Ich habe öffentlich gesagt, wenn man mich aus der Partei ausschließen will, muss man sich auf einen langen Rechtsstreit vorbereiten. Mein Freund Gregor Gysi besaß schon eine Prozessvollmacht, der hätte mich dann beim Verfahren zum Parteiausschluss vertreten.

Feige warst du nie.

Warum auch? Man kann doch einen Christen nicht ausschließen, wenn er sagt: Ich glaube an den lieben Gott, komme aber von weit her, wo die Äcker nicht so gut bestellt sind. Der liebe Gott lässt eine Ausgrenzung von Menschen, die sich nichts zuschulden haben kommen lassen, nicht zu. Es wäre nicht christlich gewesen, mich dafür aus der Partei zu schmeißen. Meine Gegner hätten sich outen müssen, hätten sagen müssen: Wir als CDU wollen Diestel nicht als Mitglied, denn er wirft uns vor, die Ostdeutschen auszugrenzen. Kann man für die Wahrheit aus einer Partei ausgeschlossen werden? Diese Konfrontation hat die CDU vermieden, die hat mich nie vor ein Parteigericht oder ähnliches gestellt.

Aber die Aufforderung, das Mandat niederzulegen, hat es gegeben?

Natürlich von Dummköpfen.

Aus Frankfurt an der Oder kam die Order, vom Kreisverband ...

Ich saß für den Kreisverband Frankfurt im Landtag. Aber es war ein Direktmandat. Es hat noch nie ein Kandidat für die CDU in Frankfurt (Oder) so viele Stimmen gewonnen wie ich. Ich glaube, die Menschen haben nicht die CDU gewählt, die haben mich gewählt. Ich hatte viel mehr Erststimmen als die Partei.

Als 1993 von den Komitees für Gerechtigkeit nicht mehr die Rede war, taucht von dir eine Erklärung mit dem Namen VERSÖHNEN STATT VERGELTEN auf. War das als Fortsetzung der Komitees gedacht?

Es war ein neuer Versuch, das gleiche verfassungsrechtliche Anliegen zu vertreten. Die Form war einfacher und direkter, weiter weg von organisatorischen Strukturen wie bei den Komitees. Damals haben Hartmut Perschau, Innenminister in Sachsen-Anhalt, Lothar de Maizière und ich gesagt, es kann so nicht weitergehen mit dieser Ungleichbehandlung der Ostdeutschen. Wenn wir schon mit den Komitees für Gerechtigkeit nicht erreicht haben, was wir erreichen wollten, müssen wir anders weitermachen. VERSÖHNEN STATT VERGELTEN fand ich den passenden Namen. Was gibt's denn zu vergelten? Was kann man uns Ostdeutschen denn übel nehmen? Michael, wir haben den Kommunismus besiegt, nicht der Westen, dafür kann man doch keine Rache an den Ostdeutschen nehmen. Natürlich wollten wir Versöhnung, wir wollten ...

Sie scheint dir noch lebhaft vor Augen zu stehen. Was stand in der Erklärung?

Ich erinnere mich gut. Wieder schlugen uns Aggressionen entgegen: Was wollen die, wir haben doch die deutsche Einheit schon abgeschlossen. Dass ich nicht lache. An der Tür zur Einheit hängt das Schild: Für Ostdeutsche geschlossen!

Wie ist diese Erklärung 1993 zustande gekommen? Wer hat wen angesprochen?
Ich weiß genau, dass ich damals de Maizière angesprochen habe. Dann habe ich Perschau ins Boot geholt, für den hatte ich gearbeitet, später auch anwaltlich.

Perschau, der kam doch aus Hamburg, oder verwechsle ich ihn?
Hartmut Perschau war Oppositionsführer der CDU in Hamburg.

Was stand in der Erklärung?
Sie beschäftigt sich wirklich nur damit, dass die Altbundesbürger endlich aufhören sollen, den Menschen aus Ostdeutschland die Lebenslust, die Lebensfreude zu nehmen. Hört doch auf damit! Es ist ein ganz simpler, zutiefst christlicher und politisch auch wichtiger Text. Wir bezogen Position gegen den Versuch, dass die ostdeutschen Köpfe durch Hilfsköpfe aus dem Westen ersetzt werden. Zur Übernahme freigewordener Stellen standen vorwiegend die bereit, die im Westen nichts geworden waren und jetzt im Osten Deutschlands Karriere machen wollten. Männer wie Werner Münch aus einer Zwerggemeinde bei Bottrop und Erwin Sellering aus Sprockhövel in NRW wären im Westen nie Ministerpräsidenten geworden. Im Osten wurden sie es. Hätte ein Ostdeutscher ein solches Amt im Westen angestrebt, ich glaube, sie hätten ihn eingeliefert.

Hart, aber wahr.

Angela Merkel hat 2021 in ihrer letzten Rede zum Tag der Deutschen Einheit fast identisch Worte von mir übernommen. Endlich hat sie ausgesprochen, dass die Leistung der Ostdeutschen für die Wiedervereinigung nicht anerkannt worden ist. Andere haben sich diesen Sieg angeeignet. Westdeutsche sind als Sieger aufgetreten.

Späte Einsichten einer Ostdeutschen nach sechzehn Jahren Kanzlerschaft. Sie nahm damit aber nichts von der Ungerechtigkeit zurück, die in der deutschen Einheit steckt. Wäre es wieder Zeit für Komitees für Gerechtigkeit?

Das Perfide ist, dass die AfD angefangen hat, die Aufgabe unserer Komitees fortzusetzen. Ihre Kampagne Wende 2.0 ist nur ein Taschenspielertrick. Sie haben versucht, sich als Rächer der ausgegrenzten Ostdeutschen zu profilieren. Und es hat bei vielen Enttäuschten verfangen.

Einen Zeitpunkt für eine Neugründung der Komitees für Gerechtigkeit nach dreißig Jahren siehst du nicht?

Nein.

Warum nicht? Ist dafür die Zeit abgelaufen? Es kann nicht daran liegen, dass im Osten bald keine Menschen mehr leben, die sich von der deutschen Einheit abgehängt fühlen. Die Unzufriedenen sind nicht am Aussterben. Ihre Kinder und Kindeskinder, die in perspektivlosen Regionen im Osten geblieben sind, sind genauso unzufrieden, oder?

Da sind wir uns völlig einig. Zu warten, bis der Ostdeutsche aus der Zeit der friedlichen Revolution ausstirbt, das wird nichts bringen. Seine Kinder und Enkel sind genauso betroffen.

Die haben oft das dasselbe kritische Bewusstsein. Aber jetzt geht es noch mal um die Komitees für Gerechtigkeit. Wollen wir hier an deinem Tisch diese Bewegung neu gründen? Du als Chef, ich als Generalsekretär?

Wir beide setzen uns ein für eine gerechte Einheit Deutschlands, weil viel zu viele Ostdeutsche nach dreißig Jahren immer noch auf den Erfolg warten. In nahezu jedem unserer Gespräche kommen wir auf das Thema. Ich kann mir gut vorstellen, dass mancher Gedanke uns einigen Hass einbringen wird. Von denen, die ein gutes Geschäft mit der Einheit gemacht haben. Aber deshalb wieder Komitees für Gerechtigkeit gründen? Nein, es kann keine Machtausübung außerhalb der politischen Parteien geben, das ist meine feste Überzeugung. Die politischen Parteien, die bis jetzt Politik in diesem Land bestimmt haben, sind im freien Fall. Vielleicht ist das ein allgemeiner Trend in Demokratien wie unseren. Auch die Sozialdemokraten dürfen ihre derzeitige Rückkehr an die Macht nicht überschätzen. Wenn man sich mal ansieht, mit welchen Stimmenzahlen Willy Brandt regiert hat, dann ist mit Olaf Scholz als Kanzler die Zukunft für die SPD nicht sicher.

Also lassen wir den Sekt im Kühlschrank? Keine neuen Komitees?

Du würdest ja keinen Sekt trinken …

Stimmt.

Natürlich war es immer wichtig, dass sich Menschen um Gerechtigkeit bemüht haben, aber es wird politisch keine Wirkung machen. Das, was wir bemängeln und was wir beide vielleicht übereinstimmend feststellen, muss von Parteien mit ihrer Politik vertreten werden … In ihren Statuten und Grundsatzprogrammen ist enthalten, dass sie angetreten sind, sich für die Interessen der Ostdeutschen einzusetzen. Wenn ich das fordere, kann mich keiner angreifen. Aber diese Ziele sind aus ihrer Politik verschwunden. Auch die Linken äußern sich dazu nicht.

Alle Parteien tun so, als handle es sich um ein Thema von gestern. Ihre Themen von heute heißen Klimaschutz und Digitalisierung, natürlich zuerst Corona.

Peter, gestern Abend nach unserer Arbeit wollten wir schön essen und über etwas anderes plaudern als über die deutsche Einheit. Du erinnerst dich an unsere Tischnachbarn im Restaurant in Malchow? Einer kam aus Hamburg, der andere aus Winsen an der Luhe und der Dritte aus der Schweiz. Zwei haben eine Firma hier, der Schweizer wollte nach seinen Häusern gucken. Peter, das sind die Tatsachen, die die deutsche Einheit geschaffen hat!

Den mit der Holzfirma kenne ich gut. Als die Treuhand den Osten verkauft hat, besaß er das Geld, um den Zuschlag zu bekommen. Er erhielt Zuschlag und Fördermittel. Seitdem hat er ausgesorgt, und darüber sind die Ostdeutschen auch froh, denn nur wenn er ausgesorgt hat, behalten sie ihre Arbeit.

Was machen wir?

Wir gehen essen. Mal sehen, wer heute bei uns am Tisch sitzt.

Zwischenkapitel:

Diestel verteidigt das Grundgesetz oder Rechtsanwalt ist schließlich Rechtsanwalt

Diestel hat mir im Gespräch bereits einiges Überraschende aus seiner Biografie preisgegeben. Seiner Berufung zum letzten Innenminister und Vize-Kanzler der DDR ist in seinem Leben viel vorausgegangen, was ich nicht erwartet hätte. Alles andere als eine Politikerlaufbahn. 1972 Facharbeiterbrief für Tierproduktion plus Abitur. Ich, der mein Abitur zwei Jahre vor ihm gemacht habe, konnte ein Abitur mit Facharbeiterbrief erwerben. Was macht den Unterschied?, werden Sie fragen. Die Blickrichtung. Ich blickte von der Schule aus auf die Lehrausbildung. Drei Wochen Schule, eine Woche Lehrausbildung. So wurde ich Elektromonteur und beherrsche noch heute die kleine Elektrik im Haushalt. Diestel verdankt seinem Beruf, dass er melken kann, aber nicht die Zulassung zum Studium, zunächst. Er jobbte als Schwimmlehrer, Bademeister und Rinderzüchter. Erst 1974 nahm ihn die Karl-Marx-Uni in Leipzig auf und ließ ihn an der Sektion Rechtswissenschaften Jura studieren. Als Nicht-SED-Mitglied ohne Aussichten, Rechtsanwalt zu werden. Er wurde Leiter der Rechtsabteilung einer Agrar-Industrie-Vereinigung. Schriebe ich an dieser Stelle: Weil er für sein Leben gern Anwalt werden wollte, organisierte er die deutsche Einheit!, stimmte das so natürlich nicht, aber es ist – wie man so sagt – durchaus was dran. Dieser Rückgriff vor unserm nächsten Gespräch schien mir nötig, um noch einmal zu verdeutlichen, dass der 174-Tage-Innenminister von 1974 bis 1978 in der DDR Rechtswissenschaften studiert hat. Was er in diesem Studium mit Sicherheit nicht gelernt hat, war das bundesdeutsche Grundgesetz. Dennoch ist er heute – und war es sicher schon viel, viel länger – ein leidenschaftlicher Verteidiger des Grundgesetzes, das seit Mai 1949 Kern unserer demokratischen Verfasstheit ist. Es gibt nichts Besseres als diese Verfassung, als unser Grundgesetz! So hat er es in unseren Gesprächen mehrfach bekundet. Er begründet sein Lob als Jurist damit, dass das Grundgesetz von seinen Vätern, dem Parlamentarischen Rat, formuliert wurde als Lehre aus allem, was die Weimarer Republik zum Scheitern gebracht hat, und als Lehre aus den Verwerfungen der Verfassung im Dritten Reich. Weil Diestel das Grundgesetz auffallend oft lobt, habe ich als seine Gegenstimme mir gedacht, ich sehe es mir mal an. Woran mag es liegen, dass die deutsche Einheit noch nicht vollendet ist? Womöglich am Grundgesetz. Entweder weil es auf die deutsche Einheit nicht vorbereitet ist oder sogar sehr gut vorbereitet ist, aber nicht angewendet wird.

Peter, du hast in der Zeit der DDR deine Ausbildung erhalten, deshalb nehme ich an, dass das bundesdeutsche Grundgesetz in deinem Studium nicht vorkam. Falls du es dir zum Selbststudium vorgenommen hast, frage ich mich, wie du dir in der DDR Text und Kommentar besorgt hast?

An den Text vom Grundgesetz heranzukommen ist kompliziert gewesen. Käuflich zu erwerben war es nicht, in der Bibliothek lag es im Giftschrank, da kam ich nicht ran. Hätte ich damals nicht einen sehr klugen Schwiegervater gehabt, wäre ich nicht dazu gekommen. Der Vater meiner ersten Frau war der Opernregisseur Walter Zimmer. Er durfte als schwerbehinderter Rentner in den Westen fahren und hat zweimal versucht, mir eine Ausgabe vom kommentierten Grundgesetz mitzubringen. Zweimal ist er kontrolliert worden, und beide Male wurde sie ihm weggenommen. Das hat sogar Eingang in seine Stasi-Akte gefunden. Ich habe mir später das Grundgesetz über einen verschwiegenen Freund besorgt. Wenn wir heute als zwei erfahrene Silberrücken das Leben Revue passieren lassen, dann sollte es uns leicht sein zu ermessen, wie dieses Grundgesetz entstanden ist, denn es ist etwa genauso alt wie wir. Ein furchtbarer Krieg war zu Ende gegangen, eine freiheitlich-demokratische Republik schickte sich an, sich zu gründen und brauchte eine Verfassung. Die Alliierten waren gar nicht so sehr davon überzeugt, dass wir uns eine eigene Verfassung für unser neues Land geben wollten. Wenn man sie heute liest, wenn man den Katalog der Grundrechte sieht, wenn man die Reihenfolge, die Art und Weise der Regelung der Grundrechte, der Menschenwürde, der sozialen Rechte, der Individualrechte, der gesellschaftlichen Rechte, der Eigentumsrechte usw. betrachtet, wenn man das sieht, dann wird man feststellen, besser ist es nicht möglich. Ich komme aus dem Schwärmen nicht heraus, Michael.

Ja, ich merke das.
Dieses Gesetz besitzt eine hohe Qualität. Ich entdecke in ihm sogar so etwas wie Herzlichkeit und Wärme. Und das aus einem einzigen Grund: Es ist von Menschen gemacht, die diesen furchtbaren Zweiten Weltkrieg überlebt haben und wussten, was dort geschehen ist, und aufgrund ihrer eigenen Erlebnisse dieses Gesetz geschaffen haben.

Und in Kenntnis des Scheiterns von Weimar!
Auch das. Kluge Leute, Michael, damals in unserem Alter. Ein derartiges Gesetz kann kein Mensch machen, der zwanzig oder fünfundzwanzig Jahre alt ist, sondern das können nur Menschen, die auf einen riesigen Schatz an Lebenserfahrung zurückgreifen können. Das ist die Qualität dieses Grundgesetzes: Es entspringt lebendiger Erfahrung. Das macht seine Wahrheit aus. Dem Geist des Grundgesetzes stand die damalige DDR-Führung vermutlich sehr nahe. Ich meine den ersten Präsidenten Wilhelm

Pieck, dessen bronzene Büste hier hinten bei mir im Garten steht, Parteichef Walter Ulbricht und Ministerpräsident Otto Grotewohl. Das Grundgesetz hielt sie nicht von ihrem Bekenntnis zur deutschen Einheit ab. Vielleicht haben sie deshalb lange am Plan festgehalten. Er stand bei ihnen natürlich unter anderen Vorzeichen, aber mit der deutschen Einheit als Bedingung.

Noch im Januar 1960 gibt es einen Brief von Ulbricht an Adenauer, in dem er Verhandlungen über eine Konföderation zwischen beiden deutschen Staaten vorschlägt. Für Adenauer war jeder Gedanke an Einheit mit Gründung der BRD erledigt.

Für die DDR war die Einheit länger ein Thema als für Adenauer. Sicher entsprang dieser Plan der Position der Schwäche, aber es gab ihn ...

Ich habe beim Studium des Grundgesetzes Passagen entdeckt, die mir widersprüchlich erscheinen. Ich will sie dem Juristen Diestel vorlegen. Schon am Text der Präambel hat mich etwas gewundert. Da heißt es: Die Deutschen in den Ländern ... und jetzt werden alle Länder aufgezählt, auch Sachsen, Sachsen-Anhalt, Thüringen, Brandenburg und Mecklenburg-Vorpommern ... haben in freier Selbstbestimmung die Einheit und Freiheit von Deutschland vollendet. – Wie? Auch die Altbundesländer haben die deutsche Einheit vollendet? Verstehe ich nicht.

Ja, dieses Gesetz in seiner Formulierung von 1949 drückte den Anspruch aus, bis 1989/90 auch für die Ostdeutschen zu gelten.

In diesem Gedanken steckt ein gefährlicher Anspruch: Wir sprechen für euch mit! Das ist ja genau das Problem, weshalb die Einheit nur ein einseitiger Akt und damit unvollendet ist!

Nein, es handelt sich um eine politische Willenserklärung. Das Grundgesetz definiert das Staatsziel. Ausgedrückt wird der darüber liegende Anspruch dieses Gesetzes: Wir gelten für alle. Das ungeteilte Deutschland war der Geltungsbereich, der von Anfang an gesetzt war. Aus diesen Formulierungen sprach ein einiges Deutschland als oberstes Staatsziel.

Das ist richtig, aber ich meine, wir beschäftigen uns in unseren Gesprächen mit der deutschen Einheit ab 1990, und wenn wir jetzt hier lesen, dass Bremen, Hamburg, Hessen und so weiter die Einheit und Freiheit Deutschland vollendet haben, macht mich das stutzig. Ich sehe darin den Anspruch formuliert: Wir sprechen für euch mit! – Siehst du nicht so?

Der ostdeutsche Teil war ja durch Alliiertenrecht an die Sowjetunion gefallen. Revanchistische Nebentöne hat man klugerweise vermieden. Aber am Anspruch, für das gesamte deutsche Volk und zum gesamten deutschen Volk zu sprechen, hielt man durch die Aufzählung der Länder mit ihren Namen, die sie vor der Spaltung trugen, eisern fest.

Mir geht es um den Widerspruch: Sie schreiben im Grundgesetz, die Einheit sei vollendet, das war am 23. Mai 1949, und einen Tag später wird die BRD ohne die sowjetische Zone gegründet. Das bedeutete die Spaltung.

Trotzdem steckt in der Formulierung weitsichtig der Anspruch, dass das Grundgesetz für alle Deutschen gilt. Man hat 1949 nicht gewusst, dass wir 1989/90 immer noch getrennt leben.

Wenn ich den Anwalt und Verfassungsrechtler Peter-Michael Diestel befrage, erlebe ich dich wie beim Thema deutsche Einheit als energischen Verteidiger der Grundrechte …

Ich darf dich unterbrechen: Ich bin mit meinem ganzen Verstand Verfassungsrechtler. Ich bin einer der Väter der

Brandenburger Landesverfassung, die unter Juristen als eine sehr moderne gilt. Sie war die erste Vollverfassung eines deutschen Landes seit 1949 und knüpft an demokratische Traditionen Preußens genauso an wie an den Verfassungsentwurf vom Zentralen Runden Tisch. Von ihm haben wir die Aufnahme sozialer Grundrechte übernommen. Du hast mich gefragt, warum wir nicht schon 1990 eine neue gesamtdeutsche Verfassung durchgesetzt haben und stattdessen die Wiedervereinigung nach dem Beitrittsartikel 23 des Grundgesetzes erfolgt ist. Ja, weil in meiner Amtszeit für eine Verfassungsdiskussion keine Zeit war. In Brandenburg war die Situation zwei Jahre später anders. Viele Menschen im ostdeutschen Brandenburg haben sich damals mit deutschem Verfassungsrecht beschäftigt. Sie hatten die Aufgabe, die Verfassung durch Volksentscheid anzunehmen ... was sie zu 94,04 Prozent getan haben. Das betrachte ich als meinen größten Erfolg im Brandenburger Landtag. Er war in der Zusammenarbeit mit Justizminister Hans Otto Bräutigam eine echte Ost-West-Koproduktion.

Wer hätte gedacht, dass in deinem Herzen als Jurist eine Liebe zu Verfassungen versteckt ist. Was bei einem Nichtjuristen wie mir ausgeschlossen ist. Ich bleibe Gesetzen gegenüber nüchtern. Ich habe im Grundgesetz einen weiteren Widerspruch mit Folgen für die deutsche Einheit entdeckt. Wie ich meine, mit ganz entscheidenden. In Artikel 3 heißt es: Niemand darf wegen seines Geschlechtes, seiner Abstammung, seiner Rasse, seiner Sprache, seiner Heimat und Herkunft, seines Glaubens, seiner religiösen oder politischen Anschauungen benachteiligt oder bevorzugt werden. – Na, Peter, ich denke, jetzt habe ich dich hinter mir. Ostdeutsche wurden und werden wegen ihrer Heimat und Herkunft benachteiligt. Oder siehst du es anders?

Absolut nicht. Es handelt sich um die größte verfassungswidrige Benachteiligung, die es jemals in Deutschland gegeben hat. Es hat noch nie einen derartig massiven Ausschluss von Menschen gegeben wie die Ausgrenzung der Ostdeutschen ...

... und das ist ein Verstoß gegen Artikel 3?

Gegen diesen und auch gegen andere Artikel, aber natürlich gegen Artikel 3 in allererster Linie. Sie werden ausgegrenzt, weil sie Ostdeutsche sind ...

Wegen ihrer Heimat und Herkunft!

Und das Schlimme ist, die Ostdeutschen lassen es mit sich geschehen, denn sie haben kein grundsätzliches Misstrauen gegen diesen Staat. Sie führen nichts Umstürzlerisches im Schilde. Die Ostdeutschen lieben dieses Grundgesetz. Warum werden sie von der Einheit ausgeschlossen? Sie werden es, weil der Westen in der Stunde der Wiedervereinigung nur die 108 000 Quadratkilometer, die Immobilien, die Wirtschaftskraft und nicht die Menschen gesehen hat. Die Menschen werden wie eine ins Grundbuch eingetragene Hypothek betrachtet. Das ist die politische Dummheit, die unter Helmut Kohl begonnen hat und später mit Angela Merkel perfektioniert wurde. Man hat Argwohn gegen die Ostdeutschen geschürt, man hält sie für suspekt. Dass sie vierzig Jahre unter kommunistischen Verhältnissen gelebt haben, macht sie in den Augen der Westdeutschen zu zweitklassigen Deutschen.

Es passt so gut: Ich darf an dieser Stelle die Aussage des ehemaligen Ost-Beauftragten Marco Wanderwitz einschieben. Man erinnere sich, der Mann, der von der Bundesregierung eingesetzt war, um die Interessen der Ostdeutschen zu vertreten, stufte sie in ihrem Demokratieverhalten zu zweitklassigen Deutschen herunter. Im Juni 2021 formulierte der Mann, der selbst ein Ostdeutscher aus Chemnitz ist, dass wir es bei ihnen mit Menschen zu tun haben, die auch nach

dreißig Jahren noch nicht in der Demokratie angekommen
sind. Und warum nicht? Seine Begründung: Weil sie dikta-
tursozialisiert sind. Peter, da kann ich mich deinem Zorn auf
dumme Politiker nur anschließen. Die Ostdeutschen haben
sich nichts mehr gewünscht als Demokratie. Vierzig Jahre
Wahlen als Zettelfalten, eine Meinungsfreiheit, die es nur
in der eigenen Wohnung gab, vorausgesetzt, sie war nicht
verwanzt. Wie kann man sagen, dass sie nicht in der Demo-
kratie angekommen sind. Verstehst du das?

Für diese Demokratie sind sie im Herbst '89 auf die
Straße gegangen. Sie haben bei den ersten Schritten zur
deutschen Einheit gemerkt, dass sie sich für die Demokratie nichts kaufen können, denn ihr demokratischer Wille
war gar nicht gefragt, sondern ihr Grund und Boden, ihre
Immobilien und oft auch ihre Arbeitsplätze.

Aber anstatt sie für die Demütigungen in Schutz zu neh-
men, die ihnen der Paternalismus der Sieger in den ersten
Jahren der deutschen Einheit zugefügt und wenig von ihrem
demokratischen Willen übriggelassen hat, wirft der Ost-Be-
auftragte ihnen vor, sie seien nicht in der Demokratie ange-
kommen. Ist das nicht Hohn?

Es ist Hohn, Michael. Es war falsch, die Kreativität und
den Mut und die Zivilcourage der Ostdeutschen nicht genutzt zu haben. Deshalb ist man auf die dumme Idee mit
der Ausgrenzung gekommen. Begründet wurde sie ganz
einfach: Ostdeutsche waren Stasi, waren SED, haben auf
einem Misthaufen gelebt und haben die Welt nur durch
Stacheldraht und durch Gefängnisgitter betrachtet. Diese
Beurteilung glich einem Führungszeugnis, das nicht ausreichte, um die Ostdeutschen gleichberechtigt an der deutschen Einheit zu beteiligen. Ich fürchte, viele Ostdeutsche
wissen nur zu gut, was sie tun, wenn sie sich in manchem
Verhalten, auch Wahlverhalten, quer zur westdeutschen
Mehrheit legen. Ausgrenzung macht frei. Wer das Gefühl

hat, abgeschrieben zu sein, gefällt sich in der Rolle des unberechenbaren Außenseiters. Ohne diesen erweiterten Gleichheitsgrundsatz: »Jeder schuldet jedem die Anerkennung seiner Würde« werden wir die deutsche Einheit schwerlich vollenden. – Weißt du, woher dieser Satz stammt: Jeder schuldet jedem die Anerkennung seiner Würde?

Nein.

Aus der Brandenburger Landesverfassung. Er steht in Artikel 7 und hat eine funktionierende deutsche Einheit im Blick.

Bei unserer Diskussion über das Grundgesetz haben wir einen entscheidenden Fehler gefunden, warum wir mit der deutschen Einheit nicht vorankommen. Der Fehler steckt nicht im Grundgesetz, sondern in dem Umgang damit.

Das ist meine Rede seit dreißig Jahren. Nur deutsche Gerichte haben das Recht, Menschen auszugrenzen.

Für die deutsche Einheit gilt die in Artikel 3 versprochene Gleichberechtigung nicht. Wäre sie nicht in Karlsruhe vor dem Bundesverfassungsgericht einklagbar?

Ja, natürlich.

Warum machst du es nicht?

Ich habe unendlich viele Prozesse geführt, die alle in diese Richtung gingen. Du brauchst eine rechtliche Voraussetzung, die muss wasserdicht sein. Benachteiligung wegen Herkunft und Heimat. Das ist in einem arbeitsrechtlichen Verfahren gar nicht so eindeutig feststellbar. Dann musst du von Instanz zu Instanz durchprozessieren, um am Ende vors Bundesverfassungsgericht zu dürfen. Ich sehe in diesem Zusammenhang etwas, was mit dem Gerichtsverfassungsgesetz, das auf verfassungsrechtlichen Grundsätzen beruht, nicht vereinbar ist.

Was?

Die Bestimmung, dass jeder Mensch das Recht auf seinen Richter hat. Ich habe Tausende Verfahren in Stasi-Sachen, in Abwicklungsentscheidungen wegen SED- und Staatsnähe geführt. Immer vor altbundesdeutschen Richtern. Immer ist der Rechtsgrundsatz, wonach die Menschen das Recht auf ihren Richter haben, missachtet worden. Wir wissen doch, dass sich viele, die nicht wie wir im Osten groß geworden sind, abfällig und von oben herab über ostdeutsche Lebensläufe geäußert haben. Werden sie dann unsere Richter, ist Voreingenommenheit möglich. Das ist verfassungswidrig und dumm.

Aber man könnte damit nach Karlsruhe gehen?

Ich wüsste nicht, wie ich den Klageansatz formulieren sollte. Ich wüsste nicht, wie ich klagen soll, dass ausschließlich Richter aus Kiel und Hamburg und Hannover im Osten die Oberlandesgerichte und Staatsanwaltschaften besetzen. Mensch Michael, dass ist doch im Bundesverfassungsgericht genauso. Eine Richterin mit ostdeutscher Herkunft haben sie 2021 berufen, nach einunddreißig Jahren eine. Entsprechend dieser erbärmlichen Quote entscheiden sie. Meinst du, die werden ihren westdeutschen Richter-Kollegen von Schwerin bis Dresden in den Rücken fallen? Die nahezu geschlossene Gesellschaft von West-Richtern existiert in der gesamten Justiz des Ostens. Natürlich werden auch Ossis im Westen bei den Gerichten eingestellt ...

Siehst du!

Aber als Sicherheitsleute an der Pforte und als Kaltmamsell in der Kantine. Ich habe dem Bundespräsidenten mein Buch »In der DDR war ich glücklich. Trotzdem kämpfe ich für die deutsche Einheit« zugeschickt ...

Wie hat Steinmeier reagiert?

Gar nicht, das Büro hat mir seinen Dank übermittelt. Alles sei hochinteressant, was ich schreibe. Ich habe mit Schäuble drüber geredet. Derselbe Kommentar: alles hochinteressant. Aber ändert es etwas an der Ausgrenzung? Sie hat dazu geführt, dass die Menschen im Osten nicht in Deutschland angekommen sind. Man will sie nicht haben.

Was nicht folgenlos bleibt. Wenn Menschen erst einmal erkennen, dass ihr Schicksal auch das Schicksal anderer ist, kann es sein, dass sie sich zusammentun.

Was du am Wahlverhalten der Ostdeutschen siehst. Warum sagen viele Ostdeutsche, wir wollen nicht nach Europa, wir wollen erst mal in Deutschland ankommen. Aber die Türsteher haben uns ja noch gar nicht eingelassen. Denn überall, wo wir einen Antrag stellen, wo wir was wollen, sitzen Altbundesdeutsche. Wenn sie dann angekommen sind, dann kann man mit ihnen auch über Europa reden.

Artikel 5 lohnte aus meiner Sicht auch noch einmal eine Debatte. Er lautet: Jeder hat das Recht, seine Meinung in Wort, Schrift und Bild frei zu äußern und zu verbreiten und sich aus allgemein zugänglichen Quellen ungehindert zu unterrichten. Weiter heißt es: Die Pressefreiheit und die Freiheit der Berichterstattung durch Rundfunk und Film werden gewährleistet. Eine Zensur findet nicht statt. – Das ist Artikel 5, den ich noch mal zitiert habe. Wenn es heißt: Jeder hat das Recht, seine Meinung frei zu äußern, dann muss ich, der ja mit einem Bein auch Journalist ist, aus der Beobachtung der Medien feststellen, dass er dieses Recht eben oft nicht hat. Wenn seine Meinung nicht in das Meinungsbild der Redaktion oder Chefredaktion passt, wird's zumindest schwer. Dann bleibt für Meinungs-Außenseiter nur noch Stammtisch, oder?

Das ist einer der wichtigsten Artikel im Grundgesetz, Meinungsfreiheit, die Freiheit des Denkens und des Handelns ...

... die haben wir. Niemand wird wie zu früheren DDR-Zeiten kommen und dir deine aufmüpfige Meinung vorhalten. Darum geht es nicht. Aber finden vom Mainstream abweichende Meinungen wirklich ihren Weg in die Medien?

Ich habe dir meine Erfahrungen mit der Pressefreiheit bereits geschildert. Nach einem langen Interview mit mir wurde Russian Today bei Youtube gesperrt, und aus der MDR-Talkshow Riverboat haben sie mich rausgeschnitten, zumindest für einen Tag. Wir sind kein Land der Zensur, aber niemand sage, es gäbe sie nicht ...

Der MDR hat immerhin einen Rückzieher gemacht.

Und sich sogar entschuldigt. Aber wären Dutzende Zuschauer und ich ihn nicht angegangen, hätte er es dann auch getan? Vielleicht hat zuerst jemand aus der Politik bei ihnen angerufen und gesagt: Das müsst ihr rausschneiden! Und dann, als klar wurde, es wird nicht schweigend hingenommen, hat ein anderer bei ihnen angerufen und gesagt: Das müsst ihr wieder reinschneiden! Das ist dieser dümmliche Kadavergehorsam, der sich nicht am Grundgesetz stößt und gar nicht begreift, dass er Zensur ausübt. Pressefreiheit heißt, dass die Medien die Aufgabe haben, die Menschen wahrheitsgemäß zu informieren. Ich habe nicht zehn, nicht zwanzig, sondern Hunderte Verfahren geführt, wo meine Person öffentlich in Deutschland diffamiert wurde. Diestel war Stasi-Oberst, Diestel war KGB-Oberst. Sogar in zentralen Medien abends 20 Uhr. Mir wurden Dinge unterstellt, die einfach perfide waren und gegen die ich mich juristisch gewehrt habe. Ich hatte das Glück, sie zusammen mit dem legendären Hamburger Rechtsanwalt Dr. Heinrich Senfft alle zu gewinnen und

Schmerzensgelder zu bekommen. Aber dahinter steckt natürlich die Methode, Diestel in den Medien totzuschreiben, ihn mit Dreck zu bewerfen, denn irgendwas wird hängen bleiben. Ich bin psychisch stark genug und weiß mir als Anwalt zu helfen, aber wer das nicht kann, was macht der?

Auch wenn es zu meinen Erfahrungen gehört, dass es nicht-konforme Meinungen schwer haben, die Medien zu erreichen, so bin ich weit entfernt zu denken, es sei schon wieder wie in der DDR. In der DDR gab es keine Meinungsfreiheit und dafür eine wirklich perfide Gesinnungsschnüffelei. Immer, wenn Meinungsfreiheit heute angetastet wird, darf das nicht an der DDR gemessen werden, oder?

In der DDR sind wir nicht informiert worden. Durch das Weglassen von Informationen hatten wir ein Defizit an Erkennbarkeit der Wahrheit. Heute ist es anders. Heute werden ganz normale Dinge einfach verlogen dargestellt. Also, ich kann nur sagen, mich hat mein Beruf letztendlich unangreifbar gemacht. Mich greift keiner mehr an mit einer simplen Lüge, das traut sich keiner. Aber es war ein langer Weg, und den können viele nicht durchhalten. Ich bin ein Fan von SPIEGEL-Gründer Rudolf Augstein. Er war ein entschlossener Kämpfer für die Wiedervereinigung und ein unerschrockener Journalist! Kurz vor der Maueröffnung hat er im SPIEGEL dem damaligem Chefredakteur Erich Böhme widersprochen, der einen Kommentar mit dem Kernsatz: Ich möchte nicht wiedervereinigt werden! verfasst hatte. Den Nutzen der Zahnbürste hat Augstein schon 1962 erfahren, als er und sieben Mitarbeiter für hundertdrei Tage in U-Haft gehen mussten. Franz Josef Strauß hatte versucht, ihnen Landesverrat anzuhängen. Das muss der Anspruch eines Journalisten sein. Immer die Zahnbürste mitnehmen, ich habe immer die Pflicht, dem Volk die Wahrheit mitzuteilen, auch wenn es für mich unbequem wird. Das war in der DDR auch mit Zahnbürste nicht möglich. Es gab einfach keine Pressefreiheit in der Verfassung, auf die man sich berufen konnte.

Bei Augstein und der SPIEGEL-Affäre war es ja so, dass zwei Grundgesetzartikel sich gegenseitig blockiert haben: die Pressefreiheit auf der einen Seite und die Abwehr von Landesverrat auf der anderen. Strauß hat versucht, die Veröffentlichungen des SPIEGEL als Landesverrat hinzustellen, und das Gericht hat die Pressefreiheit darüber gestellt. Es war doch so?

Wenn der Staat sich herausnimmt, grundgesetzwidrig zu handeln, dann helfen in einer Demokratie Gerichte. Mit Hitlers Machtübernahme 1933 haben der Staat und seine Gerichte Verbrechen legalisiert. Aber in dieser Zeit war Deutschland keine Demokratie. In einer Demokratie muss der Journalist gegen grundgesetzwidriges Handeln vorgehen. Er ist Teil der vierten Gewalt. Als der damalige Bundespräsident Christian Wulff versucht hatte, eine negative Veröffentlichung über ihn in der Bild-Zeitung zu verhindern, stand die Frage im Raum, ob dies eine Einschränkung der Pressefreiheit bedeutet hätte. Solche Fragen werden in unserer Demokratie nicht vertuscht, und der Betroffene hat das Grundgesetz hinter sich. Ganz anders als in der DDR, wo Gesetze zuerst den Staat schützten. Zu sagen: Die Wahrheit wird gebeugt wie in der DDR!, ist Ausdruck großer Dummheit.

Weil in der DDR keine Meinungsfreiheit bestand.

Es gibt auch bei uns Grund zur Sorge um die Meinungsfreiheit. Wir haben in Deutschland zwar viele Zeitungen, aber viele sind in der Hand weniger Medien-Konzerne. Die Wahrheit darf nicht in wenigen Händen liegen, die allen Zeitungen denselben Mantel geben und nur der Lokalteil, die Todesanzeigen und die Sportberichte unterscheiden sich. Das sind Anfänge einer Gleichschaltung. Die Großen haben sogar gemeinsame Rechercheteams.

… um noch wirklich zu recherchieren, wozu der Redakteur XY an seinem Schreibtisch im Großraumbüro aus Zeitmangel nicht mehr kommt. Ist doch ein sinnvoller Weg aus der Zeitungskrise. Aber du siehst es anders?!

Wenn ein Rechercheteam für ein Dutzend Medien festlegt, welche Themen recherchiert und aufgedeckt werden, verliert die Wahrheit. Dieses Rechercheteam macht sicher gute Arbeit, aber es dominiert die gesamte Medienlandschaft. Das darf nicht sein.

Du meinst, die Suche nach Wahrheit unterliegt einer Auswahl? Ein durchaus unschöner Umstand, aber einen Vergleich nach dem Muster: Wie in der DDR! halte ich trotzdem nicht für zulässig, oder?

Es ist nicht wie in der DDR, aber das Thema Ausgrenzung wird von dieser Selektionspraxis berührt. Ich habe meine westdeutschen Partner beim BND und bei anderen Behörden von brisanten Aktenfunden aus dem Bestand der Stasi informiert und alles übergeben. Meine Absicht war es, ihnen zu sagen, dass es um einiges verwerflicher ist, wenn man sich als jemand, der in einer freiheitlich-demokratischen Rechtsordnung lebt, der Stasi als Informant ausliefert. Aber verwendet wurden die Akten nicht. Sie enthielten offenbar zu brisante Angaben zu westdeutschen Politikern, die sich für die Stasi haben verpflichten lassen. Das Wissen darüber verschwand im Panzerschrank.

Auch in diesem Fall wurde mit zweierlei Maß gemessen. Diese Schonung erfuhren Ostdeutsche nicht. Dagegen ließen sie die Sündenfälle ihrer Leute unter den Tisch fallen.

Nicht nur die Behörden, auch zentrale Medien, die ebenfalls davon Kenntnis haben. Bis heute hat keiner berichtet. Ist das eine Staatsraison? Ist das zulässig? Ich sage dir, es ist nicht zulässig.

Weil wir noch bei der Frage sind, ob diese Praktiken denen der DDR ähnlich sind, stoßen wir zumindest auf einen ähnlichen Umgang mit der Wahrheit: Irgendwo gibt es eine Instanz, die entscheidet, welche Wahrheit lassen wir raus und welche Wahrheit halten wir zurück. Das war in der DDR gang und gäbe, und das, sagst du, kann es in der Bundesrepublik bei heiklen Fällen auch geben. Plötzlich drängt sich mir das Bild vom Glashaus auf, aus dem niemand mit Steinen werfen soll, auch nicht die bundesdeutschen Behörden, die gern die DDR als Unrechtsstaat vorführen. Das Grundgesetz ist seit dem 3. Oktober 1990 für alle da. Danke, Peter, für die Aufklärung von einem, der vom Grundgesetz begeistert ist.

IX
Diestel als Anwalt der Ostdeutschen oder Wie doch mit Ansehen der Person geurteilt wird

Ich hoffe, wir sind mit unserem Gespräch über das Grundgesetz ein wenig auf juristisches Gebiet vorgestoßen, denn jetzt folgt in einem »praktischen Teil« quasi die Anwendung unseres frischen Wissens. Mich interessieren Prozesse, die gegen Ostdeutsche geführt worden sind. Es ging um tatsächliche oder vermeintliche Tätigkeit für die Stasi, es geht um berufliche Zurückstufungen, unberechtigte Evaluierungen und vieles andere mehr. Diestels Wort vom Ausschluss Tausender Ostdeutscher aus dem wiedervereinigten Deutschland wurde umgesetzt, weil deutsche Gerichte nach 1990 eben doch nach Ansehen der Person geurteilt haben. Dabei heißt es im Richtereid eindeutig: Ich schwöre, das Richteramt getreu dem Grundgesetz und getreu dem Gesetz auszuüben, nach bestem Wissen und Gewissen ohne Ansehen der Person zu urteilen und nur der Wahrheit und Gerechtigkeit zu dienen, so wahr mir Gott helfe. – Gott half diesen Richtern aber nicht, und so wurde Diestel nicht nur in Reden und Büchern, sondern auch im Gerichtssaal zum Anwalt Ostdeutscher.

Wir rufen den ersten Beschuldigten in den Zeugenstand: den ehemaligen Sportreporter der DDR Heinz Florian Oertel. Was wurde ihm vorgeworfen?

Seinen Lebenslauf will ich als bekannt voraussetzen. Er kam eines Tages zu mir in die Kanzlei, natürlich kannte ich ihn persönlich schon aus verschiedenen Kontakten. Er war einer der führenden Sportjournalisten in der DDR, vielleicht sogar der Nestor des Sportjournalismus in Deutschland. So weit kann man gehen, weil kluge, weltanschaulich offene Journalisten aus dem Westen das durchaus so sehen. Er kam zu mir ...

... etwa wann?

Muss ich nachgucken. Ich würde sagen, es war um das Jahr 2000. Er wurde von einem ostdeutschen Historiker der Stasi-Tätigkeit bezichtigt. Er hat behauptet, Oertel sei IM gewesen. Es gab mit der Staatssicherheit Kontakte, die weit über das Normale in der DDR hinausgegangen sind. Daraufhin kam Oertel zu mir. Als ich mich in seinen Fall eingearbeitet hatte, habe ich sofort geklagt.

Hatte der Historiker sein Material zu diesem Zeitpunkt schon veröffentlicht?

Es war bereits veröffentlicht worden. Darunter hat Oertel extrem gelitten. Ich habe ihn in allen Verfahren vertreten.

Also der Rufmord lief schon?

Der Rufmord lief. Es handelte sich bei ihm um ein Problem, das ich von ähnlichen Fällen kenne. Andere Leute haben über Oertel berichtet. Natürlich war im Rundfunk der DDR jemand für die Sicherheit zuständig. Der wird über ihn berichtet haben. Oertel war seit den fünfziger und sechziger Jahren regelmäßig zu Wettkämpfen ins westliche Ausland als Berichterstatter gefahren, was immer als sicherheitsrelevant eingeschätzt worden ist.

Reisen, die ihn möglicherweise zum Bericht verpflichtet haben? Es war ja oft so, dass Leute, die Reisekader waren, über ihre Reisen Berichte zu schreiben hatten. Davon ging sicher auch ein Durchschlag an die Stasi ...

Jeder Dienstherr auf der ganzen Welt verlangt von dir, wenn du eine Dienstreise unternimmst, darüber zu berichten. Mit wem hast du dich getroffen? Hatten die

Gespräche einen dienstlichen Inhalt usw. Das ist in der Wissenschaft und Wirtschaft Usus. Das heißt aber nicht, dass es sich um geheimdienstliche Berichte handelt. Er hat natürlich über seine Weltmeisterschaften ...

Das ist die Frage, wer ihn beauftragt hat, ob der Arbeitgeber das MfS war?

Das MfS hat ihn nie beauftragt, aber die haben ihn natürlich im Blick gehabt. Die Stasi wird ihn so eingeschätzt haben, dass er als unangefochtene Nr. 1 im ostdeutschen Sportjournalismus keinen Grund besaß, das Land zu verlassen. Oertel hätte die DDR nie im Stich gelassen. Er war genauso unzufrieden wie viele andere auch, hat gemault, ist vielleicht auch ein bisschen arrogant aufgetreten und hat die große Klappe gehabt. Kann alles sein, aber er hätte nie das Land verlassen. Ich wäre übrigens auch nie abgehauen, meine vier Brüder ebenfalls nicht. Wir haben dieses Land als unser Vaterland betrachtet und hatten nie die Absicht, es den Kommunisten zu überlassen. Aber bei diesen Paranoikern von der Stasi kannst du schnell in den Verdacht geraten. Oertel kam in den Verdacht. Er wurde in mehreren Zeitungsberichten als Stasi-IM bezeichnet. Es konnten aber keine Beweise vorgebracht werden, eine IM-Verpflichtung schon gar nicht. Ich habe alles für ihn gewonnen, obwohl die Gauck-Behörde eine furchtbare Bewertung über ihn ausgestellt hatte. Aber auch die bezog sich nicht auf stichhaltige Belege. Wir standen auf dem Weg durch die Instanzen am Schluss vor dem Bundesverwaltungsgericht. Richter und Beisitzer vorn, Oertel, meine Wenigkeit als Anwalt und dann die gegnerischen Anwälte. Oertel ist von diesen Richtern völlig unvoreingenommen und mit großem Respekt behandelt worden. Er ist ein Mann von fast zwei Metern. Stand immer auf, wenn er gefragt wurde. Der vorsitzende Richter war ein honoriger Mann, ich erinnere mich genau an seine Worte: Herr Dr. Oertel, bitte bleiben

Sie sitzen! Dieser berühmte Mann ist seiner Lebensleistung entsprechend behandelt worden. Plötzlich ist das passiert, was ich noch nie im Gericht erlebt habe. Der vorsitzende Richter hat gebeten, die Verhandlung für zwei Minuten unterbrechen zu dürfen. Wir wussten nicht warum. Er kam mit einer Flasche Selters und einem Glas zurück und hat meinem Mandanten die Flasche Selters und das Glas hingestellt. Das hatte ich noch nie in einem deutschen Gericht erlebt. Es war eine großzügige Geste. Sie prägt noch heute mein Verhältnis zur deutschen Richterschaft. Sie stand im krassen Gegensatz zu den pampigen Bemerkungen der anderen Seite, die die Integrität Oertels in Zweifel zu ziehen versuchte. Das hat der Richter mit seiner Geste nicht zugelassen. Also ich muss dir sagen, nicht alle Verfahren, die ich für Ostdeutsche geführt habe, waren von einer herabwürdigen Haltung der Richter bestimmt.

Ja, das muss auch zur Sprache kommen. Die Ausnahme erst bestätigt die Regel.
Ich habe viele, viele Verfahren, vor allem vor sächsischen Gerichten, wo baden-württembergische und bayrische Richter den Vorsitz hatten, erfolgreich geführt. Ich hatte es mit Richtern zu tun, deren Rechtsausbildung im positiven Sinne konservativ war. Viele Richter habe ich erlebt, die mir gesagt haben: Herr Dr. Diestel, wir sehen das so wie Sie. Der Mensch, den Sie vertreten, hat nicht unsere Sympathie, aber wir müssen rechtsstaatlich entscheiden.

Wer war in dem Oertel-Prozess der Kläger? War das Oertel?
Er hat gegen presserechtliche und verwaltungsrechtliche Verstöße geklagt. Wir haben die Verleumdungen aus der Welt geschafft. Dass die Stasi ihn ohne sein Wissen als »gesellschaftlichen Mitarbeiter« geführt hat, muss er nicht verantworten. Ihm daraus einen Strick zu drehen, war infam. Aber leider war Oertel nicht das einzige Beispiel.

Und die Gegenseite? Wer war das?

Verschiedene deutsche Zeitungsverlage, die es einfach nicht hinnehmen konnten, dass es helle Köpfe im Osten gegeben hat, die nicht Stasi waren. Man hat es bei allen probiert. Bei mir hat man erst damit aufgehört, als der letzte infrage kommende Aktenordner geröntgt war. Warum diese besondere Leidenschaft, ostdeutsche Multiplikatoren zu verunglimpfen?

Glaubst du, dass sich die Leitmedien im Westen bevorzugt solche Personen rausgepickt haben, die bei Ostdeutschen hohes Vertrauen genossen? Mit dem Ziel, sie öffentlich vorzuführen: Schaut mal, was für zweifelhaften Menschen ihr hinterhergelaufen seid? Beispielsweise Oertel.

Ich kenne so schnell keinen Fall einer ostdeutschen Geistes- oder Kulturgröße, die über die Landesgrenzen hinaus bekannt war, bei der sie es nicht wenigstens versucht hätten. Sogar bei Kurt Masur. Es hatte 1972 einen Autounfall gegeben, bei dem Masur am Steuer saß und seine erste Frau ums Leben kam. Natürlich wollte der international angesehene Gewandhauskapellmeister nicht, dass das öffentlich verwendet wurde. Über den Hergang des Unfalls gab es verschiedene Versionen. Aber die Stasi hatte etwas gegen ihn in der Hand, was ihm öffentlich geschadet hätte. Es hat Gespräche gegeben, und die wurden aktenkundig. Aber Masur war ein unabhängiger Kopf, er hat sich auf nichts eingelassen. Trotzdem hätte sich ein emsiger Rechercheur finden können, der daraus eine Stasi-Geschichte über Masur macht.

Ich will noch kurz bei Oertel bleiben. Wie hat der Anwalt Diestel seine Prozessstrategie aufgebaut? Wie bist du vorgegangen?

Ich habe die Beweisanträge in Zweifel gezogen. Ich habe die Berichte der Staatssicherheit, die wir über die Gauck- oder Birthler-Behörde ausgedünnt bekommen haben, als das bezeichnet, was sie waren: Berichte von Mitarbeitern und Führungsoffizieren, die mit diesen Berichten ganz persönliche Interessen verfolgt haben. Es ging nicht um die Wahrheit, sondern in der Mehrheit der Fälle ging es um das Interesse an der eigenen Karriere. Und für die günstige Beeinflussung der Karriere musste in den Berichten natürlich auch etwas Bedeutendes berichtet sein, ob derjenige das nun gesagt hat oder nicht.

Ist das Gericht deinem Zweifel an der Wahrheit von Stasi-Akten gefolgt?

In der Mehrzahl der Fälle ist das Gericht mir gefolgt. Man kann die Stasi nicht auf der einen Seite verteufeln und auf der anderen als Wahrheitsbringer benutzen. Wenn meine Strategie keinen Erfolg hatte, habe ich versucht, Menschen ausfindig zu machen, die diese Berichte verfasst hatten. Ich habe sie als Zeugen vorladen lassen, und sie haben bestätigt, dass sie in einem Abhängigkeitsverhältnis zu ihren Vorgesetzten standen, was oft genug den Wahrheitsgehalt der Berichte beeinflusst hat. Bei Oertel lag der Fall so, dass er ohne sein Wissen abgeschöpft wurde. Man kann nicht von einer Zusammenarbeit sprechen, wenn eine Seite davon nichts weiß.

Wie sehr hat ihn dieser Prozess, bei dem immerhin sein Ruf auf dem Spiel stand, berührt?

Mit über achtzig Jahren vor Gericht zu stehen und um das Lebenswerk kämpfen zu müssen, hat ihn schwer mitgenommen. Was wird Menschen zugemutet, was hat ihm dieser Historiker, der ihn öffentlich als Stasi-Spitzel bezeichnet hat, angetan. Warum machen Menschen das?

Gute Frage. Was sie tun, ist schäbig, wenn sie Denunziation mit Denunziation entgelten. Suchen sie öffentliche Aufmerksamkeit?

Das Unrecht, das ich dabei erlebt habe, hat mich so entschlossen gemacht, für Mandanten, die mich damit beauftragen, vor Gericht zu gehen. Sind diese schmutzigen Geschäfte des Historikers, den Namen erspare ich uns, nicht eine noch viel schlimmere Denunziation, weil sie ohne Druck und Erpressung stattgefunden hat? Oertel wurden enge Kontakte zur Stasi vorgeworfen und die Tatsache, dass er sie verschwiegen hat. Die Staatssicherheit ist nicht rumgerannt und trug ein Namenskärtchen am Jackett mit der Aufschrift: Ministerium für Staatssicherheit, Oberleutnant Sowieso. Ein Geheimdienst tritt geheim auf, der tritt konspirativ auf. Also konnten viele gar nicht wissen, mit wem sie reden. Oertel ist nicht der erste und letzte Fall, bei dem die Stasi Menschen ohne deren Wissen abgeschöpft hat. Diesen Fällen hat sie den perfiden Namen: Gesellschaftlicher Mitarbeiter gegeben. Was ist das?

Als ihr den Prozess gewonnen habt, war damit die Welt für ihn wieder in Ordnung?

Ganz sicher nicht. Aber er war dankbar über den Ausgang des Verfahrens. Eine Wunde dürfte geblieben sein, denn nicht jeder, der vom Verdacht gegen ihn gelesen hat, hat dann später auch von seinem Freispruch gelesen. Das ist immer so. Das Wort Stasi ist so sehr mystifiziert, immer bleibt etwas zurück.

Ein Verdacht ist schnell gestreut und wird selten vergessen.

Natürlich gab es aktive Formen der Zusammenarbeit, bösartige, die von Berichten Betroffene ins Gefängnis gebracht haben. Aber es gab viel mehr die Fälle, bei denen erst die Stasi es war, die Menschen in einen Konflikt gebracht hat, damit sie sie benutzen konnte. Die Stasi ist nicht doof gewesen. In einem Land, das seine Bürger nicht in den Westen reisen lässt, sind Westreisen wunderbare Lockmittel ...

Du sprichst von Leuten, die ihre Westreise mit Berichten bezahlt haben?

Das ist eben das Perfide. Wenn du dir das Psychogramm von Heinz Florian Oertel anguckst, weißt du, der hätte nie sein Vaterland, nie sein kleines Haus in Pankow im Stich gelassen, er hätte nie seine Frau im Stich gelassen.

Ich weiß, dass du dich für Peter Porsch wegen der Stasi-Vorwürfe gegen ihn eingesetzt hast. Ich war mit ihm befreundet. Begegnet waren wir uns im Studententheater der Leipziger Uni. Wir hatten den österreichischen Dramatiker Jura Soyfer für uns entdeckt. Er hat wunderbare Kleinkunst-Revuen mit Szenen und Liedern geschrieben, mehr Wiener Cabaret als große Dramatik. Das erste Stück von Soyfer, das wir aufführten, hieß »Weltuntergang«. Ich bekam wegen meiner halben österreichischen Herkunft die Hauptrolle, brachte aber als Rostocker den Dialekt nur höchst dilettantisch. Für Peter Porsch, der an der Leipziger Uni als Professor mit Geburtsort Wien eine exotische Figur war, war der Dialekt die Muttersprache. Wir haben ihn so lange umworben, bis er zusagte, im nächsten Stück von Jura Soyfer eine Rolle zu übernehmen. Porsch war in Gesprächen am Rande der Proben, wenn die Rede darauf kam, nie einer, der die DDR verherrlicht hat, sondern immer ein kritischer Kopf. Er hat seinen Widerspruch in Wiener Schmäh verpackt. Ich kann mich nicht erinnern, dass er ideologisch aufgetreten wäre. Seine charmante Weltoffenheit, die bei ihm schon im Dialekt lag, zog an. Später ging er in die Politik, wurde in Sachsen Vorsitzender der PDS und dann der LINKEN und Landtagsabgeordneter. Das hat dann die Stasi-Jäger angelockt, die feststellen wollten, ob da etwas war. Und es war etwas. Was hat man ihm vorgeworfen?

Den Prozess für Porsch habe ich bis zum Bundesgerichtshof geführt. Als ich ihn kennenlernte, war er bereits der starke Mann der sächsischen Linken im Landtag. Er war ein sehr guter Rhetoriker. Mit seinem österreichischen Charme konnte er alles sagen und du hast hingehört. Porsch kam eines Tages zu mir nach Zislow, gerade in einer Phase, als ich mit Presserecht und Urheberrecht überlastet war und keine freien Kapazitäten mehr besaß. Zu diesem Zeitpunkt hat sich mein heute bester Freund, der führende deutsche Presse- und Urheberrechtler Dr. Sven Krüger, von seiner damaligen Kanzlei getrennt. Ihn habe ich um Hilfe gebeten, denn es gab eine Riesenmenge an Gegendarstellungen und Unterlassungsklagen, die für Professor Porsch durchzustehen waren. Weil er Österreicher war, benutzte die Staatssicherheit den Kontakt zu ihm, der deshalb über das Normale hinausgegangen ist. Ich will nicht in Details gehen.

Die Situation, dass ein Österreicher, der in der DDR lebt, die Stasi auf sich zieht, ist mir bekannt. An mir war die Stasi interessiert, weil sie hoffte, einen Nutzen aus der Doppelexistenz als DDR-Mensch und Österreicher ziehen zu können. Sicher hat sie sich auch deshalb an Porsch rangemacht und es gab Kontakte ...

Kontakte hatte er, aber die lagen nicht im juristisch vorwerfbaren Bereich. Stasi-Jäger wollen den, über den sie Akten gefunden haben, nur an den Pranger stellen. Für mich als Anwalt geht es um die Prüfung, ob die Kontakte juristisch relevant sind. Porsch war Fraktionsvorsitzender der LINKEN im Landtag, er begann gegen den übermächtigen Kurt Biedenkopf kluge Politik zu machen. Die LINKEN waren noch nie so stark in Sachsen wie unter Peter Porsch. Die öffentlichen Stasi-Vorwürfe bedrohten seine Existenz. Die Uni hatte ihn sofort als Professor entlassen. Dabei gab es keine Akten. Porsch war wie du an der Angel der HV Aufklärung. Ich habe seine ehemaligen Führungsoffiziere als Zeugen benannt. Bis auf eine Unterlassungsklage haben wir alles für ihn vor Gericht durchbekommen. Wir haben ein extrem positives Prozessergebnis für ihn erstritten. Trotzdem galt er als Politiker der LINKEN in den Medien als verbrannt, weil der Vorwurf des Stasi-Kontakts grundsätzlich nicht zu bestreiten war. Es gilt, was ich schon in deiner Sache gesagt habe: Er war berührt und fortan ein Aussätziger, zur Ausgrenzung freigegeben.

Seine Karriere war zu Ende?

Die Karriere war zu Ende. Ab jetzt hing am Namen Professor Peter Porsch zusätzlich das Wort Stasi. Das mussten sie nicht einmal mehr aussprechen. Das ist eine klassische Stigmatisierung, Michael.

Es ging nicht um den Vorwurf, dass an der Uni andere durch ihn Schaden genommen hätten? Das kann ich mir bei ihm nicht vorstellen!

Darum ging es nie. Es geht nie darum, ob diese Menschen etwas Vorwerfbares gemacht haben, es geht nur darum, ob es Kontakt zur Stasi gab. Hatten sie Kontakt, wurden sie geächtet. Ich weiß nicht, ob man klar sagen kann, dass für sie die grundgesetzlich geschützte Menschenwürde noch in vollem Umfang gilt? Ich denke nicht. Damit hatte ich als Anwalt zu tun.

Für mich gibt es besonderen Grund, mit ihm solidarisch zu sein. Er war wie ich ein Österreicher in der DDR, er war in unserer gemeinsamen Theaterzeit ein wirklicher Freund. Als er nach der Wende in die Politik eingestiegen war, hat er von seinen Abgeordneten-Diäten einen Teil für unseren neugegründeten Amateurtheaterverband gespendet. Wenn man über Porsch sagt, er hatte einen Stasi-Kontakt, dann konnte das doch nicht seinen Untergang bedeuten.

Michael, das rede ich seit dreißig Jahren. Seit dreißig Jahren sage ich, sie müssen doch irgendwann etwas finden, wenn sie jemanden an den Pranger stellen. Darauf sagte der Richter vom Oberlandesgericht in Rostock, ein netter Kerl, nach einer Verhandlung zu mir: Herr Diestel, Sie haben ja recht, aber er hatte doch Kontakt mit der Stasi.

Je nach Lage eines Falls kann ein Außenstehender sein moralisches Urteil fällen. So oder so. Du gehst für deine Mandanten als Verteidiger vor Gericht, weil jeder Vorwurf nicht nur eine moralische, sondern eine juristische Seite hat. Ist das ein Kampf gegen Unrecht?

Natürlich nicht immer, das sage ich ausdrücklich, aber in der Mehrheit der Fälle geschieht den Betroffenen Unrecht. Es gerecht zu bewerten reicht das Opfer-Täter-Schema nicht. Es mit Tatsachen infrage zu stellen bin ich als Anwalt gefragt. Deshalb gebe ich keine Ruhe. Auch wenn ich mich wiederhole, sage ich, die Stasi-Jäger haben in jedem Dreckhaufen gewühlt. Sie haben manchmal Dreck gefunden, aber im Verhältnis zur Zahl ihrer haltlosen Verdächtigungen selten. Das Perfide war, dass ihre Überzeugung schon vor Beginn einer Suche feststand: Es muss doch was sein! Hast du Häuser angesteckt, hast du Kinder missbraucht, Frauen vergewaltigt, hast du gemordet, geklaut, geraubt, alles nicht der Fall, am Ende sagen sie trotzdem: Du bist berührt und deshalb musst du raus ... Michael, mit dieser perversen Strategie haben die im Grunde den Ausschluss der Ostdeutschen aus der deutschen Einheit zu Wege gebracht.

Welche arbeitsrechtlichen Konsequenzen haben die Vorwürfe gegen Peter Porsch gehabt?

Er war Politiker. In der Zeit, in der er sein Mandat im Landtag wahrnahm, ruhte sein Arbeitsverhältnis. Arbeitsrechtliche Konsequenzen drohten erst danach. Die Professur haben wir gerettet, aber ich glaube, wir haben zehn Jahre geklagt für ihn. Nach zehn Jahren ist jeder mürbe.

Wie hast du ihn menschlich erlebt? Ihr seid euch ja ein Stückchen nähergekommen!

Er war bis zum Schluss kein gebrochener Mann, das auf gar keinen Fall. Das haben sie nicht geschafft, aber er ist natürlich sehr nachdenklich geworden.

Seine Ankläger haben es geschafft, ihn aus der Öffentlichkeit auszuradieren! Als ich vor einigen Jahren den Kontakt zu ihm suchte, erfuhr ich, dass er Vorsitzender der Rosa-Luxemburg-Stiftung in Sachsen ist. Aber für mein Anliegen war der Haushalt bereits erschöpft, ich musste mich weiter umtun. Es kam zu keiner persönlichen Begegnung.

Diesen klassenkämpferischen Hass, mit dem er verfolgt wurde, hat er nicht erwartet. Ich habe ihm immer gesagt: Mein lieber Peter, das hättest du alles wissen müssen, du hast doch Gesellschaftswissenschaften studiert. Du weißt, wie man in jeder Gesellschaft mit politisch Andersdenkenden umgeht. Du hättest dich erinnern müssen. Ich habe alles, was ich im Marxismus-Leninismus gelernt habe, verinnerlicht und begriffen. Ich weiß, dass ich in einem Haifischbecken sitze und dass ich mich in dem Haifischbecken wie ein Haifisch benehmen muss. Die werden mich nie lieben, das erwarte ich auch gar nicht, ich habe die Lebensrettungsmedaille der DDR, das ist der einzige Orden, der mich in meinem Leben erreicht hat. Das ist übrigens die einzige Medaille, die auch Bismarck getragen hat, die Lebensrettungsmedaille. Aber zu Peter Porsch noch mal. Sein Fall war einer von den Fällen, die so unappetitlich waren, wo man einfach nur Vergangenheit und Weltanschauung verfolgt hat, das ist so peinlich, weißt du ...

Was hat die Verteidigung von Ostdeutschen vor Gericht, ich meine jetzt die Fälle wegen Stasi-Kontakten, als anwaltliche Erfahrung für dich gebracht?

Das Stasi-Thema hat die Strafrechtsproportionen verschoben. Häuser anstecken, vergewaltigen, morden, Gurgel durchschneiden ist nichts gegen Stasi, und Stasi verjährt ja auch nicht. Jede Tat hat, Mord ausgenommen, eine Verjährung, der Stasi-Vorwurf niemals. Ich habe einen Fall in Stralsund gehabt. Da wollte einer Abgeordneter werden und ist auch gewählt worden. Sie haben ihn rausgeschmissen, weil er zum Grundwehrdienst bei einem Stasi-Batallion gemustert worden war. Der Mann, der 1963 drei Monate bei der Stasi als Maurer gearbeitet hatte, durfte ein halbes Jahrhundert später in der Stadt Stralsund kein Abgeordneter werden. Ich benutze noch einmal meinen Vergleich mit dem Faschismus. Der Faschismus grenzt Menschen aus wegen ihrer Hautfarbe, wegen ihrer Herkunft und wegen ihrer Weltanschauung. Warum grenzt ihr den aus, warum? Hat er etwas gemacht, er war bei der Stasi, was hat er 1963 bei der Stasi gemacht? Habt ihr ihn gefragt, hat er denunziert, hat er irgendwas? Nein, er war Maurer.

Hast du denn vorwiegend Menschen verteidigt, die der Stasi-Vorwurf um ihre berufliche Karriere, um ihren guten Ruf gebracht hat? Waren das sehr viele Fälle?

Tausende. Wir waren in meiner Kanzlei zeitweise vier bis fünf Anwälte, die sich nur um solche Fälle gekümmert haben.

Du hast mal von einem Mann aus Magdeburg erzählt, der Sicherheitsmann beim Flugplatz war …

Der heute noch verfolgt wird.

Heute noch? Warum?

Das ist ein noch laufendes Verfahren, deshalb will ich keinen Namen nennen und auch keine Details. Dieser Mandant war auf einem Militärflugplatz in der Zeit der

DDR mit der Flugsicherheit beschäftigt. Dafür musste er beim Militär sein. Da es um hochsensible Sicherheitstechnik ging, war auch die Spionageabwehr routinemäßig im Boot. Der Mann wusste nicht, dass diese Leute zur Stasi gehörten, er verortete sie bei der NVA. Ein Schluss, der auf der Hand liegt, denn Stasi und NVA trugen auf dem Flugplatz dieselbe Uniform und traten genauso auf. Jetzt sieht er sich mit Stasi-Kontakten konfrontiert. Damit wird er verfolgt, seit er als Wiedereinsteller von der Bundeswehr und dem Militärischem Abschirmdienst überprüft wird. Er ist bereits als Fregattenkapitän vereidigt, was für seine Tätigkeit im Ministerium finanzielle Vorteile bringt. Aber er gilt jetzt, nach jahrelanger Tätigkeit im Verkehrsministerium von Sachsen-Anhalt, als stasibelastet und sieht sich schikanösen Verhören durch den MAD ausgesetzt. Sie werden höchstwahrscheinlich zum Ergebnis führen, das hat man ihm bereits angedeutet, dass die Übernahme in die Bundeswehr rückgängig gemacht wird und er auch im Ministerium nicht weiterbeschäftigt wird.

Da ist ihm irgendeiner draufgekommen, dass er da mal …
Sie haben Akten gefunden. Es ist ja so perfide, wenn du bei der Flugsicherheit der NVA warst und Sicherheitsberichte geschrieben hast, dann wusstest du nicht, dass der Bericht an die Stasi ging.

Aber wird ihm jetzt daraus ein Strick gedreht. Ich denke an deine Feststellung, dass Stasi-Kontakte als unverjährbar behandelt werden.
Dass sein Bericht bei der Stasi abgeheftet worden ist, wusste dieser kleine Offiziersschüler nicht. Es gehörte zu seinen dienstlichen Obliegenheiten, Sicherheitsberichte zu verfassen. Er hat wie alle anderen auch in der Stunde der Prüfung seiner Weiterbeschäftigung bei einer deutschen Behörde unterschrieben, dass er nicht bei der Stasi war.

Hätte er Kenntnis gehabt, wohin seine Berichte gingen und hätte auf die entsprechende Frage nach Stasi-Kontakten mit Ja geantwortet, wäre er auch geflogen. So fliegt er dreißig Jahre später. Ich habe ihn bei unseren Gesprächen etwas kennengelernt und kann mich dafür verbürgen, dass er ein verlässlicher und leistungsbereiter Mensch ist. In der ganzen Welt sind Menschen, die mal eine Uniform getragen haben, sehr wertkonservative Menschen, bereit, der Gesellschaft zu dienen.

Ich habe erst in letzter Zeit gelernt, mit meinen Stasi-Kontakten offensiv umzugehen. Ich habe zwei Mal Einsicht in meine Akten beantragt, damit mir nicht passiert, dass ich nach fünfzig Jahren mit Vorgängen konfrontiert werde, die ich vergessen oder verdrängt habe. Ich habe dir anvertraut, dass es Zeiten gegeben hat, in denen ich unterm Tisch verschwinden wollte, wenn das Wort Stasi fiel. Ich weiß ja, was das in der Öffentlichkeit bedeutet. Du hast mich in unseren Gesprächen als jemanden kennengelernt, der es sich mit diesem Thema alles andere als leicht macht.

Und deshalb sage ich auch: Nicht jeder ist ein Unschuldslamm.

Keiner ist ein Unschuldslamm, jeder Mensch macht Fehler und jeder Mensch macht Sachen, die nicht richtig sind. Ich weiß, Michael, dass es auch Berichte über dich als Betroffener gegeben hat, als du raus bist bei der Stasi. Wenn darin jemand über dich berichtet hat, dass du mit Kindern rummachst und Häuser ansteckst, dann ist diese Information offensichtlich falsch, und der Mensch, der sie gegeben hat, wollte dir vorsätzlich schaden und muss dafür bestraft werden. Aber nur dieser Mensch. Es geht für mich als Anwalt nicht darum, etwas Verwerfliches zu verharmlosen, sondern meine Aufgabe ist viel, viel öfter, etwas richtigzustellen. Oft genug musste ich mit Hilfe von Zeugen Stasi-Akten auf den Kopf stellen, damit die Wahrheit rauskam.

Was hast du bei Einsicht in deine Betroffenen-Akte gelesen?
Was haben andere über dich berichtet?

Es hat mich zum Teil gerührt, wie die IMs mich schützen wollten. Wenn einer geschrieben hat: Der Diestel hat schon wieder eine neue Freundin, dann hat er es auch gleich zu entschuldigen versucht: Er ist unglücklich verheiratet und auf der Suche nach Liebe. Es war harmlos. Beim Lesen meiner Akten machte ich die Feststellung, dass für die, die über mich Auskunft gegeben haben, Freundschaft mehr zählte als wahrheitsgemäße Berichterstattung. Bei wirklichen Verbrechen im Namen der Stasi siehst du mich nicht als Verteidiger.

Danke, Peter, fürs Gespräch. Lass uns essen fahren.

X
Diestel gibt bis zum Schluss keine Ruhe
und wir müssen darüber reden

Peter, du hast mir erzählt, wie du Ostdeutsche verteidigst, deren tatsächliche oder vorgebliche Stasi-Kontakte sie in Bedrängnis gebracht haben. Es gab unterschiedliche Formen dieser Bedrängnis. In der Mehrzahl der Fälle betraf sie den Arbeitgeber, den Freundeskreis und manchmal sogar die eigene Familie. Das öffentliche Outing bedeutete für sie den Sturz aus ihrem sozialen Umfeld. Du weißt, dass ich als einer, der von diesen Vorgängen betroffen war, sie lieber nicht erlebt hätte, aber nicht glaube, dass das Wegsperren der Akten, wie du es wolltest, der Königsweg gewesen wäre. Die Akten waren da und wurden ab 1990 geöffnet. Aber waren die Akten wirklich da? Alle? Ich weiß aus unseren Gesprächen, dass die großangelegte Vernichtung von Stasi-Akten zwischen Sommer 1989 und Ende Januar 1990 dafür gesorgt hat, dass viele brisante Fälle weitgehend verschwunden sind. Vor allem das alte Personal der Bezirks- und Kreisdienststellen des Ministeriums für Staatssicherheit hat bis zu seiner Abwicklung Akten im Akkord vernichtet. Welche Naivität der Bürgerkomitees, zu glauben, dass der verhasste Geheimdienst die Akten fein säuberlich archiviert und wasserdicht ablegt. Hat man gedacht, man bekommt eine Liste mit dem Aktenbestand? Wir haben schon mit der Erfassung begonnen? Preußen ist überall, aber nicht, wenn es untergeht. Bei einer Aktenvernichtung von schätzungsweise 30 Prozent, die Zahl hast du mir genannt, Peter, ist Gerechtigkeit als Motiv, die IMs und ihre Spitzeltätigkeit öffentlich zu machen, von Anfang an eine Illusion. Von Justitias Waage der Gerechtigkeit schleift eine Schale am Boden! Jetzt warst du gefragt.

Du hast als Anwalt vor Gericht vor allem die verteidigt, die sich in ihrer Bedrängnis nicht anders zu helfen wussten als zu klagen. Es waren vor allem arbeitsrechtliche oder persönlichkeitsrechtliche Klagen. Wir haben im vorangegangenen Gespräch über drei Beispiele gesprochen. Ich bleibe im folgenden Gespräch dem Anwalt PMD auf der Spur. Jeder Ausgegrenzte wurde eine Stimme gegen den Erfolg der deutschen Einheit. Ich sage nicht, dass es eine Stimme gegen die deutsche Einheit ist, aber wen sie so benachteiligt, der wird sie nicht als Glücksfall sehen. Jetzt trat Peter-Michael Diestel auf den Plan.

Begann ab 1992 die Mission Diestel, oder ist Mission eine Übertreibung?
Nein, es ist nicht übertrieben, Michael. Ich wollte in meiner Zeit als Innenminister mit der Einheit weitergekommen sein, musste aber in den folgenden Jahren sehen, dass Menschen meine Hilfe brauchten.

War es auch ein Geschäftsmodell für Diestel, der sich nach 1992 langsam aus der Politik zu verabschieden begann und wieder in das Geschäft des Anwalts zurückkehren wollte?
Du verdienst auch mit dem Schreiben von Büchern Geld. Es ist das, was du gelernt hast, und bei mir ist es das auch. Trotzdem ist es eine Mission. De Maizière und ich haben den Menschen damals versprochen, wenn ihr in Frieden mit uns gemeinsam in die deutsche Einheit geht, dann werdet ihr alle einen Platz finden im geeinten Deutschland. Es sei denn, die Gerichte stellen fest, dass der eine oder andere von euch sich gegen humanistische Grundwerte oder Gesetze vergangen hat, dann werdet ihr zur Rechenschaft gezogen. Über euch haben keine Stasi-Jäger, keine recherchewütigen Journalisten zu stehen, über euch steht nur das deutsche Strafrecht. Das ist nicht geschehen, die Menschen wurden en bloc mit Verdäch-

tigungen und Vermutungen vom Erfolg der Wiedervereinigung ausgeschlossen. Deswegen ist es für mich eine
Mission, mit der ich versuche, meine Versprechungen ein-
zulösen. Weißt du, für die Mehrheit dieser ausgegrenzten
Menschen beantragen wir Prozesskostenhilfe.

Seit wann betreibst du wieder eine eigene Kanzlei? Du
warst ab 1990 bis 1992 in Brandenburg im Landtag Opposi-
tionsführer. In der Zeit wohl eher nicht.

Im Februar 1990 habe ich eine Zulassung als freier Anwalt in der DDR bekommen. Du weißt, dass das eines
meiner Lebensziele war. Ich wollte immer Anwalt sein.
Aber dann kam der 18. März, die erste freie Wahl und die
Berufung ins Kabinett von Lothar de Maizière. Nach dem
Tag der Deutschen Einheit schied ich zwar als Minister
aus, aber es ging als Oppositionsführer im Brandenburger
Landtag weiter, danach holte mich der Fußball, ab 1994
war ich fünf Jahre Präsident von Hansa Rostock. Ich habe
immer versucht, das Standbein in der Kanzlei zu lassen,
nie in der Politik, nie beim Fußball, und damit bin ich
auch gut beraten gewesen. Ich habe einen guten bürgerlichen Beruf, den beherrsche ich, den beherrsche ich gut
bis sehr gut. Davon lebe ich auch gut, trotz alledem habe
ich politische Interessen, die mich antreiben, und ich habe
auch weltliche Antriebe. Ich gehe gerne zur Jagd, ich lebe
gerne, ich fahre gern andere Autos, als die Grünen sie
vorschreiben wollen, und ich kleide mich ordentlich. Und
es interessiert mich nicht, was andere von mir denken, es
interessiert mich nur, dass ich auf meinem Weg eine Spur
hinterlasse, die man feststellen kann. Alles andere ist unwichtig,

Du hast ja nicht nur Menschen vertreten, bei denen die
Sprache der Stasi-Akten Schicksal wurde. Du hast auch ver-
schiedene Mandanten vertreten, die sich auf Doping einge-

lassen hatten. Doping war ein großes Thema für die DDR, damals totgeschwiegen, weil sich die DDR über den Umweg des Sports internationale Anerkennung verschaffen wollte.

Ich habe unendlich viele des Dopings angeklagte Sportler, Trainer und Ärzte vertreten. Auf der Gegenseite hatte ich es meist mit Professor Werner Franke zu tun, einem sympathischen Mann, aber er war Dopingjäger und ich Verteidiger derer, die er anklagte. Ich bin im Innersten meines Herzens Gegner jedes Dopings, es ist gegenüber allen sauberen Athleten Betrug. Aber offensichtlich geht es nicht ohne Doping im Hochleistungssport von heute. Wenn man die Russen sieht, Amerikaner oder die Jamaikaner, dann glaube ich nicht an fairen Sport. Wo permanent getestet wird, wird es weniger Doping geben. Ich habe unendlich viele Prozesse geführt, mit sehr guter Erfolgsrate.

Magst du mir ein Beispiel nennen? Ich kenne den Namen Thomas Springstein, ein offensichtlich begnadeter Trainer, der aber auch nicht die Hände vom Doping lassen konnte, oder?

Die Verteidigung von Thomas Springstein war für uns ein Erfolg. Eine wundervolle Zusammenarbeit mit meinem Kollegen Johann Schwenn aus Hamburg, der viele Personen der Zeitgeschichte verteidigt hat. Markus Wolf, Gregor Gysi, aber auch Marion Gräfin Dönhoff und Jan Philipp Reemtsma zählen dazu und eben auch Thomas Springstein. Die Staatsanwaltschaft hatte eine langjährige Haftstrafe gegen Springstein beantragt, rausgekommen ist eine Bewährungsstrafe. Also aus dieser Sicht sind wir, Schwenn und ich, mit dem Ergebnis sehr zufrieden. Ich bin nicht zufrieden, dass sich die Meinung über Doping nach den vielen Prozessen so einseitig entwickelt hat. Als ob der Dopingsünder nur im Osten zu finden ist. Es hat sich keine über alle Lager hinaus entwickelte Bereitschaft ergeben, mit Doping aufzuhören. Wir tragen daran als Sportanhänger eine Mitschuld. Wir wollen Rekorde sehen. Lasst die Leute auf 100 Meter 10,05 oder 10,08 laufen, die müssen nicht 9,4 oder 9,5 oder 9,6 laufen. Das ist nur möglich, wenn man unnatürliche Stimulanzen verwendet. Ich würde gern einen totalen Dopingverzicht unterstützen, aber er wäre eine Illusion. Wo die Sportler unbeobachtet trainieren können, nehmen sie das, was ihnen hilft, um das Hundertstel schneller zu sein als der Konkurrent.

Nachdem man die DDR nicht mehr auf die Anklagebank setzen kann, weil es sie nicht mehr gibt, hat man sich auf Russland eingeschossen. Wie beurteilst du das? Russland ist von allen Olympischen Spielen ausgeschlossen. Nur Einzelsportler dürfen teilnehmen. Der Anklageton ähnelt dem, den wir schon von der deutschen Einheit kennen. Hoffentlich sind wir Deutschen wirklich so sauber wie unsere Saubermänner.

Also das, was mit Russland geschieht, halte ich für sehr einseitig. Ich bin mir ganz sicher, dass man die Zeiten, die Usain Bolt gelaufen ist, ohne Doping nicht laufen kann. Die Zeiten der US-Amerikaner, die sie im Sprint über 100, 200 und 400 Meter gelaufen sind, kann man nicht ohne Doping erreichen. Die massiven Angriffe gegen Russland sind Bestandteil der mächtigen Lobby des westlichen Sports. Das ist Russenphobie. Ich bin mir sicher, dass sich überall schwarze Schafe im Sport finden lassen. Der versuchte Ausschluss der Russen aus dem Sport ist für mich eine ganz große politische und diplomatische Dummheit, die der Westen betreibt.

Thomas Springstein war ein Trainer, der viele Schützlinge zu Medaillen gebracht hat. Das fiel sogar mir auf, muss ich sagen.

Na und, es gibt gute und schlechte Trainer, und es gibt sehr gute. Über den Prozess gegen ihn ist in ganz Europa berichtet worden. Ich erhielt unendlich viele Anfragen, ob ich nicht einen Kontakt zu ihm vermitteln könnte. Andere wollten ihn als Trainer haben. Daran siehst du die Verlogenheit. Er kommt mit einer Bewährungsstrafe aus dem Gericht, und an der nächsten Ecke warten schon Scouts, die ihn für ihre Sportler werben wollen. Er ist nicht erwischt worden. Es ist nur durch die Anzeige einer Sportlerin zum Prozess gegen ihn gekommen. Die Anzeige war absolut glaubwürdig. Ich bin nicht nur Anwalt, sondern auch Demokrat und verfassungsrechtlich stabil. Deshalb sage ich, wenn ein Gericht so entschieden hat, dann ist das zu akzeptieren. Er sollte sechseinhalb Jahre kriegen, ein Jahr und sechs Monate auf Bewährung hat er bekommen. Also war ich zufrieden mit dem Ergebnis.

Beim Doping sind es zwei Dinge, die zu befragen sind: die sportliche Täuschung von Leistungen, die gar nicht auf normalem Wege zustande kommen können, und die gesundheitliche Beeinträchtigung durch das Verabreichen von Dopingmitteln. Das verbindet sich mit der Frage: Ist es im Fall Springstein mit Wissen des Athleten oder ohne Wissen des Athleten erfolgt?

Eine von ihm veranlasste Dopingeinnahme ist nicht bewiesen worden, nur behauptet. Im deutschen Strafprozess entscheiden die Richter dann nach Ermessen. Das Gericht hat die Erkenntnislage so bewertet, dass er es getan hat, und dafür hat er auch die Strafe bekommen und wir haben akzeptiert. Also in der Zeit nach der Wende hat kein Sportler in Deutschland oder in Europa Dopingmittel zu sich genommen, ohne dass er wusste, was er tut. Den Fall gibt es nicht. Zu DDR-Zeiten sehr wohl. Die Enthüllungen von Professor Werner Franke betreffen dann auch noch die Form des Zwangsdopings in der DDR.

*Betroffen davon waren junge Sportlerinnen und Sportler, die
nicht wussten, was gemacht wird.*

... und auch nicht wussten, welche Auswirkungen es
hat. Das ist rechtlich als Körperverletzung zu bewerten.
Im Westen haben es nicht die Ärzte gemacht, im Westen
waren es die Masseure und die Trainer. In der DDR gab es
ein Dopingsystem unter Kontrolle von Sportärzten.

Ganz systematisch?

Systematisch, daran gibt es keinen Zweifel, und syste-
matischer als alle anderen, die das auch gern gemacht hätten. Ich weiß von DDR-Leistungssportlern, beispielsweise
von Kugelstoßern, dass sie bei Wettkämpfen im Ausland
gefragt wurden, ob sie nicht mal ein paar Tabletten mit-
bringen könnten. Also es war nicht allein ein DDR-Prob-
lem, es war eine Frage der Gelegenheiten. Ich fürchte, dass
in Deutschland der Leistungssport bald keine Rolle mehr
spielen könnte. Es wird für uns Erfolge in Mannschafts-
sportarten geben, aber dort, wo es um individuelle Spitzen-
leistungen geht, werden Deutsche kaum eine Rolle spielen.

Es wäre ein Zeichen für deutsche Ehrlichkeit ...

... oder für Angst vor den Konsequenzen. Doping ist
jetzt strafrechtlich relevant. Sowohl für die, die Dopingmittel nehmen, als auch die, die sie verabreichen. Da sagt
jeder, es lohnt sich nicht, für einen Europameistertitel
zwei Jahre ins Gefängnis zu gehen. Wenn man sich so ri-
goros wie in Deutschland gegen Doping ausspricht, dann
muss man sich vom internationalen Leistungssport verabschieden.

*Die deutsche Medaillenbilanz ist inzwischen meist mager.
Damit sollten wir uns abfinden. Wie war es mit Jan Ullrich,
den du ja auch vertreten hast? Ging es dabei auch um Doping?*

Es ging nur um Doping.

Gerade jetzt hört man von ihm, seine Drogenzeit liege hinter ihm. Er wirkt glücklich und stabil, aber das war er in der Vergangenheit nicht immer. Er schien zeitweise sehr von der Rolle zu sein.

Ich habe ihn nur kurz vertreten in einer sehr komplizierten Situation. Ich bin mit ihm nicht klargekommen und wir haben das Mandat nicht fortgesetzt. Leute, die vom Rennradfahren Ahnung haben, haben mir gesagt, er wäre das größte Talent gewesen, das es je gegeben hat.

Wer hat das gesagt?

Ich erinnere mich an die Worte seines Trainers. Er hat zu mir gesagt, wenn alle die Tour de Francs ohne zu dopen fahren würden, dann käme Jan Ullrich einen Tag früher an. Er ist ein Sportler mit einer exorbitanten Begabung gewesen, hat aber im Leben wohl viel falsch gemacht. Ich würde mich freuen, wenn er seinen Frieden findet und mit seinen Talenten und seinen Möglichkeiten auch ohne Sport Haus und Einkommen hat.

Sieht so aus. Er ist kürzlich in der Boulevardpresse aufgetaucht. Mit guten Schlagzeilen. Du scheinst bei Sportlern ein gefragter Anwalt zu sein. Ich habe dich mit Foto in der SUPERillu gefunden. Es ging um Claudia Pechstein, die mit fünf Goldmedaillen als Deutschlands erfolgreichste Wintersportlerin aller Zeiten gilt. Aber es ging wohl gar nicht um Sport?!

Es ging nicht um Sport, und ich habe nicht sie vertreten, sondern bei der Scheidung ihren Ex-Mann. Wobei sie mich beeindruckt hat. Eine starke, kämpferische Frau. Ihre Energie hat mir imponiert.

Diestel als Promi-Anwalt mit Hochglanzbild in den Illust-
rierten. Wenn ich mich an den Bericht noch richtig erinnere,
ging es bei der Pechstein-Scheidung ums Geld.

Ja, in der Sachlage leicht nachzuvollziehen. Sie tourt
durch die Welt, holt mit den Medaillen auch Werbever-
träge und ist die Verdienerin, er sitzt zuhause. Was ist nun
mit dem ehelichen Zugewinn?

In ihrem Fall hat sich gerächt, dass sie in ihrer Autobiografie
ausführlich über Erfolg schreibt und ihn dann vor Gericht
runterzurechnen versucht. Eigentlich ein Vorgang im Be-
reich des Rosenkriegs, der dich als Anwalt nicht vor beson-
dere Probleme gestellt hat, oder?

Trotzdem war es schwere Kost für den Verlassenen. Ich
habe dann relativ emotionslos meine Strategie darauf gestellt, dass mein Mandant während der Ehe seine persönlichen Belange zurückgestellt hat und auf diese Weise zum
gemeinsamen Besitz beigetragen hat. Darauf würde jeder
Scheidungsanwalt seine Strategie bauen. So wurde es in
der öffentlichen Berichterstattung dargestellt. Zusätzliches
werde ich nicht aus dem Mandat preisgeben.

Jetzt beginnt die große Rechnerei: Was war bei Beginn der Ehe
vorhanden, was war bis zum Ende zusammengekommen.

Genau. Claudia Pechstein besitzt ein schönes Anwesen am Scharmützelsee. An der Rechnerei wollte ich mich
nicht beteiligen und habe den finanziellen Teil aus dem
Scheidungsverfahren ausklammern lassen. Dies ist mir
lieber, als wenn vor Gericht alle Quittungen der letzten
Jahre ausgebreitet werden. So ging eine Ehe zu Ende, die
1998 mit großem Tamtam im Roten Rathaus von Berlin
geschlossen worden ist.

Damit du für die Boulevardpresse als ostdeutscher Staran-
walt giltst, sind solche Mandanten ganz gut. Es gibt den

schönen Spruch von dem, der in allen Sätteln gerecht ist.
Bist du das?

Klar mag ich Mandate für Promis. Michael, wenn Eitelkeit auf Eitelkeit trifft, laufe ich zur Höchstform auf. Das kannst du dir denken. Aber mich lockt nicht nur das Foto in der SUPERillu. Je mehr Prominente ich vertrete, desto mehr interessieren sich die Medien auch für das, was ich über die deutsche Einheit denke. Die Medien sind ein unverzichtbarer Multiplikator. Ich spreche über die Verteidigung Ostdeutscher, denen man Unrecht zugefügt hat, als meine Mission. Dafür stehe ich, solange ich vor Gericht gehen kann.

Hat es dir das Bundesverdienstkreuz eingebracht?

Michael, willst du mich zum Lachen bringen? Nein! Das Perfide ist, dass man Lothar de Maizière, Günther Krause und auch mir die Erfolge um die deutsche Einheit immer streitig gemacht hat. Keine Einladungen zu Einheitsfeiern und auch nicht zu anderen Gelegenheiten, wenn sich die Bundesrepublik feiert. Wir drei haben nicht mal die niedrigste Stufe vom Bundesverdienstkreuz, nichts, gar nichts. Ich bin sehr froh darüber, dass es mir nicht besser ergeht als den beiden anderen. Wenn mir das Bundesverdienstkreuz angeboten wird – die müssen ja fragen –, dann sage ich immer: Ich kann es nicht annehmen, solange de Maizière es nicht hat.

Ich habe nachgeschaut bei de Maizière in seinem Wikipedia-Eintrag. Kein Bundesverdienstkreuz.

Nein, de Maizière bekommt es nicht wegen der Stasi-Geschichte, die aber keine war. Er war immer ein anständiger Mensch, er hat nie was Negatives gemacht. Ich würde das Bundesverdienstkreuz unter anderen Umständen annehmen. Die deutsche Einheit ist kein Schritt ins Pissoir, sondern ist eine einmalige Leistung, aber solange de Maizière es nicht hat, will ich es auch nicht. Man kann gut ohne Bundesverdienstkreuz leben. Wenn ich sehe, wer es alles hat, was für Pappnasen. Auch Idioten, die dann das Bundesverdienstkreuz wieder abgeben mussten. Ich habe die Rettungsmedaille der DDR, die macht mich stolz. Ich bin in der DDR zweimal Aktivist geworden, das reicht im Grunde. Meine Frau schätzt mich als ganz netten, sympathischen Menschen ein. Die Leute im Osten halten mich für verwendungsfähig im Kriegsdienst. Das sagen sie, weil ich mich um Schlachten für die Einheit nicht drücke, weil ich weiterkämpfe. Mehr Anerkennung kannst du nicht haben. Aber es ist schon frappierend, dass man uns drei Leuten, nämlich de Maizière, Krause und mir, jegliche Anerkennung für die deutsche Einheit wegnimmt. Wir haben sie ausgehandelt, wir haben sie erstritten, wir haben die Leute bei der Fahne gehalten, um mit ihnen den Weg in die deutsche Einheit zu gehen. Es ist der Neid auf den Sieg, den wir erstritten haben. Viele Menschen im Osten wissen das. Aus dem Neid ist bei manchen sogar Hass geworden, weil sie nichts Vergleichbares aufzuweisen haben. Dann neigst du dazu, den anderen runterzudrücken. Das ist eine menschliche Eigenart, keine schöne, versteht sich. Wenn ich auf einen Briefkopf schreibe: Doktor Peter-Michael Diestel, Vizekanzler und Innenminister in der Zeit der deutschen Wiedervereinigung, weiß ich: das kann nur ein einziger Mensch schreiben.

Du hast recht, aber aus deinen Worten spricht auch Kränkung. Täusche ich mich?

Es gibt Dinge im Leben, die kannst du nicht wiederholen. Die Stunde der deutschen Einheit gibt's nur einmal. Nimm Helmut Kohl, sein Name verschwindet immer mehr aus der Öffentlichkeit, erst recht durch das Auftreten seiner letzten Ehefrau. Wenn heute sein Name fällt, dann bestimmt im Zusammenhang mit der Parteispendenaffäre. Die Politiker, denen die deutsche Einheit in den Schoß gefallen ist, kennen uns nicht mehr.

Hast du Honeckers Nachfolger Egon Krenz vertreten?

Ich habe Egon Krenz vertreten, ich habe ihn in seiner großen Strafsache, wo es um die Mauertoten ging, beraten und vertreten. Ich habe das Mandat damals sehr zügig niedergelegt, als er mit anderen Anwälten kam.

Aber ursprünglich wollte er dich als Anwalt haben, der ihn vertritt?

Er hat mich gefragt, und ich habe zugesagt. Aber wir sind uns über die Strategie nicht einig geworden. Egon hatte damals andere Auffassungen, er sah eine Gelegenheit, zu glänzen wie Georgi Dimitroff im berühmten Reichstagsbrandprozess 1933 von Leipzig. Krenz wollte seine Verteidigung darauf stellen, dass er sich an einer antikapitalistischen Alternative auf deutschem Boden beteiligt habe, was niemals strafbar sein dürfe. Er wollte das Gericht als politische Bühne nutzen. Aber wenn man Lenins »Staat und Revolution« gelesen und auch begriffen hat, dann weiß man, welche Aufgabe die Gerichte in der Klassengesellschaft haben. Egon Krenz hat im Grunde den Hass des Westens und der Verlierer auf sich gezogen. Das Gericht hat ihn seine Strategie gar nicht ausbreiten lassen. Er hat sich eine unangemessen hohe Strafe abgeholt. Der Mann, der ihn zu all diesen Dingen geführt hat, hat den Friedensnobelpreis bekommen, nämlich Gorbatschow. Egon Krenz hat sechseinhalb Jahre gekriegt.

Wessen war er damals angeklagt?

Hauptanklagepunkt waren die Toten an der Mauer. Er ist bei seiner Argumentation nicht gut beraten gewesen. Vor Gericht zu erklären, es hätte keinen Schießbefehl gegeben, war zu kurz gegriffen. Wenn es keinen Schießbe-

fehl gegeben hat, dann haben die einfachen Grenzsoldaten, die geschossen haben, aus Mordlust gehandelt.

Damit hat er die Grenzsoldaten verraten und zu Mördern
gemacht.
Die Behauptung, es gab keinen Schießbefehl, ist ein
Verrat am kleinen Grenzsoldaten gewesen. Ich habe mich
mit Egon Krenz gestritten bis zum Gehtnichtmehr. Heute
sind wir eng befreundet. Ich mag seine Art. Er hat sich
seine Strafe abgeholt, er hat viereinhalb Jahre in Moabit
gesessen, und jetzt ist er wieder einer von uns. Das ist das
Schöne an unserer Rechtsordnung.

Hast du ihn dann später noch mal in anderen Dingen ver-
treten?
Ich weiß noch, wie er mal zu mir gesagt hat: Peter, ich
habe noch nie einen Prozess nach der Wende gewonnen,
außer mit dir. Es war keine große Sache, aber es war eine
Verletzung seines Persönlichkeitsrechts, die wir nicht
hinnehmen wollten. Eine große deutsche Zeitung hat im
Krankenhaus fotografiert, in dem er lag und am Rücken
operiert worden war. Die Veröffentlichung solcher Fotos
ist ungesetzlich. Diesen Prozess haben wir für ihn gewonnen. Heute haben wir eine enge persönliche Freundschaft
und einen anregenden Gedankenaustausch. Im Herbst '89
hätte ich ihn noch umbringen wollen, wie er sich an die
Menschen ranschleimt. Dann habe ich ihn kennengelernt
und bin klüger geworden. Als ich die DSU gegründet und
mich unbotmäßig gegen DDR-Recht verhalten habe, wer
war damals der Oberbefehlshaber und damit derjenige,
der den Nationalen Verteidigungsrat geleitet hat und alle
Hebel in der Hand hatte, sich zur Wehr zu setzen? Der
hieß Egon Krenz. Zum Zeitpunkt der Maueröffnung hieß
der Oberkommandierende aller militärischen Strukturen
Egon Krenz. Er hat nicht gemacht, was sonst kommunisti-

sche Herrscher immer machen, nämlich das Aufbegehren des Volkes im Blut zu ersticken. Er hat das nicht gemacht, und das ist für mich ein Grund, dass ich meinen Frieden mit ihm geschlossen habe. Heute bin ich auf meine Freundschaft mit ihm stolz.

Aus meiner Sicht hat er kein ehrliches Spiel getrieben, sondern versucht, den Rest an Macht zu retten …
Na, das ist doch ehrlich. Er wollte retten, wofür er steht und was wir ihm zerschlagen wollten. Das ist legitim, am Ende hat nicht er, sondern wir haben gewonnen.

Wir können jetzt dieses Kapitel abschließen. Ich frage noch einmal die Bezeichnung an, du seist Anwalt der deutschen Einheit. Wir haben festgestellt, dass du vor allem Menschen vertreten hast, die die deutsche Einheit vor Gericht gebracht hat, wegen Stasi-Kontakten, der Klärung von Eigentumsfragen und arbeitsrechtlichen Angelegenheiten. Am Anfang dieses Gesprächs habe ich gefragt, ob es deine Mission geworden ist. Jetzt stelle ich die Frage noch einmal: Würdest du dich selbst als Anwalt der deutschen Einheit bezeichnen?
Ich habe in meinem Beruf versucht, das zu korrigieren, was mir als Politiker nicht gelungen ist. Ich habe geglaubt, dass alles, was Kohl, sein Generalsekretär Volker Rühe und mein Innenministerkollege Wolfgang Schäuble gesagt haben, fester Vorsatz für ihre Politik ist. So wichtig wie Kohls Satz von den blühenden Landschaften ist die Zusage, dass alle in einem geeinten Deutschland ihren Platz finden werden. Diese Zusagen haben sie vor dem Einheitstag gegeben. Es war nicht der Platz auf dem Arme-Sünder-Bänkchen gemeint. Nach dem 3. Oktober begann die Abrechnung mit den Ostdeutschen. Diesen Wortbruch hätte ich nicht für möglich gehalten.

Für dich galt, dass du bei den Ostdeutschen im Wort stehst?

Ich stehe im Wort, genau so habe ich gedacht. Ich lebe im Osten, hier leben meine Menschen. Wenn ich hier über die Straße gehe, wollte ich, dass wir uns grüßen. Wenn ich erkannt werde, wollte ich nicht, dass sie die Straßenseite wechseln. Ich wollte in dem Moment, wo ich nicht mehr Politiker war, als Anwalt den Kampf um die deutsche Einheit fortsetzen: mit großem Engagement, mit Verstand, aber auch mit Hinterlist, auch mit Grausamkeit, wenn es sein muss, mit Zuspitzungen, mit Tricks. Ich wollte den Zustand herbeiführen, den wir diesen Menschen versprochen haben.

Also das ist ja eine überraschende Aussage, also du hältst dich auch gelegentlich für einen Winkeladvokaten, wenn der gute Zweck es braucht?

Natürlich. Ich habe selten einen Prozess gewonnen, ohne zu flunkern. Das geht gar nicht. Winkeladvokat, weiß ich nicht. Nennt man nicht einen so, der nicht über genügend Kenntnisse in seinem Beruf verfügt? Ich mache das ja nicht, weil es mir an juristischen Kenntnissen fehlt, sondern weil ich durchschaue, wie es bei Gericht zugeht.

Ziehe den Winkeladvokaten zurück.

Michael, meine Feinde nennen mich einen Demagogen. Ich widerspreche nicht. Natürlich möchte ich gerne gewinnen, für meine Mandanten und für mich. Ich möchte gerne mit Erfolg aus einem Prozess rausgehen. Vielleicht besitze ich ein gewisses Sendungsbewusstsein. Ich möchte nicht der Dumme sein, der abgebügelt wird.

Wir kommen zum Ende für heute. Was ist stärker in dir, das Gerechtigkeitsgefühl, um dessen willen du vermutlich Jura studiert hast, oder das Sendungsbewusstsein?

Michael, wenn ich jetzt eine gute Figur abgeben wollte, würde ich einfach sagen: das Gerechtigkeitsgefühl. Aber das ist es nicht, das ist es einfach nicht. Ich habe das Bedürfnis, stärker zu sein als andere. Du hörst ja bei mir heraus, dass ich die Welt in Kluge und Pappnasen einteile. Mir soll keine Pappnase einen Sieg wegschnappen. Ich will Unrecht abwenden und dabei auch noch ein paar Pfennige verdienen. Das sind meine eigentlichen Motive. Ich möchte nicht der Dumme sein. Wenn ich vor Gericht ausreichend Redezeit bekomme, habe ich gute Chancen zu gewinnen. Ich will zeigen, was ich in der Tiefe meines Herzens bin: ein freundlicher Anarchist, der keine Bomben wirft.

Ich greife die Formulierung auf, dass du glaubst, bei den Ostdeutschen im Wort zu stehen. Weil die deutsche Einheit nicht vollendet ist, kämpfst du weiter für sie und gibst keine Ruhe. Liegt darin dein Motiv?

Ich kämpfe für die deutsche Einheit auch im 32., 33., 34. Jahr und, wenn es sein muss, auch in den Jahren danach. Ich will, dass man endlich alle Ostdeutschen nach Deutschland hinein lässt. Auch die Bundesrepublik Deutschland war zwischen Kriegsende und ihrer Gründung vom Kommunismus bedroht, durch die mutige Tat der Ostdeutschen wird es nie wieder Kommunismus in Deutschland geben.

Wie viel Christ steckt in dir? Wir haben schon mehrfach im Gespräch das Wort Mission benutzt. Ich will es nicht wiederholen, sondern auf seinen christlichen Sinn hinweisen. Ist er dir bewusst?

Ich stehe fest im christlichen Glauben. Ich bin extrem undiszipliniert, ich gehe nicht oft zum Gottesdienst, aber ich falte die Hände, wenn ich allein bin. Ich weiß, was ich tun muss, wenn ich in Not bin: mit meinem Gott reden.

Ich habe keine Angst, weil ich Christ bin. Wenn ich krank werde und wenn der Krebs kommt, dann werde ich nicht laut klagen. Ich habe so schön leben dürfen. Ich muss sagen, ich bin das, was mir mein Vater und meine Mutter – mein Vater weniger, aber meine Mutter – als christliche Werte mitgegeben haben. Das macht mich jetzt in dieser Gesellschaft stark. Ich kenne deinen religiösen Hintergrund nicht, aber je älter man wird, desto dankbarer wird man, vielleicht geht es dir auch so. Man fragt in Dankbarkeit, warum durfte ich das alles erleben? Warum? Weil der liebe Gott mich ins Herz geschlossen hat.

So denkst du?

Ganz sicher. Und er wird auch sagen: Peter, jetzt hast du mal auf dem und mal auf dem Gebiet große Scheiße gebaut, jetzt kriegst du mal eins auf die Fresse. Ich habe eines meiner Kinder beerdigt, ich habe eine Frau, die ich abgöttisch geliebt habe, an eine andere Frau verloren, weil sie mit einer Frau leben wollte. Es gibt einige solcher Niederlagen in meinem Leben, die ich ohne Beschwerde annehme, als verdiente Disziplinierung meiner Ungeduld, meiner Unverschämtheit und auch meiner Hilflosigkeit.

Ein Anwalt, der sich gerecht bestraft sieht, ist neu für mich.

Alle Strafen habe ich immer als gerecht empfunden, und deswegen kann ich sagen, der Glaube macht mich stärker als die anderen.

Ich bin dir ähnlich, ich bin getauft, konfirmiert und habe kirchlich geheiratet, der Glaube hat einen Platz in meinem Leben. Aber er ist da als etwas, was ich mit mir abmache, nur mit mir.

Nichts Frömmelndes, auch nichts, was man nach außen zeigt.

Den Wunsch, immer gerecht behandelt zu werden oder bei Ungerechtigkeit das Bedürfnis nach Trost durch einen Gott, das habe ich schon. Für meinen Glauben schließe ich jede wissenschaftliche Erklärung aus und lasse Darwins Evolutionstheorie genauso gelten. In der Wissenschaft, aber in mir schließt sich beides nicht aus. Da ist ein Teil, der gehört zu mir und der heißt Glaube.

Ja, Michael, ich widerspreche den Wundergeschichten der Bibel nicht. Ich widerspreche jedem Politiker, der den Ostdeutschen ihr Verdienst an der deutschen Einheit abspricht.

XI
Diestels Einheitsdämmerung oder Welche Chance haben wir noch?

Wir haben über die unvollendete Einheit gesprochen. Wir haben gehört, dass sie sein Lebensziel ist. Als Innenminister und Vizekanzler für die letzten 174 Tage der DDR hat er seine Kraft eingesetzt, dass die unnatürliche Teilung Deutschlands ihr Ende findet. Mitten in Europa lag das Land von Goethe, Schiller, Beethoven, Nietzsche, Beckmann und Einstein vierzig Jahre als ein geteiltes Land?! Nicht mit Diestel. Immer wieder beschreibt er die Ausgrenzung von Ostdeutschen, die stattgefunden hat. Ihre Ursachen und Folgen. Wir treffen uns in unseren Gesprächen beide in der Feststellung, dass nach der Wiedervereinigung am 3. Oktober 1990 die Spaltung Deutschlands noch einmal stattgefunden hat. Vielleicht tiefer als vorher. Jetzt, wo die Geschichte vorangehen konnte, ging sie erst einmal zurück. Geschichte paradox. Bei Diestel macht sich keine Resignation breit. Er ist nicht der Typ, der aufgibt. Niederlagen sind nicht eingeplant, daraus spricht sein Sportsgeist. Auch ich glaube, dass die Einheit vollendet wird, eines Tages. Es hat leider fast fünfundzwanzig Jahre gebraucht, bis die Ostdeutschen ihre Sprache und ihren Mut wiedergefunden haben. Wir wollen es nicht Pegida und der AfD zuschreiben, dass sie von Benachteiligungen und Bevormundungen sprechen. Die Populisten haben, wie es Populisten immer tun, sich an den Protest der Ostdeutschen angehängt. Ich zeige Diestel das Foto, aufgenommen in einem Fußballstadion in Aue im Erzgebirge, da zieht sich in zwei Reihen ein Schriftband durch die Zuschauer, darauf steht: Kretschmer, du willst Sachse sein? Verhältst dich wie ein Wessischwein! – Der Angepöbelte ist Sachsens

Ministerpräsident Michael Kretschmer, ein Ostsachse aus Görlitz an der Neiße, Grenzstadt zu Polen. Die hier protestieren werfen ihm vor, er mache seine Politik nicht für sie. Für sie heißt die neue Teilung: Sachsen auf der einen Seite, das Land der Wessischweine auf der anderen. Der Text auf dem Spruchband bestätigt eine Feststellung in unseren Gesprächen: die deutsche Einheit war ein frommer Wunsch. Sie muss erst noch vollendet werden. Wo sind die euphorischen Wahnsinn-Rufe der Ostdeutschen geblieben, als sie mit ihren Trabis durch die gerade geöffnete Mauer fuhren und begriffen, dass Deutschland wieder eins werden kann? Nachdem die Ausgeschlossenen jahrelang stumm geblieben sind, sagen sie wieder: Wahnsinn! Und richten das Wort gegen eine Politik, die sie nicht als für sie gemacht halten.

Peter, es gibt guten Grund zur Hoffnung, dass die Einheit, die du und ich wollten, vollendet wird. Aber: Wann wird es sein? Peter, was wird in zehn Jahren sein?
Ich bin nicht so optimistisch wie du, Michael. Es kann sein, dass die Politik dieses wunderbare Land in zehn Jahren an die Wand gefahren hat. Auch eine Ampel-Regierung überzeugt mich nicht vom Gegenteil. Viele Fehler gehen noch auf die CDU. Unter ihrem Kommando hat sich das Land Millionen von Unzufriedene geleistet, die in Ostdeutschland wohnen. Das ist ein unverantwortlicher Verlust von kreativem Potential, den sich kein Land in Europa leisten kann. Aber es ist mehr. Ich glaube, wenn diese Spaltung weiterhin besteht, werden rechtsradikale Strukturen hier Platz greifen. Seit es für die Politik nur noch die Themen Corona, Klima und Digitalisierung gibt, ist der Osten raus aus den Regierungsprogrammen. Sie halten die deutsche Einheit für vollendet. Nach mehr als dreißig Jahren Ärger mit der deutschen Einheit wollen sie sich mit dem Thema nicht mehr abplagen. Die Ostdeut-

schen werden demnächst ausgestorben sein. Aber nein, die Ostdeutschen sterben nicht aus, weil die Väter ihren Kindern erzählen, wie es gewesen ist, und die Großväter ihren Enkeln. Der Unmut wird bleiben, vielleicht wächst er sogar, wie das Spruchband auf dem Foto zeigt: Kretschmer, du willst Sachse sein! Verhältst dich wie ein Wessischwein! – Du hast völlig recht, wenn du den Text dafür liest, dass die Spaltung weiter besteht. Das hätten wir in der Zeit der Regierung de Maizière niemals gedacht.

Ist es nicht auch denkbar, dass in zehn Jahren Deutschland nicht mehr in Ost und West gespalten ist, sondern in sozial Abgesicherte und sozial Abgehängte? Oder die Teilung in rechtsnational und linksliberal Denkende? In zehn Jahren wird sich Ost nicht mehr an West reiben. Was erwartest du?

Ich sehe keine wachsende Kluft zwischen Arm und Reich. Es gibt die Mehrheit leistungsbereiter Menschen, aber es gibt eine größer werdende Anzahl von Menschen, die – durch Migranten noch verstärkt – der Wohlstand der anderen angriffsbereit macht. Sie übersehen, dass die Sozialsysteme der Gesellschaft ihre Existenz sichern, aber das dringt gar nicht mehr zu ihnen vor. Es wird immer so sein, dass es dem, der sich entschließt, früh um halb sechs aufzustehen und zum Bruttosozialprodukt beizutragen, besser geht als demjenigen, der in sich hinein hört und sagt, mir ist heute nicht nach Arbeit. Das sind die Ostdeutschen nicht. Das ist ja das Elend, dass man ihre Arbeitsleistung auch ausgrenzt.

Wenn wir darüber spekulieren, was in zehn Jahren sein wird, dann halte ich eine Spaltung in rechtsnationales und linksliberales Denken für möglich. Ich halte aber gleichzeitig eine neue Vereinigung für möglich: Wenn sich die ausgegrenzten Flüchtlinge als eins mit den ausgegrenzten Ostdeutschen erkennen, entsteht eine kritische Masse gegen die deutsche Einheit und wir haben die Spaltung neu und für ganz lange.

Es ist gut, wenn du die vielen Migranten in unsere Überlegungen zur deutschen Einheit einbeziehst. Ich halte an dem fest, was ich in unserer Diskussion des Grundgesetzes gesagt habe. Die Unterschiedlichkeit von Herkunft und Auffassungen sind verfassungsrechtlich geschützt und können niemals den Ausschluss einer Bevölkerungsgruppe legitimieren.

Zweifellos richtig. Das Grundgesetz sanktioniert die Unterschiede, aber beseitigt die Spannungen nicht. In unserer Gesellschaft sind viele Entwicklungen angelegt, die – noch bevor die deutsche Einheit vollendet ist – zu einer neuen Spaltung führen können. Es gibt immer mehr Menschen, die der Demokratie nicht mehr vertrauen. An dieser Entwicklung hat die Wortbrüchigkeit der Politik ihren Anteil. Hier kann was umkippen ...

Ich sehe für die Wortbrüchigkeit der Politiker eine bedenkliche Ursache. Der politischen Führung in diesem Lande fehlt die Mitwirkung der intellektuellen Elite. Sie fehlt unter den Abgeordneten wie unter den Ministern. Viele von denen, die heute Politik machen, sind in einer Blase groß geworden, wo es reale Probleme wie Armut, Leistungsdruck, Arbeit bis zur Erschöpfung nicht gibt. Schon deshalb fiel es der etablierten Politik schwer, die Ostdeutschen zu erreichen. Für sie kamen da nur die Besserwessis.

Diese Sozialisierung in einer Blase betrifft vor allem die Grünen, aber auch die Linken sind davon nicht mehr frei. Was beide Parteien im Osten zunehmend zu Fremden macht. Die Linken neuerdings, die Grünen schon immer.

Ich stimme dir zu. Wir müssen nicht immer nur auf das Wählerverhalten bei der AfD starren, auch an dem in

Ost und West ganz wesentlich getrennten Wählerverhalten bei den Grünen zeigt sich die unvollendete deutsche Einheit. Den, der sich vor allem mit sich selbst beschäftigt und seine moralische Überlegenheit zeigen will, wählen die Ostdeutschen nicht. Sie suchen den gesunden Menschenverstand, der ihren Ausschluss aus der deutschen Einheit anerkennt.

Was meinst du, kann man es nicht einmal anders herumdrehen und sagen: Genaugenommen liegt im Wahlverhalten der Ostdeutschen viel Klugheit, viel mehr Sinn für Demokratie, als die Politiker ihnen zugestehen?

Von Dummheit reden nur die Politiker, die ganz weit von der realen Lebenssituation in Ostdeutschland entfernt sind. Wozu ich die Grünen gelegentlich zähle. Viele Menschen im Osten lehnen die Demokratie nicht ab, sondern lehnen ab, dass sie von Halb- und Ungebildeten geführt werden. Die unehrlich erworbenen Doktortitel sind dabei nur ein Zeichen unter vielen. Das lasten viele Menschen der Schwäche der Demokratie an, wenn sie fragen: Wie konnten diese Pappnasen nach ganz oben kommen! Den augenblicklichen Auftritt der Demokratie lehnen sie ab, nicht die Demokratie. Die Ostdeutschen fühlen sich nicht entsprechend ihrer Größe an der bundesdeutschen Gesellschaft beteiligt. Auch das sehen sie als ein Versagen der Demokratie und haben recht.

Eigentlich wollte ich mit dir in die Zukunft schauen, ob uns in zehn Jahren die deutsche Einheit gelungen ist. Jetzt sprechen wir anhaltend über ernste Gründe einer neuen Spaltung der deutschen Gesellschaft. Ich hatte vorhin schon gesagt, dass du dir bitte mal vorstellen sollst, was in zehn Jahren ist, wenn die Ostdeutschen sich als eins mit den Migranten sehen und nicht mehr gegeneinander stehen wie heute. Dann müssten wir ganz neu über die deutsche Einheit denken, Peter. Aber bleiben wir bei uns und unserem Projekt deutsche Einheit. In zehn Jahren, wo stehen wir damit, Herr Doktor Diestel?

Ich bin schon siebzig, das heißt, ich habe – wenn es sehr gut geht – nur noch dreißig Jahre, wenn ich aber noch fünfzig Jahre hätte ...

Es reicht, wenn du mir sagst, wo wir in zehn Jahren stehen.

In zehn Jahren sind wir immer noch nicht am Ziel und haben noch nicht die Einheit vollendet. Inzwischen bin ich aber noch ungeduldiger geworden und würde zum großen Krieg gegen die Dummheit in Deutschland aufrufen.

Gegen wen würdest du den großen Krieg führen?

Ich würde Gleichgesinnte suchen, die wie ich erkennen, dass diese Ausgrenzung Deutschland in den Ruin führen wird. Es wird keine Demokratie geben, die mit Millionen Unzufriedener leben kann. Und ich werde dann trommeln und Verbündete in allen Parteien finden. Mit Sicherheit auch bei der AfD ...

... damit sagst du mir, dass das Thema deutsche Einheit in zehn Jahren noch ein Thema ist, für das du sogar bereit bist, einen Krieg zu führen.

Es wird ein Krieg scharfer Worte sein. Vielleicht zettelt unser Buch, für das wir diese Gespräche führen, diesen Worte-Krieg an. Mein Wunsch wäre, dass wir mit diesem Buch eine furchtbare Verteufelung erfahren. Dass Diestel als Verantwortlicher im Sinne des Presserechts und sein Mitarbeiter Hametner verfolgt werden und dass im Rahmen dieser Verfolgung und dieses Widerstandes, denen wir zusammen mit Gleichgesinnten energisch entgegentreten, eine Nachdenklichkeit in unser Land einzieht. Ich weiß, dass kein anständiger Mensch in der deutschen

Politik Ausgrenzung von Millionen Menschen gutheißen wird. Zu meinem Freundeskreis sind nach der Wende viele Altbundesdeutsche hinzugekommen. Michael, wir sagen ihnen: Du gehst nach Hamburg zu den Ämtern, du nach Köln zu deinem Fürst und du nach Stuttgart, und ihr verlangt, dass überall Sachsen eingestellt werden.

Das willst du machen in zehn Jahren? Also eins muss man dir lassen, du wirst auch noch in zehn Jahren Humor haben.

Ist der Plan nicht gut! Ich werde meine Freunde fragen, wie sie das finden, wenn sie in Hamburg, Köln oder Stuttgart auf den Ämtern überall Sachsen vorfinden? Ich nehme an, dann werden sie genauso unzufrieden sein wie wir hier im Osten, weil wir hier nur Leute aus Kiel, Hannover und Hamburg haben.

Die Stellen, die bei uns frei werden, wenn die Sachsen in den Westen fluten, gehen ausschließlich an Westleute. Gute Idee. Dann hätten wir einen Tausch der Eliten hinbekommen, wie wir ihn uns immer vorgestellt haben: gleichberechtigt und friedlich. Gut, das machen wir in zehn Jahren. Wäre damit das Thema deutsche Einheit gelöst?

Ich glaube, es wird gelöst sein. Wenn nicht, werden Millionen Ostdeutscher einen langen Marsch der Unzufriedenen beginnen und sich nehmen, was ihnen vorenthalten worden ist.

Es ist folgendes Szenarium denkbar. Erinnern wir uns an die Achtundsechziger. Sie waren die Kinder, deren Väter aus dem Krieg gekommen sind und über ihre Schuld geschwiegen haben. Sie haben die Fragen ihrer Kinder nicht beantwortet. Dieser Krieg gegen die Väter war der Versuch der Befreiung von Autoritäten aus der Adenauerzeit. Es wäre ja denkbar, dass in zwanzig Jahren die Kinder und Enkel der Ostdeutschen ihre Väter und Großväter fragen werden:

Warum habt ihr euch nicht gewehrt? Wir machen es für euch, die Enkel fechten es besser aus! Ein sehr spekulatives Szenarium, ich weiß. Denkbar wäre es, dass die nicht beantworteten Fragen plötzlich von der Generation der Kinder und Enkel gestellt werden. Was meinst du?

Könnte sein, Michael. Aber hättest du gedacht, als wir 1992 die Komitees für Gerechtigkeit gegründet haben, dass wir dreißig Jahre später immer noch vor einer Mauer stehen, die um die Ausgeschlossenen errichtet worden ist? Und eine Ostdeutsche, die sechzehn Jahre Kanzlerin war, sich mit diesem katastrophalen Resultat in die Rente verabschiedet hat?

Sie hat wenigstens am 3. Oktober 2021 noch eine schöne Rede hinterlassen. In der sie zum ersten Mal gesagt hat, dass die Ostdeutschen nicht mit offenen Armen in die Einheit aufgenommen worden sind, obwohl die Wende ihr Verdienst war, ihr Mut, ihre Courage. Die alte Bundesrepublik hat sich an ihnen schuldig gemacht. Das hat sie zum ersten Mal gesagt. Zufrieden?

Das sind meine Worte und das sagt sie in ihrer Abgangsrede.

Nicht noch einmal gefragt, wie weit wir in zehn Jahren mit der Einheit sind, sondern: Wo ist Peter-Michael Diestel in zehn Jahren?

In zehn Jahren sitzen wir hier am Tisch, reden über Verbesserungen unseres Buches für die 11. Auflage und sind froh und glücklich, dass wir das alles positiv und konstruktiv formuliert haben. Allerdings fragen wir uns auch, ob wir glücklich oder traurig sein sollen, dass wir Recht behalten haben. Wir werden die Spaziergänge dann nach den Gesprächen etwas verkürzen. Wir werden hoffentlich beide noch Auto fahren können, wir werden ganz sicher kein Stromauto haben, wir werden ganz sicher mit einem Auto fahren, das einen Verbrennungsmotor hat, der vielleicht nur noch einen Liter benötigt oder einen halben Liter auf 100 Kilometer. Wir müssen ja auch nicht mehr rasen und ich glaube, dass wir gesund sind. Ich würde mich freuen, Michael, wenn sich der politische Überbau normalisiert hat, das heißt, wir sind befreit von den unterformatigen Politikern, vom Durchschnitt, von defizitärer Bildung und so weiter. Wenn wir wieder von einer wirklichen Elite sprechen können, zusammengesetzt aus klugen Westlern und ebensolchen Ostlern, wenn es wieder zulässig ist, sich ohne den Maulkorb der Political Correctness oder Cancel Culture zu streiten, wenn geistige Auseinandersetzung willkommen ist, weil sie voranbringt, dann bin ich zufrieden. Ich würde mich sehr freuen, wenn wir dann in zehn Jahren hier sitzen und feststellen: Mein Vorschlag ist aufgegriffen, Friday for Future hat sich umbenannt in Saturday for Future, weil freitags noch Schule ist, die sie nicht verpassen wollen, um bald die vielen Schlipsträger und Grauköpfe ablösen zu können, die die Welt an den Abgrund manövriert haben. Um die zu ersetzen, müssen sie nämlich diplomiert, promoviert, habilitiert und am besten Professor sein. Sie müssen ein so hohes Maß an Bildung haben, dass sie der Welt eine Technik erfinden können, die keinerlei CO_2-Ausstoß mehr hat. Das werden wir feststellen, wenn wir in zehn Jahren hier sitzen.

Wo wird Peter-Michael Diestel in zwanzig Jahren sein?

Der liebe Gott hat mein Leben, mein Schicksal fest in der Hand, er beobachtet mich, er schickt mich immer noch rein ins Feuer, er schickt mich rein in die Schlacht, der holt mich wieder raus und hat viel Spaß mit mir. Aber er muss sich deutlich mehr um mich kümmern als heute. Eines Tages wird er sagen: Jetzt brauche ich den da oben. Dann habe ich meine Messen hier unten gesungen und muss Schluss machen. Was ich schade finden werde, denn das Leben ist schön, ich genieße den Frühling, den Winter, den Herbst, den Sommer. Ich genieße das alles. Ich genieße den Freundeskreis, ich genieße die Gespräche mit dir, aber wenn Feierabend ist, würde ich mich freuen, wenn der Sensenmann kommt und sagt: Peter, jetzt ist es vorbei!, dass wir dann so gehen können, wie wir gelebt haben, wie die Ochsen, wie die Stiere, verstehst du? Mit der Axt oder mit dem Knüppel in der Hand.

Peter, hast du schon alles geregelt für die Stunde, wenn der Sensenmann kommt?

Ich habe alles geregelt, einen guten Ehevertrag, ein gutes Testament, und ich habe Vermögen auf meine Kinder übertragen. Ich habe von meinem Vater Lebenserfahrungen mitbekommen, die mich stark gemacht haben. Meinen Kindern habe ich auch versucht, in bescheidener Weise Vorbild zu sein. Dass ich ihnen noch etwas Zählbares mit auf den Weg geben kann, ist auch schön. Das ist für mich die Erfüllung des Generationenvertrags, des einzigen Vertrags, für den es keinen Anwalt und Notar braucht.

Hast du gespürt, dass diese Regelungen zu treffen erleichternd war?

Ja, ich will mal so sagen, ich habe das gespürt. Je älter ich werde, desto unduldsamer werde ich. Ich höre mir Blödsinn nicht mehr an. Früher habe ich mir jeden Schwachsinn angehört und habe mit Höflichkeit das Gespräch beendet. Das mache ich nicht mehr, weil bei mir das Bewusstsein gewachsen ist, dass ich die meiste Zeit schon geschafft habe. Ich besitze einiges, auch ein gewisses Vermögen, aber Zeit habe ich nicht mehr. Deswegen bemühe ich mich, jeden Tag so zu leben, als wenn es der letzte Tag ist. Ich vertue keine Zeit damit, die Zahl meiner Feinde zu reduzieren. Mögen sie denken, was sie wollen.

Ich bin mit meiner Tätigkeit als Anwalt, als streitbarer politischer Kopf auch weiterhin gewillt, mir Feinde zu machen.

Unsere Gespräche über die unvollendete Einheit, lass mich das sagen am Schluss, haben mir Lust gemacht, alles zu denken und alles auszusprechen. Sie haben dafür gesorgt, dass sich meine Erfahrung von 1989 auf dem Kirchentag in Leipzig wiederholt. Ich habe davon gesprochen, wie ermutigend sie war. Danke.

Wir setzen unsere Gespräche in zehn Jahren fort. Versprochen.

**Diestels Galerie wichtiger
Menschen in seinem Leben**

Albrecht Gehse:
Zislower Begegnungen (2020)
(https://albrechtgehse-malerei.com)

Der Maler Albrecht Gehse, 1955 bei Leipzig ge-
boren, ist ein Freund von Peter-Michael Diestel,
der ihm besonders nahesteht. Das Bild ist aus
der Freundschaft dieser beiden Männer heraus
entstanden. Gehse kennt Diestels Leidenschaft,
das Anwesen in Zislow am Plauer See für Be-
gegnungen und Gespräche mit charismatischen
Personen der Zeitgeschichte zu nutzen, weil er
selbst oft dort zu Gast ist. Als Meisterschüler
von Bernhard Heisig gilt er in seiner expressiv-
phantastischen Bildsprache als herausragender
Gesellschaftsmaler und Porträtist. Er wurde
2003 auf Wunsch von Helmut Kohl Maler des
Porträts für die Kanzlergalerie. – Einige der
Menschen, die Diestel auf sein Anwesen einge-
laden hat, stellt auf den nächsten Seiten Dies-
tels Galerie seiner wichtigen Menschen vor.

259

Stefan Heym

Schriftsteller, hat 28 Romane verfasst, geboren 1913 in Chemnitz, gestorben 2001 in Israel. Nach seiner Emigration in die USA kehrte er mit der US-Army als Offizier nach Deutschland zurück. 1994 Mitglied des Deutschen Bundestags und Alterspräsident, was von einer fälschlich gegen ihn geführten Stasi-Debatte überschattet wurde.

Wenn es für die Intellektuellen in der DDR eine Gallionsfigur gegeben hat, die auf Veränderung und Offenheit gedrängt hat, dann war es Stefan Heym. Er war unser Lech Wałęsa. Seine Bücher haben in der DDR in den siebziger und achtziger Jahren Aufsehen erregt. Ich erinnere mich daran, wie ich mit zwanzig den »König David Bericht« verschlungen habe. Für uns war Stefan Heym ein Held. Ich war noch keine Woche Innenminister und stellvertretender Ministerpräsident, als Heym um ein Gespräch ersuchte. Mein Büro bereitete dieses vor, und wir trafen uns an einem Vormittag im April 1990. Ich war aufgeregt, sehr gespannt. Natürlich habe ich alle Folgetermine an diesem Tag abgesagt. Es entstand eine lange sehr intensive Freundschaft, bis heute. Auch wenn Stefan nicht mehr unter uns ist. Stefan Heym wollte – deshalb sein Besuch bei mir im Ministerium – seine Stasiakten einsehen. Er hoffte auf literarischen Stoff für sein Schreiben. Die damalige Rechtslage ließ die Akteneinsicht zu, und ich organisierte die notwendigen Verbindungen. Ein mit der Auflösung befasster ehemaliger Stasi-Oberst wies mich darauf hin, dass die Akteneinsicht für Herrn Heym kompliziert werden könnte. Wieso kompliziert? »Weil wir damals alles aufgeschrieben haben, alles. Auch das, was seine Frau nicht wissen sollte.« Das habe ich ihm dann vermittelt, und daraus ist ein großartiges Buch entstanden. Das Zusammensein mit dem großen Dichter am Lagerfeuer bei mir in Zislow am Plauer See oder die Essen bei meinem Lieblingsitaliener »Don Camillo« in Malchow sind unvergesslich. Wenn Stefan sprach, dann waren alle seine Jünger still, so etwas habe ich nie wieder erlebt. Stefan war für mich das Kernstück meines Reichtums.

Stefan Heym 1996, häufiger Gast in Zislow bei Diestel.

Markus Wolf

Geboren 1923 in Hechingen, mit Kommunisten als Eltern Emigration in die Sowjetunion, Bruder von Filmregisseur Konrad Wolf, leitete von 1952 die Hauptverwaltung Aufklärung des MfS. 1986 aufgrund massiver Differenzen mit Mielke und des Sicherheitsrisikos durch seine spätere Frau aus dem Dienst entlassen. 1993 wegen Landesverrat verurteilt, Urteil wurde aufgehoben.

Den ehemaligen Chef der Auslandsaufklärung lernte ich im April 1990 kennen. Ich hatte das sichere Gefühl, dass mir der »Stasi-Komplex« auf die Füße fallen wird, wenn ich nicht gemeinsam mit Verantwortlichen und Sachkundigen diese Zeitbombe entschärfe. Natürlich wusste ich, wer Markus Wolf ist, und habe die nächtlichen Gespräche, die wir im Gästehaus des Ministeriums des Innern führten, gut vorbereitet und in bester Erinnerung. Ich besaß keine Erfahrung im Umgang mit derartig gewieften Geheimdienstlern. Mir gegenüber saß ein sehr eleganter, vielleicht sogar schöner Mann, der sich seiner Wirkung bewusst war und der viel zuhörte, was mich anfangs verunsicherte. Seine Hinweise und seine Unterstützung haben der Regierung, der ich angehörte, geholfen. Obschon 1986 aus der Stasi entlassen, hatte er noch beste Kontakte zu ehemaligen Führungskräften, womit er mir entscheidend half, deren Argwohn und Misstrauen abzubauen. Natürlich war mir Wolf, nicht zuletzt durch seine vom Hörensagen bekannten Frauengeschichten, als ein sehr umgänglicher und charmanter Mann bekannt. Um so mehr verwunderte mich, dass er mir zögernd und zurückhaltend begegnete. Ich erhielt seine Unterstützung in der Sache, Persönliches hielt er zurück. Er erklärte mir sein Verhalten später mit seiner Ahnung, dass seine Gegner nach den Jahrzehnten des Kalten Krieges wohl schlechte Sieger sein würden. Seine Ahnung trog ihn nicht, denn er wurde sofort bei Rückkehr aus dem österreichischen Asyl 1992 an der Grenze verhaftet und zu sechs Jahren verurteilt, die er jedoch nicht antreten musste. Zwei Jahre danach entschied die BRD, Mitarbeiter der HVA nicht mehr strafrechtlich zu verfolgen. Später kamen wir uns auch persönlich näher, und er bekannte, dass er mich falsch eingeschätzt habe und meine faire Haltung bei der Auflösung des MfS schätze. Ich gebe es gern an ihn, der schon zu meinen toten Freunden zählt, zurück: Er war für mich ein Krieger, der keinen Krieg wollte und mit seinem Agieren in der Wende einen wichtigen Beitrag für den Frieden geleistet hat.

Das Porträt von **Markus Wolf** ist ein Bild des Malers Walter Womacka, entstanden 1988.

Egon Bahr

Geboren 1922 in Treffurt, gestorben 2015 in Berlin. Politiker der SPD, der als Unterhändler von Willy Brandts 1969 eingeleiteter Ostpolitik den Leitgedanken »Wandel durch Annäherung« prägte. Im Spätherbst 1988 nannte er Forderungen nach Wiedervereinigung noch politische Umweltverschmutzung, trat später beratend für die deutsche Einheit auf.

Sehr stolz bin ich auf die Bekanntschaft und Freundschaft mit Egon Bahr. Für uns DDR-Bürger war er immer ein Mann, der uns verstanden hat und der in der Tiefe seines Herzens und seiner politischen Gesinnung jeglichen Russland- und Kommunistenhass vermissen ließ. Im Jahr 1990 begegnete ich Egon Bahr in der großen Schar der altbundesdeutschen Berater der de-Maizière-Regierung. Er war bei meinem Ministerkollegen Rainer Eppelmann im Ministerium für Abrüstung und Verteidigung tätig. Natürlich habe ich umgehend Bundesminister a.D. Egon Bahr in Strausberg besucht. In einem kleinen, seiner Bedeutung nicht angemessenen Zimmer haben wir uns kennengelernt. Alles, was ich an Vorstellungen von ihm besaß, hat sich sofort bewahrheitet. Ich erlebte ihn als Menschen mit einer Intelligenz, die wie ein Feuerwerk jedes Thema beleuchten konnte. Was ihn für mich auszeichnete, war seine unideologische Weltanschauung. Über unsere Gespräche haben wir zu einer Freundschaft gefunden. Für mich waren es immer Höhepunkte, wenn Egon Bahr bei unseren Herrentagsfeiern in Zislow das Wort ergriff. Jährlich zum Himmelfahrtstag stand für Freunde bei mir die Tür offen, sogar die Puhdys haben gespielt. Ich kann mich an einen Moment erinnern, da saß Egon Bahr an einer Stirnseite vom Küchentisch und der andere Egon, Egon Krenz, ihm gegenüber an der anderen. Dazwischen Stefan Heym, Gregor Gysi und viele andere Umstürzler. Wenn Egon Bahr sprach, war Ruhe im Saal, nicht weil er das wollte, sondern weil seine scharfe Intelligenz und dominante Persönlichkeit dazu zwangen. Ich habe selten einen so exzellenten Skatspieler erlebt wie ihn. Er konnte über die Ostverträge erzählen und dabei einen Grand ohne Dreien spielen und uns erklären, dass er diesen mit 61 gewonnen habe, was immer stimmte. Egon Bahr hat meinen ganzen Freundeskreis mit seinem Witz, seiner Geradlinigkeit und seinem entwaffnenden Lachen begeistert. Deshalb wird ihn auch keiner vergessen.

Egon Bahr bei einem Besuch in Diestels Lieblingsitaliener »Don Camillo« in Malchow. Auf dem Foto (von links nach rechts): Stefan Heym, Wirt Don Camillo, Peter-Michael Diestel und Egon Bahr.

Dr. Henrik Aldinger

Er ist 1963 geboren, ein Altbundesbürger und steht einem Dutzend Unternehmen vor, die am bundesdeutschen Immobilienmarkt erfolgreich tätig sind. Ein besonderes Tätigkeitsfeld von ihm ist die Baukompetenz.

Dr. Henrik Aldinger ist ein Prinz, kommt aber nicht aus dem Morgenland. Eine meiner Erkenntnisse aus meiner anwaltlichen Arbeit bestand darin, für Projektentwickler und Bauträger und sonstige Immobilienfuzzis arbeite ich nicht. Ein sehr enger Freund aus meinem ersten Leben als Anwalt bat mich, Henrik einen Termin zu geben. Plötzlich saßen in meinem Potsdamer Büro zwei geschniegelte und aufgebügelte, exzellent gekleidete, mit strahlendem Lächeln ausgestattete, ganz typische Spezies ihrer Gattung. Ich merkte, wie alle meine Vorurteile gegen Wessis in mir aufblühten. Ihre Autos vor der Kanzlei waren so groß, da hätte ich mit meinem reinfahren können. Aber so sind Vorurteile: falsch, blöde, dämlich. Über das Kennenlernen in anwaltlicher Tätigkeit hat sich eine Freundschaft entwickelt, die uns beiden viele gute Erfahrungen schenkt. Alles, was ich an Vorurteilen oder Skepsis besaß, hat sich in wunderschöne Luft aufgelöst. Ich habe ganz selten so einen eleganten, hart arbeitenden, sportlichen Unternehmer kennengelernt wie ihn. Ich bewundere seine präzise Intelligenz und elitären Umgangsformen. Aber nichts davon demonstriert er dir, um sich überlegen zu zeigen. Er öffnet sich seinem Gegenüber ohne – wie man so sagt – Schnörkel. Wenn er über sein Leben spricht, sagt er, dass ihm das Schreiben der Doktorarbeit schwergefallen ist. Wer das feststellt, hat diese Arbeit auch selbst geschrieben. Für das Projekt deutsche Einheit wünschte ich mir noch mehr solcher Menschen wie Henrik Aldinger. In unserer jahrelangen Freundschaft hat er sich für mich als ein Unternehmer erwiesen, der in seiner Umgebung Vorurteile nicht kennt, schon gar nicht gegenüber Ostdeutschen. Wenn die Titanic sinkt, würde ich meinen Freund retten, aber er kann wohl noch besser schwimmen als ich.

Diestel hat seine Liebe für die Bildende Kunst auch gern an Freunde weitergegeben. Auf seine Vermittlung hat der Maler Paul Eisel (links) Diestels Freund **Henrik Aldinger** gemalt.

Willi Sitte

Maler, geboren 1921 in der Tschechoslowakei, gestorben 2013 in Halle. Stieg
zum Präsidenten des DDR-Künstlerverbands und in das ZK der SED auf –
Ämter, in denen er sich Freund und Feind schuf. Zu seinem 100. Geburtstag
versuchte eine Ausstellung in Halle seine künstlerische Rehabilitierung.

Willi Sitte war mir schon in der DDR als großer, aber in unseren Kreisen umstrittener Künstler bekannt. Wir haben damals über seinen sehr
eigenen Malstil gesagt: »Lieber vom Leben gezeichnet als von Sitte gemalt!« Als Präsident des Verbandes der Bildenden Künste in der DDR
hat sich mein Freund Willi Sitte hinter den Sozialistischen Realismus
gestellt, der auf seinen eigenen Bildern gar nicht immer zu sehen war.
Ich denke, dass er persönlich einen großen Anteil an der Qualität der
Kunst besitzt, die aus der DDR kam und heute wieder international
anerkannt ist. Wir haben uns in den neunziger Jahren kennengelernt
und dann eine Freundschaft gepflegt, zu der Besuche in Halle in seinem
Atelier mit der Adresse Frohe Zukunft Nr. 6 und bei mir in Zislow gehörten. Natürlich war ich überrascht von der Vielfältigkeit seines künst-
lerischen Schaffens, die ich bei ihm im Atelier sah, und bin sehr stolz,
dass er mich irgendwann porträtiert hat. Wie das oft so ist, der Porträ-
tierte hätte sich noch mehr Ähnlichkeit gewünscht (Hametner sieht die
Ähnlichkeit und widerspricht mir), aber Sitte hat meinen Einwand dadurch gelöst, dass er meinen Charakter in vielen Einzelheiten rings um
meinen Kopf gezeichnet hat. Übrigens kommt da auch ein Teufel vor.
Den Kaffee am Nachmittag in Verbindung mit einem kleinen Grappa
habe ich von Willi gelernt. Bundeskanzler Helmut Kohl, damals schon
a.D., bat mich, bei Sitte anzufragen, ob der ihn für die Kanzlergalerie
porträtieren wolle. Zu meinem 50. Geburtstag trafen beide persönlich
zusammen und lernten sich kennen. Leider wurde aus dem Projekt
nichts. Ich hatte es mir gewünscht, dass der Kanzler der Einheit von
einem ehemaligen kommunistischen Partisanen gemalt wird. Das wäre
ein schönes Signal für die deutsche Einheit gewesen. Aber Sitte hat diesen Wunsch ausgeschlagen. Ich kann mich erinnern, dass er mir sagte:
»Peter, ich kann ihn nicht malen, der ist zu stark!«

Das Bild zeigt das Porträt von Diestel, das **Willi Sitte** 1993 gezeichnet hat. Der Witz steckt im Detail: Frauen, Hanteln, gefaltete Hände und ein Teufel ...

Willy Moese

Geboren 1927 in Barcelona, gestorben 2007 in Berlin, war ein in der DDR sehr bekannter und erfolgreicher Comiczeichner und Karikaturist. Er protestierte gegen die Ausbürgerung Biermanns und wurde seitdem von der Stasi observiert. Er ist Schöpfer vieler Bildgeschichten für Kinder, mit jahrelangen Fortsetzungen, und war Zeichner für den Eulenspiegel.

Ich pflege Kontakte, wenn ich das Gefühl habe, es ist schön, dass ich diesen Typen kennenlernen durfte. Bei Willy Moese handelt es sich um einen Menschen mit einmaliger Ausstrahlung, präziser Intelligenz und – wie man es bei einem Karikaturisten vielleicht erwarten kann – mit fein- und hintersinnigem Humor. Moese lernte ich über Stefan Heym kennen. Es gibt Menschen, denen sagt man nach, sie seien aufgrund ihres Charmes und ihrer Herzlichkeit Menschenfänger. Willy Moese war so einer. Er war in Künstlerkreisen der DDR bekannt wie ein bunter Hund. Häufig hatten wir hitzige Diskussionen. Mit seiner Leidenschaft für alles Gute, Wahre und Schöne, wie man so sagt, debattierte er sehr emotional. Dabei konnte es auch laut werden, endete aber immer einvernehmlich und friedlich. Auf der VIII. DDR-Kunstausstellung stellte er eine alte Schreibmaschine aus, die nur drei Tasten besaß: B L A. Ideal zum Verfassen von Bla-bla-bla-Texten. Parteiführer Erich Honecker hat bei seinem Rundgang darauf hingewiesen, dass er auf einer solchen Schreibmaschine im Widerstand geschrieben habe. Auch früher konnte man schlichte Gemüter an ihrer Humorlosigkeit erkennen. Willy Moeses freche Karikaturen und Zeichnungen haben uns in der DDR begleitet und unser Denken geprägt. Nach der Wende wurde es um ihn stiller. Natürlich hat er hart weitergearbeitet, aber seine gesellschaftskritischen Ansätze wurden nicht mehr gemocht. Wir hatten uns auf eine sehr lange Freundschaft eingerichtet, und Willy, der bis mittags schlafen konnte, hat an meinem Geburtstag immer vormittags einen Anruf von mir bekommen: »Du, Willy, ich habe heute Geburtstag.« Das habe ich auch 2007 so gemacht. Jedoch seine weinende Frau Maria, eine bekannte DDR-Fernsehansagerin, teilte mir mit, dass sich Willy vor wenigen Minuten auf die lange Reise begeben hatte.

Der Karikaturist **Willy Moese** als Gast in Zislow und seine Bla-bla-bla-Schreibmaschine, die auf der VIII. Kunstausstellung den DDR-Partei-chef Honecker so »erfreut« hatte.

Dr. Sven Krüger

1965 in Oldenburg geboren, namhafter Anwalt im Presse- und Medienrecht.

Meine Politik als Innenminister und manches Auftreten danach hat auch Menschen angezogen, die mir nicht gut gesonnen waren. Aufgrund öffentlicher Falschbehauptungen habe ich in den neunziger Jahren Hunderte Presserechtsverfahren in eigener Sache führen müssen. Das Büro des Hamburger Kollegen Dr. Heinrich Senfft hat mich in diesen Angelegenheiten regelmäßig und sehr erfolgreich vertreten. Eines Tages verklagte mich der damalige Chef der Stasiunterlagenbehörde und reichte die entsprechenden Anträge am Landgericht Rostock ein. Ich hatte ihn in einem Artikel in der ZEIT als »Begünstigten« der Staatssicherheit bezeichnet. Der Verhandlungstag rückte näher. Einen Tag vor der Verhandlung teilte mir das Hamburger Büro mit, dass keiner der von mir favorisierten Anwälte meine Vertretung übernehmen könne. Sie würden mir einen gewissen Dr. Sven Krüger schicken, den ich bis dahin nicht kannte. Er kam einen Tag vor der Verhandlung nach Zislow, eröffnete mir sofort, dass er meine politischen Inhalte nicht teile, jedoch den Auftrag habe, mich zu vertreten. Mir wurde schwarz vor Augen. Ein hagerer, blonder, gutaussehender Typ fuhr am nächsten Tag mit mir zum Landgericht nach Rostock. Während der Fahrt hatten wir uns nicht viel zu sagen. Im Gericht trafen wir auf den Kläger und seine Jünger, die bereits alles für eine Pressekonferenz zu ihrem Sieg über mich vorbereitet hatten. Sie waren sich sicher, das Verfahren zu gewinnen. Nach einer gigantischen Leistung, die ich rhetorisch und intellektuell dem Anwalt Dr. Sven Krüger nicht zugetraut hatte, haben wir den Prozess gewonnen. Krügers Analyse der Argumentation der Gegenseite hat ihn die Lücken und Fehler sehen lassen, und er ist rhetorisch glänzend in sie hineingestoßen. Nicht aus Sympathie für mich und meinen Standpunkt, nehme ich an, sondern für die Wahrheit. Das hat mir imponiert und eine Freundschaft begründet, die wir bis heute miteinander haben. Ich konnte meinen Freund Sven Krüger davon überzeugen, einen Wohnsitz in Mecklenburg-Vorpommern zu nehmen. Im weitesten Sinn sind wir jetzt Nachbarn. Neben Gysi und de Maizière ist Sven Krüger verpflichtet, unsere Ehe als Trauzeuge zu begleiten.

Sven Krüger, bester Anwalts-Freund von Peter-Michael Diestel.

Walter Womacka

1925 in der Tschechoslowakei geboren, 2010 in Berlin gestorben. Bekannter Maler in der DDR, ging 1953 als Lehrer an die Kunsthochschule Weißensee, wurde dort von 1968 zwanzig Jahre Rektor. Einer seiner Schüler war Georg Baselitz und einer seiner Förderer Walter Ulbricht. Womackas Bild »Am Strand« wurde die meistverkaufte Gemäldereproduktion der DDR und auch Motiv einer Briefmarke.

Im Jahr 1992 lernte ich den Maler Harald K. Schulze kennen und über ihn dessen Lehrer Walter Womacka. Es entstand sofort eine enge Verbindung und bald eine Freundschaft mit Womacka. Selten habe ich einen Künstler erlebt, der mir durch seine stille und bescheidene Art als besonderer Mensch auffiel. Walter und seine Frau Hanni besuchten uns in Zislow und wir sie in Loddin auf Usedom und in Berlin. In unseren zahlreichen Gesprächen spürte ich, dass Womacka ganz in Übereinstimmung mit seiner Weltanschauung handelte. Ich teile sie nicht, aber es fällt mir leicht, wenn mich Menschen überzeugen, auch ihre Überzeugung zu respektieren. Er ist mir sympathisch geworden, weil er an etwas glaubte. Das ist heute selten. Diesen Glauben habe ich in all seinen Werken, auch den vielen Wandbildern, die er geschaffen hat, wiedergefunden. In dieser Haltung traf er sich mit Willi Sitte. Womacka hatte 1964 ein Mosaik mit dem Titel »Unser Leben« geschaffen, das als sogenannte Bauchbinde um das Haus des Lehrers am Alexanderplatz in Berlin herumläuft. Weil das Ensemble unter Denkmalschutz steht, ist das Mosaik erhalten geblieben. Viele seiner Bilder von damals habe ich abgelehnt, aber wenn sie einem genommen werden sollen, verteidige ich ihre humanistische Botschaft und würde bedauern, wenn sie verloren gingen. Heute bin ich froh, dass es diesen wunderbar farbigen Fries noch gibt. Mir kommt dabei der Satz von Stefan Heym in den Sinn: Es war nicht alles schlecht! In diesem Bewusstsein hat Stefan 1994 in seiner Rede im Bundestag auf die DDR zurückgeblickt. Walter Womacka erinnert mich an diesen Satz. Außerdem ist es wohl so: Bei einem Maler, den du magst, siehst du vieles idealisiert. Walters Stärke, seine Kraft und seine gute Organisiertheit haben ihren Ursprung in seiner Frau Hanni. Sie war geringfügig älter als er und besaß noch im Alter eine beeindruckende Schönheit. Auch an sie erinnere ich mich, wenn ich an die Freundschaft mit Walter zurückdenke.

Das Bild hat der Maler Harald K. Schulze (https://haraldkaschulze.de) gemalt, ab 1975 Student und von 1978 bis 1980 Meisterschüler von **Walter Womacka.** In Würdigung seines Lehrers hat Schulze das 2021 entstandene Bild »Hommage WO« genannt: »In manchem erschien mir WO in seiner wuchtigen Statur und seinem starken Willen wie ein Stier, aber ich beziehe die Metapher auch auf die Idee des Sozialismus, von der Womacka überzeugt war und die 1989 gescheitert ist. Mein Stier auf dem Bild ist als eine Art bronzenes Denkmal – kann auch für die Dogmatik dieser Zeit gelesen werden – hohl und zerbricht in drei Teile. Aber WO war keinesfalls nur ein politischer Mensch, die rechts vorn liegenden Kirschen, oft Motive seiner Bilder, bekennen Lebensfreude. Mir ging es um die Ambivalenz im Wesen dieses für mich wichtigen Malers.«

Franz-Josef Wernze

1948 in Köln geboren, Ausbildung zum Steuerberater, gilt heute als größter Steuerberater Deutschlands. Seine heimliche Leidenschaft gehört dem Fußball, u.a. ist er Präsident des Drittligisten Viktoria Köln.

In den frühen neunziger Jahren lernte ich den Steuerberater Franz-Josef Wernze kennen. Steuerberatern und Wirtschaftsprüfern bin ich immer aus dem Weg gegangen, übrigens auch Zahnärzten. Bei Franz-Josef Wernze war das anders. Der liebe Gott hat dafür gesorgt, dass sich unsere Wege kreuzen. Es hat sofort Klick gemacht, wie man sonst nur sagt, wenn man beeindruckenden Frauen begegnet. Ich habe mit ihm einen starken und im positiven Sinn menschlich sehr auffälligen Unternehmer kennengelernt, der in den fünf neuen Bundesländern Tausende Arbeitsplätze geschaffen hat. Seine vorurteilsfreie Offenheit im Umgang mit den Ostdeutschen hat mich überrascht. Letztendlich war auch diese Eigenschaft ein Gut, dass er den Steuerberatungskonzern ETL zu einem Großkonzern und Marktführer der Branche entwickeln konnte. In den ersten Jahren nach der Wiedervereinigung hat er insgesamt 320 Steuer-Büros in Ostdeutschland eingerichtet, immer mit einem Ostdeutschen vor Ort als Kompagnon. Seine Bescheidenheit und sein Witz, seine Klugheit und auch seine Fähigkeit, erlittenes Leid wegzustecken, haben mich schwer beeindruckt. Franz-Josef ist fußballverrückt, vielleicht war das die Gemeinsamkeit, die uns zusammengeführt hat. Irgendwann vor Jahrzehnten, ich war zu dieser Zeit nicht mehr Präsident von Hansa Rostock, wollte ich ihn mal für den Rostocker Club gewinnen. Hansa ging es zum damaligen Zeitpunkt nicht gut. Franz-Josef sagte nach einem Besuch in Rostock: »Lieber Peter, du bist doch Reiter, auf ein totes Pferd legt man keinen Sattel mehr!« Dies war wohl der einzige Irrtum, den ich bei ihm erlebt habe. Heute spielt Hansa in der zweiten Liga, und das möge auch lange so bleiben. Kein Irrtum, sondern eine Stärke von ihm begegnet mir in seiner Solidarität mit den Ostdeutschen. Ihr hat er den I-Punkt aufgesetzt und eine von uns aus dem Osten geheiratet und damit wohl das ewige Glück eingefahren, was ich meinem Kameraden von ganzem Herzen wünsche.

Paul Eisel hat auch **Franz-Josef Wernze** gemalt, Diestel-Freund und
Chef eines der größten Steuerberatungskonzerne Deutschlands.

Thomas Heise

1959 in Ost-Berlin geboren, jobbte verschiedentlich, u. a. Telegrammbote, Heizer, ehe er ein Psychologiestudium begann. Im Wendeherbst engagierte er sich im Berliner Bürgerkomitee bei der Auflösung der Stasi-Dienststellen. Begann im Jahr der Wiedervereinigung als freier Journalist, war seit 1994 Reporter für SPIEGEL TV, wurde dort 2003 Redaktionsleiter, später Stellvertretender Chefredakteur, ist heute Leiter Investigation.

Im Frühsommer 1990 erfuhr ich aus den täglichen Lageberichten des Innenministeriums der DDR, dass im großen Stil Unterlagen der Staatssicherheit aus dem Verfügungsbereich des Berliner Bürgerkomitees verschwunden und sodann beim SPIEGEL oder bei SPIEGEL TV wieder aufgetaucht waren. Dies stand unter Strafe und wurde von den zuständigen Polizeidienststellen aufgeklärt. Ich erfuhr, dass die Festnahme eines freien Mitarbeiters von SPIEGEL TV und Mitglieds vom Berliner Bürgerkomitee kurz bevorstand. Bei dem betreffenden Journalisten handelte es sich um Thomas Heise. Ich kannte ihn damals nicht, aber es missfiel mir, einen recherchierenden Journalisten, auch wenn er Rechtsbruch begeht, festnehmen zu lassen. So handelten viele von uns in der Wendezeit: in größter Euphorie und ohne rechtliche Bedenken. Ich setzte mich mit dem Generalstaatsanwalt Hans-Jürgen Joseph in Verbindung und überzeugte ihn, die Festnahme fallen zu lassen und Herrn Heise mit strengen Worten zu disziplinieren. So geschah es auch. Später bin ich ihm oft persönlich begegnet. Ich erinnere mich an das erste Interview für SPIEGEL TV, das er mit mir geführt hat. Die ganze äußere Erscheinung dieses heute sehr engen Freundes von mir war katastrophal. Vielleicht war dies seine Methode, Menschen zu erobern. Bei mir hat sie funktioniert. Bei anderen nicht. Thomas Heise hat 2021 den Bayrischen Fernsehpreis erhalten. Sein Laudator war unser gemeinsamer Freund Stefan Aust. So wie es mit der DB aber manchmal ist, Aust kam nicht pünktlich in München an und musste die Laudatio in der Toilette der Eisenbahn halten, die dann nach München übertragen wurde. Schräge Umstände, schräge Gesellen. Aber eine tolle Freundschaft. Auf der Feier meines 50. Geburtstags begegneten sich Heise und Helmut Kohl. Kohl kommt zu mir und fragt mit Ärger im Ton: Wer ist denn das? Na, der Heise von SPIEGEL TV! – Kohl konnte sich an ihn erinnern, weil der ihn mit Fragen geärgert hatte. Irgendwann brach Kohl das Interview ab und verließ den Raum. Menschen, die Verantwortung für die Wahrheit übernehmen, sind mir wichtig. Darin sind Thomas und ich uns verwandt.

Thomas Heise von SPIEGEL TV. Äußere Erscheinung parodiert die, denen er investigativ auf der Spur ist.

Dr. Jürgen Leibfried

Geboren 1953 in München. BWL-Studium. Gründer und Vorstand der BAU-WERT AG. Wohl Berlins größter Bauunternehmer.

Irgendwann in den neunziger Jahren lernte ich Jürgen Leibfried kennen. Es muss im Rahmen einer offiziellen Gesellschaft gewesen sein, und ich unterhielt mich mit einem gutaussehenden, englisch gekleideten und außerordentlich gebildeten Herren. Das Thema war der ehemalige Staatsratsvorsitzende und Generalsekretär der SED Erich Honecker. Die Nachfragen zu Honecker waren nur der Einstieg in eine ganz andere Geschichte. Leibfried hat nach dem Studium 1983 die Firma BAUWERT gegründet, die heute eines der führenden Unternehmen für Immobilienentwicklungen ist. Sein Vater war höherer Beamter; er hat mir erzählt, dass die Kaufleute und Fabrikanten in seiner Familie dabei eine prägende Rolle gespielt haben. Viele Bauprojekte fielen in die Nachwendezeit hinein, als in Ostdeutschland viel Neues entstand. So kam es, dass er öfter auf historischen Plätzen baute, an die zu erinnern eines seiner Anliegen ist. Viele Geschichten erfuhr ich von ihm, mit denen er einen Nerv bei mir traf, der unsere Freundschaft begründete. Wir beide führen offene Häuser und freuen uns über illustre Gesellschaften. Bei Jürgen und seiner bezaubernden Frau habe ich namhafte Botschafter, Industriekapitäne, Künstler, Freunde aus der jüdischen Gemeinde, die Witwe des bedeutenden Geheimdienstlers Markus Wolf, aber auch Mitglieder der Partei DIE LINKE kennengelernt. Manchmal hatte ich das Bedürfnis oder die Aufgabe, einen Menschen aus meinem ersten Leben irgendwie beruflich unterzubringen. Jürgen hatte immer ein offenes Ohr und hat auch der einen oder anderen Person aus dem Linken-Spektrum geholfen, für die eigentlich die Enteignung eines Immobilienplayers wie BAUWERT zum politischen Ziel gehört. Für mich sollte sein ehrliches, offenes Interesse für Menschen aus der ehemaligen DDR den Diätenempfängern in der Politik ein Beispiel sein. Zwischen uns beiden gibt es auch eine Nähe, die durch einen geschichtlichen Zufall entstanden ist. Mein Freund Jürgen wohnt in einem Haus, in dem als Voreigentümer einst einer der berühmtesten jüdischen Anwälte residierte, nämlich Max Alsberg. Er war von Anfang des vergangenen Jahrhunderts bis 1933 Anwalt für das Kaiserhaus und für Industrielle wie Hugo Stinnes. Ich bin überzeugt, dass die Mauern dieser alten Villa die Toleranz, den Verstand und die Klugheit von Max Alsberg an ihren neuen Besitzer weitergegeben haben.

Das Porträt von **Jürgen Leibfried** entstand 2003 und stammt von Gareth Hawker, geboren 1950, studierte von 1971 bis 1974 an der Royal Academy School. Seine wichtigsten Arbeiten sind Porträts und postimpressionistische Stadtszenen, insbesondere von Norwich, mit denen er in der britischen Kunstszene große Anerkennung findet.

Dr. Wolfgang Vogel

1925 in Niederschlesien geboren, 2008 in Schliersee gestorben. Aufgewachsen ist Vogel in der DDR, bekam durch Fürsprache des Generalstaatsanwalts Zulassung als Rechtsanwalt, war ab 1957 auch an Westberliner Gerichten zugelassen. Dadurch kam er in die Rolle eines Ost-West-Anwalts, der an der Freilassung von Agenten mitwirkte und ab den siebziger Jahren den Häftlingsfreikauf von Ost nach West abwickelte.

An einem meiner ersten Amtstage, wohl im April 1990, lernte ich Herrn Prof. Dr. Vogel kennen. Die amerikanische Botschaft bat mich damals, Erkundigungen bei den Russen einzuholen, was mit einem amerikanischen Spion, der wohl in der UdSSR festgenommen worden war, geschehen sei. Das erste Gespräch mit ihm hat mich stutzig gemacht. Ich lernte einen Mann kennen, von dem die russische Seite, die bundesdeutsche Seite und auch die Amerikaner mit Hochachtung sprachen. Wenn ich aus dem Kopf einen klugen Musterdiplomaten schildern müsste, würde ich Wolfgang Vogel wählen: hochintelligent, sensible Gesprächsführung, nie belehrend, dafür ein guter Zuhörer. Er war stets elitär gekleidet, höflich und freundlich, ohne katzenhaft zu sein. Vogel wurde von fast allen Seiten für heikle Missionen eingesetzt und hatte sich im Kalten Krieg als zuverlässig bewährt. Natürlich besaß er eine sehr enge nachrichtendienstliche Anbindung, was seine Gesprächspartner auch wussten. Die Tätigkeit auf dem Gebiet des Freikaufs von Häftlingen ist aus heutiger Sicht hoch diskutabel, sie verband sich mit dem Vorwurf der Erpressung ausreisewilliger DDR-Bürger, wovon er aber freigesprochen wurde. Seine anwaltliche Tätigkeit in Verbindung mit Stasi-Kontakten führte 1992 zur Inhaftierung. Das hätte man nicht tun sollen. Einen Mann mit derartigen Verdiensten und sensiblen Kenntnissen sperrt man nicht ins Gefängnis. Uns beiden war klar, dass irgendwelche geistigen Zwerge alte Rechnungen begleichen wollten. Als dieses Kapitel lange hinter ihm lag, traf ich ihn bei einer Besprechung mit einer größeren Anzahl von SPIEGEL-Leuten – Georg Mascolo war dabei –, die wir in den Archiv- und Kellerräumen seiner Kanzlei in Berlin der Reiler Straße hatten. Es gab wichtige Infos, heiße Bockwürste und den wechselseitigen Abbau von Feindbildern. Er schien wieder über den Dingen zu stehen. Was ich ihm sehr gegönnt habe.

Anwalt und legendärer Ost-West-Unterhändler **Prof. Dr. Wolfgang Vogel**
im Gespräch mit Peter-Michael Diestel.

Rudolf Kaiser

Genauer Geburtsjahrgang und -ort nicht recherchierbar, aus den Lebensum-
ständen ist anzunehmen, dass er in den zehner oder zwanziger Jahren in
Leipzig geboren wurde, gestorben 1992. Er baute die Firma BRÜCOL auf, die
u.a. Textilkleber herstellte. Sein Betrieb wurde später vom DDR-Staat enteig-
net und hieß dann VEB Brücol-Chemie.

In Leipzig lebte ich an der Märchenwiese in der Umgebung von schönen
Einfamilienhäusern, die keinesfalls Villen waren. Dort, im Nixenweg,
wohnte einer meiner ältesten Freunde: der Fabrikant Rudolf Kaiser.
Nach dem Zweiten Weltkrieg entwickelte er mit großem Erfolg die
Firma BRÜCOL für Lacke, Beizen und Farben, die später von der DDR
enteignet wurde. Mit großem finanziellem Aufwand ließ Rudi das Bach-
Fenster der Thomaskirche restaurieren. Auf den Stifter weist ein kleines
Täfelchen hin: »Dieses Fenster stiftete der Leipziger Kaufmann Rudolf
Kaiser. Im gleichen Jahr starb Walter Ulbricht.« Das war 1973. Er gehört
zu jenen väterlichen Freunden in meinem Leben, zu denen ich mich
hingezogen fühlte, weil ich von ihnen viel lernen konnte. Stefan Heym,
Egon Bahr, Stephan Hermlin, mein erster Schwiegervater Walter Zimmer gehören dazu. Kaiser konnte nicht Auto fahren. Ich organisierte
ihm manche Tour zu seinem exclusiven Bekanntenkreis, in den er mich
einführte. Ich lernte bei ihm interessante, vor allem unterschiedliche
Menschen kennen, einigen stand ich schon in den achtziger Jahren juristisch bei. Erst einmal von Kaiser an die Hand genommen, wuchs
mein Bekanntenkreis bald allein und nach dem Schneeballprinzip, es
entstand, was man heute Netzwerk nennt. In den achtziger Jahren
nahm mich Rudi mit zu Pfarrer Hans-Wilhelm Ebeling in die Thomaskirche. Durch gemeinsame politische Ansichten ergab sich die Gründung eines Gesprächskreises, aus welchem später die CSPD und dann
die DSU hervorgingen. Rudolf Kaiser verdanke ich den Kontakt zu Ebeling und damit eigentlich meine ersten Schritte in die Politik. Er unter-
richtete mich, wie man in der kapitalistischen Welt geradeaus läuft. Wie
man verhandelt, wie man auftritt, wenn man schlechte Karten hat, und
dass man Produkte herstellen muss, die sich mit Wasser verlängern lassen. So machte er aus einem Liter Beize manchmal zwei. Rudi verstarb
1992 im tiefen Glück, dass er die deutsche Einheit noch erleben durfte.
Leute wie er haben mir damals das Anderssein leicht gemacht.

Diestels väterlicher Freund aus Leipzig: **Rudolf Kaiser.** Bis zur Enteignung durch die DDR war er Inhaber der BRÜCOL-Werke.

Peter-Michael Diestel,

geboren 1952, promovierter Anwalt, Mitbegründer der DSU, 1990 DDR-Innenminister und Vize-Premier. Im August 1990 trat Diestel in die CDU ein, im April 2021 kündigte er seine Parteimitgliedschaft. Er war Abgeordneter und Oppositionsführer im Brandenburger Landtag von 1990 bis 1992. Seit 1993 betreibt Diestel eine Anwaltskanzlei mit Hauptsitz in Zislow (Mecklenburg-Vorpommern).

Sein neues Buch knüpft an seine beiden Erfolgsbücher »Aus dem Leben eines Taugenichts?« und »In der DDR war ich glücklich. Trotzdem kämpfe ich für die Einheit« an.

Michael Hametner,

geboren 1950, studierte Journalistik und Literaturwissenschaft in Leipzig, wo er bis 1990 das »Poetische Theater« der Universität leitete. Er arbeitete als Literatur- und Theaterkritiker, wurde 1994 Literaturredakteur beim MDR und ist Autor und Herausgeber zahlreicher Bücher, unter anderem der Jahresanthologien des MDR-Literaturwettbewerbs. 2021 erschien sein Buch »Deutsche Wechseljahre. Nachdenken über Literatur und Bildende Kunst«.

Peter-Michael Diestel nimmt Rückblick, aber keine Rücksicht.

Peter-Michael Diestel | **In der DDR war ich glücklich.
Trotzdem kämpfe ich für die Einheit**
304 Seiten, geb. | Buch 22,– € | ISBN 978-3-360-01338-5
E-Book 16,99 € | ISBN 978-3-360-50161-5

Die Geschichten, die seit fast dreißig Jahren über die Herstellung der deutschen Einheit verbreitet werden, sind falsch. Sagt er. – Diestel muss es wissen: Er war dabei. Als Stellvertretender Ministerpräsident und Innenminister in der Übergaberegierung. Sie wussten in Bonn über jeden einzelnen von uns Bescheid, ehe wir vereidigt wurden, sie hatten die Akten. Jeder war erpressbar. Nur er nicht. Schreibt er. Binnen vier Wochen kam darum der 1. Staatsvertrag zustande, die Übernahme der DDR erfolgte schon am 1. Juli 1990. Doch es sollte schön demokratisch aussehen. Außerdem wurde noch ein Ostdeutscher für die Unterschrift unter dem 2+4-Vertrag gebraucht. Also musste sich die DDR-Regierung bis zum 2. Oktober »durchwurschteln«, schreibt Diestel. Obgleich für vier Jahre gewählt, war die Legislatur für Parlament und Regierung schon nach vier Monaten zu Ende.

www.eulenspiegel.com

Bildnachweis: S. 279 Thomas Heise; alle anderen privat.

Das Neue Berlin –
eine Marke der Eulenspiegel Verlagsgruppe Buchverlage

ISBN 978-3-360-01366-8

1. Auflage 2022
Umschlaggestaltung: Verlag,
unter Verwendung eines Fotos von Susann Welscher
Druck und Bindung: buchdruckerei.de, Berlin

www.eulenspiegel.com